TONART

MUSIK ERLEBEN – REFLEKTIEREN – INTERPRETIEREN

Lehrwerk für die Oberstufe

Regionalausgabe B

Herausgegeben von
Wieland Schmid

Unter Mitarbeit von
Stephan Beck, Bernhard Hofmann, Ursel Lindner, Klaus Mohr, Micha Olbrich

HELBLING

Rum/Innsbruck • Esslingen

Zu diesem Werk sind erhältlich:

- 5 CDs mit Originalaufnahmen:
  HI-S6171CD, ISBN 978-3-85061-462-7
- CD-ROM mit klingenden Partituren, Präsentationen und Arbeitsblättern: HI-S6172CD, ISBN 978-3-85061-463-4
- DVD mit Filmausschnitten und Videoclips:
  HI-S6256DVD, ISBN 978-3-85061-487-0
- Lehrerband: HI-S6170, ISBN 978-3-85061-461-0

Redaktion: Helmar Breig; Alwin Wollinger; Daniela Galle
Umschlag: Kassler Grafik-Design, Leipzig
Umschlagmotive: Vorderseite (v. l. n. r.): © AKG Images, © BPK, © AKG Images, © dpa Picture-Alliance, © AKG Images
Grafiken: Rudolf Hungreder, Leinfelden-Echterdingen
Notensatz: Susanne Höppner, Neukloster
Layout und Satz: Schwabenverlag Media der Schwabenverlag AG, Ostfildern
Druck und Bindung: Süddeutsche Verlagsgesellschaft mbH, Ulm

HI-S6169
ISBN 978-3-85061-460-3

1. Auflage A1 [5432] / 2013 2012 2011 2010 2009

Alle Drucke dieser Auflage können im Unterricht nebeneinander benutzt werden; sie sind untereinander unverändert. Die letzte Zahl bezeichnet das Jahr des Drucks.

Inhalt

Musik und Sprache

Musik und Religion

Musik im Dienst politischer Ideen

Klangkörper im Wandel

Interpreten und Interpretationen

Musik und Tradition

Musik nach 1950

Methoden der Werkerschließung

Symbole:

” Zitate von Komponisten und Interpreten; Materialien oder Dokumente aus der Sekundärliteratur

Historische und literarische Texte

Hören

Musik erfinden

Film/Video sehen

Singen und Musizieren

Musik und Sprache

- Vokalmusik der Hoch- und Spätrenaissance
- Liedkunst der Romantik
- Sprachbehandlung in der Musik des 20. Jahrhunderts
- Vokale Formen in der Popularmusik

Der Fürst aus der Goldwelt

Carlo Gesualdo: Dolcissima mia vita (verm. 1596)

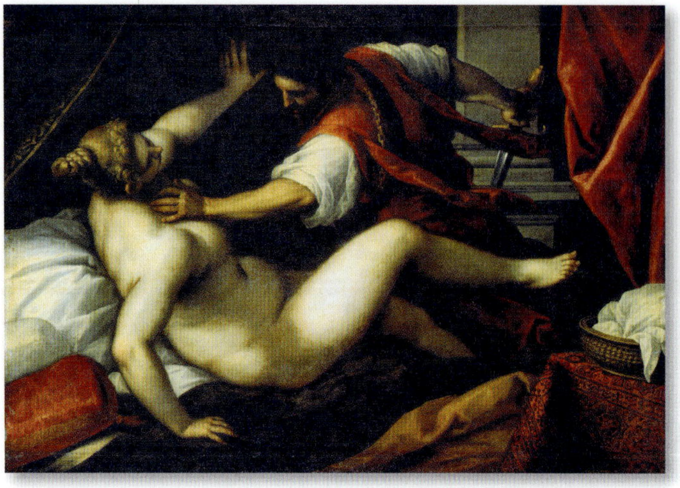

Gegen Mitternacht kehrte der Fürst zum Palast zurück. Begleitet von einer Truppe bewaffneter Cavalieri stürmte er ins Haus und eilte zum Schlafgemach der Fürstin. Er fand seine Gemahlin nackt in den Armen des Herzogs auf ihrem Bett liegen. Er erdolchte mit vielen Stichen das schlafende Liebespaar, bevor es noch zu sich kommen konnte. Die Leichen wurden aus dem Gemach vor den Palast geschleift und dort auf den Stufen liegen gelassen. (anonymer Bericht, um 1590)

Palma il Giovane: Tarquinius und Lucrezia (um 1570)

Carlo Gesualdo, Principe di Venosa
* 1566 Neapel
† 1613 Gesualdo (Kampanien)

Gesualdo entstammte einem der ältesten Fürstenhäuser des Königreichs Neapel. 1586 wurde er anstelle seines verstorbenen älteren Bruders regierender Fürst. Gesualdo gilt seit seiner Wiederentdeckung in der Mitte des 20. Jh. als der herausragende Vertreter „manieristischen" Komponierens.

Madrigal
Lyrik: In der italienischen Literatur des 16. Jh. meist ein kürzeres Gedicht ohne Festlegung von Reimschema oder Versanzahl
Musik: Im 16. Jh. kunstvolle drei- bis sechsstimmige Vokalsätze vorwiegend weltlicher Texte

Genie und Mörder

Der zeitgenössische Bericht beschreibt ein Ereignis, das im Jahr 1590 Neapel bewegte. Mit 19 Jahren hatte Carlo Gesualdo, der Fürst von Venosa, Maria d'Avalo geheiratet, seine einige Jahre ältere Cousine. Sie galt als besonders schöne Frau und hatte schon zwei Ehen hinter sich. Als Gesualdo erfuhr, dass Maria ihn mit dem Herzog von Andria – auch er ein Mitglied der aristokratischen Verwandtschaft – betrog, brachte er beide um.

Nach dem Doppelmord floh Gesualdo zunächst auf sein Schloss bei Neapel. Eine gerichtliche Untersuchung blieb für ihn folgenlos. Vier Jahre später heiratete er Leonora d'Este, eine Angehörige des mächtigen Fürstengeschlechts aus dem norditalienischen Ferrara, wo er von 1594 bis 1596 lebte. In dieser Zeit schrieb bzw. überarbeitete er seine Werke, die er in sechs Madrigalbüchern sammelte. Dann kehrte er auf sein Schloss zurück.

Mein süßestes Leben

Dolcissima mia vita,
A che tardate la bramata aìta?
Credete forse che'l bel foco ond' ardo sia per finir,
Perchè torcete il guardo?
Ahi, non fia mai che brama il mio desire o d'amarti o morire.

Mein süßestes Leben,
Warum zögert Ihr, mir die ersehnte Hilfe zu geben?
Glaubt Ihr vielleicht, dass das schöne Feuer in mir verlöschen wird,
Weil Ihr Euren Blick von mir wendet?
Ach, es wird immer sein, dass mein Sehnen begehrt, dich entweder zu lieben oder zu sterben.

I, 1

1 Machen Sie sich anhand der Übersetzung beim mehrmaligen Hören mit der Vertonung des italienischen Textes vertraut.

1575 46 000 Pesttote in Venedig
1582 Kalenderreform durch Papst Gregor VIII.
1595 Galileo Galilei entdeckt die Pendelgesetze

Dolcissima mia vita

15
on - d'ar - - - do sia per fi-nir,
on - d'ar - - - - do sia per fi -
on - d'ar - - - do sia per fi -
fo - - - - - co‿on d'ar - - - do sia per fi - nir,
bel fo - - - co‿on - d'ar - - - - do sia
19
sia per fi - nir, per - chè tor - ce - te‿il guar - do? per -
nir, per - chè tor - ce-te‿il guar-do, tor-ce - te‿il guar - do?
nir, sia per fi-nir, per - chè, per - chè tor-ce - te‿il guar - do? per -
per - chè tor-ce - te‿il guar - do? per - chè tor-
per fi-nir, per - chè tor-ce - te‿il
24
chè tor - ce - te'l guar - do? Ahi, non fia mai che bra -
per - chè tor - ce-te'l guar - do? Ahi, non fia mai
chè tor - ce-te'l guar - do? Ahi, non fia mai che bra - - - -
ce - te'l guar - do? Ahi, non fia mai che bra - - -
guar - - - - do? Ahi, non fia mai che

29
- - ma il mio de - si - - - re o d'a - mar - ti,
che bra - - ma_il mio de - si - re o d'a - mar - ti,
- - ma_il mio de - si - - - re o d'a - mar - ti,
ma_il mio de - si - re o d'a - mar - ti,
bra - - - ma_il mio de - si - re o d'a - mar - ti,
34
o d'a - mar - ti_o mo - ri - re, o mo - ri - re,
o d'a - mar - ti_o mo - ri - re, o mo - ri - re,
o d'a - mar - ti_o mo - ri - - - re,
o d'a - mar - ti o mo - ri - re, o mo-
o d'a - mar - ti o mo - ri - re, o mo - ri -
40
o mo - ri - re, o mo - ri - re, o mo - ri - re.
o mo - ri - re, o mo - ri - re, o mo - ri - - - re.
o mo - ri - re, o mo - ri - re, o mo - ri - re.
ri - re, o mo - ri - re, o mo - ri - re.
re, o mo - ri - - - - re.

Musica riservata
In den Jahrzehnten um 1600 einem Kreis von Kennern „vorbehaltene" Musik. In der meist kammermusikalischen Vokalmusik spielt die Textausdeutung eine besondere Rolle. Sie bedient sich dafür oft sehr verfeinerter Mittel.

❷ Beschreiben Sie eher „konventionelle" Textausdeutungen, wie sie in den Zitaten angesprochen werden.

❸ Zeigen Sie an einem Beispiel die reiche und kühne Verwendung der Chromatik im Madrigal Gesualdos auf.

❹ Erläutern Sie anhand des Übergangs von Takt 8 zu Takt 9 („la bramata aìta") Gesualdos ungewöhnlichen Umgang mit Akkordfolgen.

❺ Beschreiben Sie die kontrapunktischen Abschnitte des Madrigals. Erläutern Sie ihre textausdeutende Bedeutung. Zeigen Sie auf, wie diese Abschnitte mit den „gewagteren" homophonen Passagen abwechseln.

Giovanni Balducci: Gesualdo als Büßer. Ausschnitt aus einem Gemälde in der Chiesa di S. Maria delle Grazie in Venosa (1609).

Für Kenner und Liebhaber

Gesualdo ist der typische Repräsentant einer Kunst, die sich im Rahmen einer privilegierten Gesellschaft abspielte. Hintergrund ist der Adel der italienischen Stadtstaaten, der durch Handelsgeschick und in Kriegen großen Reichtum zusammengetragen hatte. Im Zug der Renaissance identifizierten sich die Fürsten mit dem antiken Ideal des gebildeten Herrschers und förderten – auch zu Repräsentationszwecken – die Künste.

» *Das Madrigal wandelte sich ständig. Es war ein hundertjähriges Projekt von Musikern aus ganz Europa, die an Italiens Fürstenhöfen konkurrierten, einander huldigten, verbesserten, ausspähten. Die meisten Menschen hörten davon allerdings keinen Ton. Das war* musica riservata *für eine kleine Oberschicht, deren literarisches, künstlerisches, musikalisches Gespür für Qualität von keiner Machtelite wieder erreicht wurde. Sie hatte Sinn für Genies. Gesualdo ist der einzige Fürst aus dieser Goldwelt, der selbst zum Genie wurde.* « (Volker Hagedorn, 2000)

Regeln für die Musik

Gesualdos Kompositionen heben sich zwar aus den Werken seiner Zeitgenossen heraus. Allerdings fallen sie innerhalb der *Musica riservata* nicht in dem Maß aus dem Rahmen, wie es heute zuweilen empfunden und dargestellt wird. Zu den besonderen „Wagnissen" bei Gesualdos Textausdeutung zählen vor allem die reiche Verwendung der Chromatik und der ungewöhnliche Umgang mit Akkordfolgen und Dissonanzen.

» *Musik, die auf Worte komponiert ist, hat keinen anderen Sinn als den, die Leidenschaften und die Effekte der Worte durch die Harmonie auszudrücken. Vor allem ist zu beachten, dass wann immer Sie ein Sonett [...] vertonen wollen, haben Sie zuerst – mit dem Verstand fleißig suchend – eine den Worten angemessene Weise zu suchen, damit der Gesang den Worten entspricht.* «
(Giovanni del Lago, Musiktheoretiker, 1541)

» *Obwohl Gesualdo einen zutiefst persönlichen und emotionalen Stil entwickelte, der nicht nur den Buchstaben, sondern den Geist des Textes zu erfassen suchte, hielt er auch in seinen letzten Werken an konventionellen Madrigalismen fest, nämlich der buchstäblichen Wiedergabe des einzelnen Wortes.* «
(Glenn Watkins, 1971)

» *Das war kein starrer Katalog, sondern eine flexible Übereinkunft. Auch wenn sich für „Flucht" schnelle Notenwerte empfahlen und für „Seufzer" Halbtonschritte abwärts, blieb unendlich viel Platz für Wagnisse der Textausdeutung und der Kontrapunktik.* « (Volker Hagedorn, 2000)

» *Während das harmonische Element [...] von so hinreißender Macht ist, dass es nahezu den kontrapunktischen Aspekt [...] überschattet, tritt hier doch ein echter [...] Kontrapunkt auf, der in erster Linie als Hintergrund für die gewagteren harmonischen Abschnitte dient.* « (Glenn Watkins, 1971)

Künstler des Manierismus

Der Übergangsstil zwischen Renaissance und Barock im Zeitraum etwa zwischen 1530 und 1600 wird gerne als Manierismus (ital. „maniera“ für „Stil“, „Manier“) bezeichnet. Die Künstler des Manierismus wandten sich an ein gebildetes, auserlesenes Publikum, das eine gesuchte, gezierte und übersteigerte Gestaltungsweise schätzte und in der Literatur und in der Malerei die Allegorien und Anspielungen (z. B. auf antike Sagen) verstand. In der Musik tragen die Werke der *Musica riservata* viele Züge des Manierismus.

Spätere Epochen haben den Manierismus als Verirrung gesehen. Im Deutschen macht zudem die abschätzige Bedeutung des Wortes „manieriert“ eine zutreffende Würdigung schwer.

Zu den wesentlichen Vertretern des literarischen Manierismus zählt Torquato Tasso. In Ferrara gehörte er – wie Gesualdo – zum engen Kreis um den Herzog; dort vertiefte er seine Freundschaft mit dem Musiker. Tasso berichtet selbst, er habe mehr als 40 Gedichte eigens für Gesualdo geschrieben. Eines seiner Gedichte bezieht sich „auf das Ereignis, darüber ganz Neapel singt und weint“. Tasso schrieb es bald nach dem Verbrechen Gesualdos in Neapel.

Alessandro Allori: Torquato Tasso (um 1590)

Torquato Tasso
* 1544 Sorrent
† 1595 Rom

Nach einer „Wunderkind“-Karriere und ausgedehnten Studien kam Tasso 1565 an den Hof des Fürstengeschlechts der Este in Ferrara. Seine literarischen, philosophischen und religiösen Werke spiegeln die Zerrissenheit wider, die Tassos Leben prägte.

Torquato Tasso: Auf den Tod zweier edler Liebender (1594)
(Textübertragung)

Weint, o Grazien, und beweint, wer da liebt,
Die wüsten Zeichen des Todes und grausamen Raub
Des schönen Paars, das sein Neid uns stahl,
Den düstern Prunk und die dunklen Schrecken.

Weint, ihr Nymphen, bestreut sie mit Blüten,
Die nass zeugen von uraltem Weh;
Beweint all ihr, die ihr schmerzliches Leid
Hieraus schöpft, den Quell der Tränen.

Beweint, Erato[1], Clio[2], diese Tat voll Schrecken,
Und du, Parnass[3], lass fließen mit trauerndem Klang
Statt süßer Wasser bittre Tränen.

Weine, betrübtes Neapel, schwarzgewandet,
Über der Schönheit, der Tugend dunkles Geschick;
Der Trauer ergebe sich die Harmonie dieses Lieds.

Sonett
Gedichtform aus zwei vier- und zwei dreizeiligen Strophen. Die vierzeiligen Strophen folgen fast immer der Reimform abba, bei den dreizeiligen kommen verschiedene Reimformen vor (Sonderform bei Shakespeare: meist drei vierzeilige Strophen mit abschließendem Reimpaar, s. S. 16).

6 Weisen Sie in Palmas Bild (s. S. 10) und in Tassos Sonett Elemente des Manierismus nach.

1 Erato: Muse der Liebesdichtung, des Gesangs und des Tanzes
2 Clio: Muse der Geschichtsschreibung
3 Parnass: in der griechischen Mythologie die Heimat der Musen

Jener Wohllaut, meines Ohrs Bezwinger

■ Philip Rosseter: What Then Is Love but Mourning (1601)

Philip Rosseter
*1568 London
†1623 London

Komponist und Theaterleiter; ab 1603 Lautenist von König James I.

Elisabeth I.
*1533 Greenwich
†1603 Richmond

Die „Virgin Queen" war (von 1558 bis 1603) die letzte Herrscherin aus dem Hause Tudor. Ihre Regierungszeit ist gekennzeichnet von innenpolitischer Stabilisierung, außenpolitischem Machtzuwachs und einer Blüte der Künste und Wissenschaften in der englischen Renaissance. Sie wird deswegen auch „Elisabethanisches Zeitalter" genannt.

William Shakespeare
*1564 Stratford-upon-Avon
†1616 Stratford-upon-Avon

Shakespeares Tragödien, Königsdramen und Komödien gelten als Höhepunkt der dramatischen Weltliteratur. Ähnliche Bedeutung haben seine 154 Sonette, Liebeslyrik von außerordentlicher poetischer Kraft. Die Sonette tragen keine Titel. Das Sonett CXXVIII ist später oft „Am Virginal" genannt worden, nach einem dem Cembalo ähnlichen, aber meist kleinen und einmanualigen Tasteninstrument.

Sonett
s. S. 15

❶ Verschaffen Sie sich einen Überblick über wesentliche Entwicklungen und Ereignisse während des Elisabethanischen Zeitalters.

❷ Erarbeiten Sie eine adäquate sprachliche Gestaltung des Sonetts und tragen Sie diese vor.

In schöner Mondnacht mit meiner Frau und Mercer bis Mitternacht im Garten gesungen, zu unserer größten Zufriedenheit und auch der unserer Nachbarn, die ihre Fensterläden öffneten.
(Tagebuch des englischen Parlamentsabgeordneten Samuel Pepys, 5. Mai 1666)

Ayres im Elisabethanischen Zeitalter

Porträt Elisabeths aus einem von ihr selbst geschriebenen Andachtsbuch (um 1560)

Die letzten Jahrzehnte des 16. Jahrhunderts wurden in England unter der Herrschaft Elisabeths I. zum „Goldenen Zeitalter". Von dieser glücklichen Entwicklung profitierte allerdings nur ein kleiner Teil der Bevölkerung, der Adel und die städtische Elite. In dieser Gesellschaft spielten Musik und Dichtkunst eine besondere Rolle. Madrigale, wie sie in Italien gesungen wurden, waren auch in England in Mode gekommen. Besonders beliebt waren daneben die „Ayres", kunstvoll begleitete Lieder für Solostimme. Neben dem berühmten John Dowland (1563–1626) gab es eine lange Reihe gewandter Komponisten von Liedersammlungen. Zu ihnen gehört Philip Rosseter.

Neben der Liedkunst spielten vor allem Werke für Tasteninstrumente und Lauten im musikalischen Schaffen auf der Insel eine wichtige Rolle.

William Shakespeare: Sonett CXXVIII (1609)

Wie oft, o meine Muse! Wenn dein Finger
Aus dem beglückten Holz Musik entspann
Und jenen Wohllaut, meines Ohrs Bezwinger,
Mit süßem Griff den Saiten abgewann,

Beneidet ich die Tasten, wie zu nippen
Sie deinen zarten Händen eilig nahn,
Indes errötend meine armen Lippen
An kühnes Holz ihr Recht verschwendet sahn.

Wie möchten sie um solch Berühren tauschen
Mit jenem Spänlein, das sich tanzend bückt,
Wenn deiner Wanderfinger leises Rauschen
Mehr totes Holz als roten Mund beglückt!

Wenn kecke Tasten dann so schwelgen müssen,
Lass sie die Hand, lass mich die Lippen küssen.

1584
Erste englische Kolonie in Nordamerika („Virginia")

1587
Hinrichtung der schottischen Königin Maria Stuart

1588
Die spanische Armada wird durch die englische Flotte vernichtet

Schlichtheit als Prinzip

Die Texte der Lieder in Rosseters „Book of Ayres" stammen von Tomas Campion. Er schrieb vermutlich auch das Vorwort zu der Sammlung; darin wendet er sich energisch gegen die Überfrachtung mit Madrigalismen (tonmalerische Effekte, extreme Chromatik usw.), wie sie die italienischen Madrigale kennzeichnen, und gegen raffinierte kontrapunktische Linienführungen.

> But there are some, who to appeare the more deepe, and singular in their iudgement, will admit no Musicke but that which is long, intricate, bated with fuge, chaind with syncopation, and where the nature of everie word is precisely exprest in the Note. [...] But such childish observing of words is altogether ridiculous.

Anonymer englischer Stich: Musizierende im Garten (um 1600)

What Then Is Love but Mourning

❸ Übersetzen Sie den Text und singen Sie das Lied.

❹ Beschreiben Sie die Elemente, die die von Campion geforderte Schlichtheit und Kantabilität des Liedes bewirken.

❺ Bestimmen Sie die Akkorde jeweils zu Beginn und am Ende der zweitaktigen Phrasen. Ziehen Sie dann Schlüsse auf die Tonalität des Liedes.

❻ Vergleichen Sie die Aufnahme eines Countertenors mit der eines Tenors.
(Die falsettierende, vom Kopfregister geprägte Singweise der Countertenöre ist für den Beginn des 17. Jh. in England belegt.)

I, 2/3

1595 William Shakespeare: „Romeo und Julia"

1599 Bau des Globe-Theatre, Shakespeares wichtigster Bühne, in London

1600 Die Englisch-Ostindische Handelskompanie wird gegründet

1603 † Elisabeth I.; Maria Stuarts Sohn James wird König von England und Schottland

Stimmen spielen und springen

Laurenz Lemlin: Der Gutzgauch auf dem Zaune saß (um 1540)

Laurenz Lemlin
*1495 Eichstätt
† unbekannt

Lemlin war Sänger, später Kapellmeister an der Heidelberger Hofkapelle.

Martin Luther
*1493 Eisleben
† 1546 Eisleben

Mit seinen 95 Thesen, mit denen er sich gegen Fehlentwicklungen in der Kirche wandte, löste Luther 1517 die Reformation aus. Luther, der selbst komponierte, maß der Musik auch eine wichtige Bedeutung im Gottesdienst bei.

Ist es nicht seltsam und zu verwundern, dass einer eine schlichte Weise oder Tenor (wie es die musici heißen) hersinge, neben welcher drei, vier oder fünf andere Stimmen auch gesungen werden, die um solche schlichte, einfältige Weise als mit Jauchzen ringsumher spielen und springen mit mancherlei Art und Klang, dieselbige Weise wunderbarlich zieren und schmücken, gleichsam einen himmlischen Tanzreihen führen, freundlich einander begegnen und sich gleich herzen und lieblich umfangen, dass also diejenigen, die solches ein wenig verstehen und dadurch bewegt werden, sich des heftig verwundern müssen und meinen, dass nichts Seltsameres in der Welt sei, denn ein solcher Gesang von vielen Stimmen. (Martin Luther)

Die Heidelberger Liedmeister

1225 wurde Heidelberg Sitz des kurpfälzischen Hofes. Nach der Gründung der ältesten deutschen Universität im Jahr 1386 entwickelte sich die Residenzstadt zu einem wichtigen kulturellen Zentrum, das von weit her Künstler und Gelehrte anzog. Als Martin Luther 1518 zu seinem ersten öffentlichen Auftritt nach seinem Thesenanschlag nach Heidelberg reiste, war Laurenz Lemlin dort als Sänger an der Hofkapelle des Kurfürsten Ludwig V. tätig. Später wurde er zum Hofkapellmeister ernannt und bildete in dieser Funktion viele seiner Sängerknaben zu Komponisten aus. Sie werden von der Musikwissenschaft heute unter dem Begriff „Heidelberger Liedmeister" zusammengefasst.

Das Heidelberger Schloss und der kurpfälzische Hof
Die seit dem 13. Jh. entstandenen Bauten des Schlosses wurden Ende des 17. Jh. weitgehend zerstört. Nachdem der Kurfürst 1720 seinen Sitz nach Mannheim verlegt hatte (s. S. 138), verfiel das Schloss im Laufe der Jahre. Die Reste wurden im 19. Jh. zum Inbegriff einer romantischen Ruine und deshalb zu einer der Hauptsehenswürdigkeiten in Deutschland.

Das Bild des Schlosses zu Heidelberg im „Thesaurus Pictuarum" des pfälzischen Kirchenrats Markus zum Lamm (2. Hälfte 16. Jh.)

1510 – Peter Henlein erfindet die Taschenuhr
1525 – Endgültige Niederlage der Bauernheere im Großen Bauernkrieg
1543 – † Nikolaus Kopernikus (Begründer des heliozentrischen Weltbilds)

Lieder zum Singen und Spielen

Ehe der Dreißigjährige Krieg die Entwicklung abrupt beendete, erlebte der süddeutsche Raum in der zweiten Hälfte des 16. Jahrhunderts einen wirtschaftlichen und kulturellen Aufschwung. Der Adel regierte nicht mehr in Burgen, sondern in Schlössern und Residenzen; in den Städten entwickelte sich eine bürgerliche Kultur, die vor allem in der Architektur und in der Malerei zu höchster Blüte führte. Die Entwicklung der mehrstimmigen Liedkunst in dieser Epoche beschreibt der Musikwissenschaftler Helmuth Osthoff:

» *Für die bis etwa 1560 reichende Entwicklung gilt das Prinzip der polyphonen Melodiebearbeitung, d. h. der Komponist übernimmt entweder die tradierte Weise eines Liedes oder erfindet selbst für einen neuen Text zunächst die Melodie. Indem diese Weise [...] die Tenor-, seltener die Diskantstimme bildet, wird sie zur musikalischen Achse des Liedes. Die [...] Nebenstimmen erhalten bei kontrapunktisch-imitatorischer Behandlung einen begrenzten Anteil an musikalischer Substanz.* «

» *Die ständig in Titeln und Vorreden begegnende Devise „Zu singen und zu spielen", aber auch [...] dokumentarische und stilistische Kriterien weisen eindeutig darauf hin, dass die Instrumente in der damaligen Aufführungspraxis eine bedeutsame Rolle spielten. Überdies muss gesagt werden, dass [...] noch für den Beginn des 16. Jahrhunderts im reinen Vokalsatz geschriebene Lieder zu den Ausnahmefällen zählten.* «

» *[Nach 1520] werden grundsätzlich sämtliche Stimmen mit Text ausgestattet und dem Gesang erschlossen. [...] Erst damit hat sich das Chorprinzip im Sinne einer möglichen vokalen Aufführung aller Stimmen durchgesetzt. Doch bleibt zu beachten, dass [...] die Aufführungspraxis nach wie vor mit der beliebigen Heranziehung von Instrumenten rechnet.* «

Cantus firmus
(lat. für „fester Gesang")
Ursprünglich steht der Begriff für eine Choralmelodie, später für das Thema im kontrapunktischen Satz; heute allgemeine Bezeichnung für die (meist vorgegebene) Kernmelodie in einem mehrstimmigen Satz. In den deutschen Chorliedern des 16. Jh. stand diese Kernmelodie, der Cantus firmus, meist im Tenor, gelegentlich auch im Sopran.

1. Untersuchen Sie den Chorsatz (s. S. 20). Beschreiben Sie die jeweilige Funktion der sechs Stimmen. Stellen Sie dabei Verbindungen zu Luthers Beschreibung eines Chorliedes (s. S. 18) und zu den Ausführungen Osthoffs her.

2. Hören Sie eine Interpretation des Werkes und beurteilen Sie sie hinsichtlich der in den Zitaten beschriebenen Aufführungspraxis der Entstehungszeit.

I, 4

3. Singen und musizieren Sie den Chorsatz (s. S. 20).

Das Titelblatt zu Hermann Fincks 1556 erschienenem Lehrwerk „practica musica" zeigt die übliche Aufführungsweise von Vokalmusik der Renaissance.

Der Gutzgauch auf dem Zaune saß

2. Darnach, da kam der Sonnenschein,
Der Gutzgauch, der ward hübsch und fein.

3. Alsdann schwang er sein Gfiedere
Und flog dorthin wohl übern See.

Analyse 1: Musikalische Analyse

„Analyse“ stammt vom altgriechischen Wort „analyein“ für „auflösen“. In den Naturwissenschaften ist damit das Zerlegen und Untersuchen eines Stoffes gemeint. Sinn und Zweck einer musikalischen Analyse sind vielschichtig:

- Für den Interpreten ist eine Analyse die Voraussetzung für die stilgerechte Interpretation eines Musikwerkes.
- Dem Hörer kann eine Analyse zu mehr Verständnis für das Werk und damit zu einem größeren Hörgenuss verhelfen.
- Für jeden Musikinteressierten ist die Analyse ein Hilfsmittel bei der Beurteilung der Qualität eines Stückes.

In zahlreichen Hörertypologien werden unterschiedliche Herangehensweisen bei der Wahrnehmung von Musik mit analytischen Fähigkeiten in Verbindung gebracht. So beschreibt der Musiksoziologe Theodor W. Adorno (1903–1969) den „Expertenhörer“, der einzelne Elemente des musikalischen Geschehens und ihre kompositionstechnischen Besonderheiten sofort erfasst und einordnet. Er kann auf diese Weise den Sinngehalt der Musik entschlüsseln und bezieht daraus seinen Genuss an der Musik. Ganz anders die nach Adorno größte Gruppe, die „Unterhaltungshörer“. Ihnen liegt nicht am Erkennen des Sinnzusammenhangs von Musik, sie suchen vielmehr in der Musik Zerstreuung, eine Reizquelle oder Entspannung. Auf sie zielt die Musikindustrie. Zwischen diesen Polen gibt es zahlreiche Schattierungen; in jedem Fall jedoch bedeutet ein analytischer Umgang mit Musik eine gezielte Auseinandersetzung mit Klangkunst und ein bewusstes Hören.

Parameter der musikalischen Analyse

Musikalische Analyse verfolgt keinen Selbstzweck; vielmehr ist sie ein Baustein von vielen innerhalb eines Erkenntnisprozesses über Musik. Neben vielen spezifischen Arten von musikalischen Analysen ist die Parameteranalyse eine gängige Methode, um Werke oder Teilaspekte von Kompositionen zu entschlüsseln. Eine Analyse muss jedoch nicht alle Parameter einschließen, sondern kann auch aspektbezogen sein. Dabei hängt es von der Epoche und der Werksgattung ab, wie ergiebig die Beschäftigung mit einzelnen Parametern eines Stückes sein kann. Vor allem bieten sich für eine analytische Betrachtung an:

Rhythmik – Melodik – Harmonik – Form

Daneben lohnt sich oft auch die Untersuchung anderer Einzelaspekte:

Besetzung – Dynamik – Agogik – Tempo

Viele Einzelaspekte lassen sich nicht ausschließlich einem Parameter zuordnen. So ist die Melodiebildung immer auch von der Rhythmik geprägt; die Wirkung einer Melodie ist in hohem Maß von der Dynamik und vom Tempo abhängig; das Tongeschlecht spielt bei der Analyse der Harmonik ebenso eine Rolle wie bei der Betrachtung der Melodik. Es bleibt also immer zu bedenken, dass die Elemente, die bei der Analyse getrennt behandelt werden, sich gegenseitig beeinflussen und am Ende im Zusammenhang gesehen werden müssen.

Joseph Karl Stieler: Johann Wolfgang von Goethe (1828)

Johann Wolfgang von Goethe
* 1749 Frankfurt
† 1832 Weimar

Goethe gilt als einer der bedeutendsten Lyriker der Weltliteratur. Ungezählte Komponisten vertonten seine Gedichte. Seine Bühnenstücke prägten (zusammen mit denen seines Freundes Friedrich Schiller) das Theater des Sturm und Drang und der Weimarer Klassik. Als Staatsminister und Geheimrat im Herzogtum Sachsen-Weimar-Eisenach befasste sich Goethe daneben mit vielen Wissensgebieten.

Carl Friedrich Zelter
* 1758 Berlin
† 1832 Berlin

Den Musiker und Komponisten verband eine tiefe Freundschaft mit Goethe. Besondere Verdienste erwarb er sich als Begründer der Berliner „Liedertafel" und als einer der wichtigsten Initiatoren der Wiederentdeckung J. S. Bachs.

Franz Peter Schubert
* 1797 Wien
† 1828 Wien

Bedeutendster Komponist der frühen Romantik. Lange Zeit waren aus Schuberts Werk v. a. die über 600 Klavierlieder bekannt. Ebenso bedeutend sind jedoch seine Kammermusikwerke und seine neun Sinfonien. Seine Bühnenwerke konnten sich bis heute nicht durchsetzen.

Töne durch Töne malen

Franz Schubert: Schäfers Klagelied, D 121 (1814)

[Zelter] trifft den Charakter eines solchen, in gleichen Strophen wiederkehrenden Ganzen trefflich, sodass es in jedem einzelnen Teile wieder gefühlet wird, da wo andere, durch ein sogenanntes Durchkomponieren, den Eindruck des Ganzen durch vordringende Einzelheiten zerstören.
(Goethe an Wilhelm von Humboldt, 1803)

Das Originale seiner Kompositionen ist, soviel ich beurteilen kann, niemals ein Einfall, sondern es ist eine radikale Reproduktion der poetischen Intentionen.
(Goethe über die Liedkompositionen Zelters)

Töne durch Töne zu malen: zu donnern, zu schmettern, zu plätschern, zu patschen, ist detestabel.
(Goethe an Zelter, 1820)

Goethe und Schubert

Schubert wählte die Gedichte für seine Lieder sehr bewusst aus. 70 seiner über 600 Klavierlieder, darunter viele der berühmtesten Kompositionen, z. B. „Gretchen am Spinnrad" (1814) und „Der Erlkönig" (1815), haben Goethe-Texte als Grundlage. In seinem Tagebuch spricht Schubert von „Göthe's musikalischem Dichtergenie". Die Verehrung für den „Dichterfürsten" bewog ihn im Jahr 1816, ein Heft mit Kompositionen seiner Gedichte an Goethe zu senden. Er bekam keine Antwort – vermutlich eine Folge der sehr exakten Vorstellung Goethes von der Aufgabe der Musik. Ein Freund Schuberts beschrieb sie so: „Nur das weiß ich, dass Goethe von der Ansicht [...], dass seine Lieder nur strophenweise abgeleiert werden müssten, ausgehend, vielleicht von den häufig durchkomponierten Texten Schuberts sich wenig angesprochen fand." (Anton Holzapfel, 1858).

Goethes Gedicht „Schäfers Klagelied" stammt aus dem Jahr 1802. Es geht auf ein damals bekanntes Volkslied zurück. 1814, im Alter von 17 Jahren, schrieb Schubert eine erste Fassung des Liedes, eine zweite entstand im Jahr 1819. Im gleichen Jahr wurde „Schäfers Klagelied" als erstes Schubert-Lied bei einem Konzert in einem Gasthof vor einer größeren Öffentlichkeit vorgetragen.

Der dem Pastorale eigentümliche Ton ist vortrefflich gehalten; er liegt schon in melodischen Ausdrücken. Die Begleitung ist zweckmäßig und verbindet die durch die charakteristischen Modifikationen notwendig auseinandergehaltenen Melodien.
(Aus einer Zeitschrift, 1822)

Das Porträt des 16-jährigen Franz Schubert wird seinem Freund Leopold Kupelwieser zugeschrieben.

1804
Das habsburgische Österreich wird zum Kaiserreich erhoben

1806
Ende des „Heiligen Römischen Reichs Deutscher Nation"

1809
Napoleonische Truppen besetzen Wien

Balthasar Paul Ommeganck: Hirt auf der Weide (um 1800)

Kunstlied, Klavierlied
s. S. 28

I, 5

❶ Hören Sie das Lied. Gliedern Sie es in Sinnabschnitte. Geben Sie für jeden Abschnitt charakteristische musikalische Merkmale („charakteristische Modifikationen") an (Melodieführung, Rhythmik, Tonalität, Begleitung). Benennen Sie Elemente, die den Abschnitten gemeinsam sind.

❷ Formulieren Sie Argumente, die für bzw. gegen die Vertonung Schuberts sprechen und beziehen Sie sich dabei auf die ästhetischen Vorstellungen Goethes (s. Zitate S. 22).

❸ Schreiben Sie eine Kritik des Schubert-Liedes. Wählen Sie dazu einen Standpunkt für oder gegen die Vertonung Schuberts.

Schäfers Klagelied

15
bin her-un-ter ge-kom-men und weiß doch sel-ber nicht wie. Da
21
steht von schö-nen Blu-men, da steht die gan-ze Wie-se so voll, ich
simile
25
ritardando
bre-che sie, oh-ne zu wis-sen, wem ich sie ge-ben soll. Und
fp
29
Re-gen, Sturm und Ge-wit-ter ver-pass ich un-ter dem Baum.
fp
fp
fp
fp
33
Die Tü-re dort blei-bet ver-schlos-sen, doch al-les ist lei-der ein Traum.
pp

38
Es ste - het ein Re - gen - bo - gen wohl ü - ber je - nem Haus, sie
p
43
a - ber ist fort - ge - zo - gen, und weit in das Land hin - aus. Hin-
48
aus in das Land und wei - ter, viel - leicht gar ü - ber die See. Vor - ü - ber, ihr Scha - fe, nur vor-
pp
53
ü - ber, dem Schä - fer ist gar so weh, vor - ü - ber, ihr Scha - fe, nur vor -
57
ü - ber, dem Schä - fer ist gar so weh.

Robert Schumann (nach einem Foto angefertigte Lithografie)

Johann Friedrich Reichardt
* 1752 Königsberg
† 1814 Giebichenstein

Komponist von Liedern und Singspielen (v. a. nach Texten Goethes) und Musikschriftsteller

1 Erläutern Sie anhand der Aussagen von Reichardt und Schumann, wie sich die Vorstellung von der „richtigen" Gedichtvertonung veränderte.

Die feinen Züge des Gedichts

Robert Schumann: Im Walde (aus: „Liederkreis", op. 39, 1840)

Das Lied soll der einfache und fassliche musikalische Ausdruck einer bestimmten Empfindung sein, damit es auch die Teilnahme einer jeden zum natürlichen Gesang fähigen Stimme gestatte, ein kleines, leicht übersehbares Kunstwerk, [...] dessen Instrumentalbegleitung, wo nicht entbehrlich, doch nur zur Unterstützung des Gesanges da sein soll. (Johann Friedrich Reichardt, 1796)

Einfachheit macht das Kunstwerk noch nicht und kann unter Umständen ebenso tadelnswert sein als das Entgegengesetzte, Überladung.
(Robert Schumann, 1836)

Im Zusammenhang mit der fortschreitenden Dichtkunst ist der Franz Schubert'schen Epoche bereits eine neue gefolgt, die sich namentlich auch die Fortschritte des einstweilen weiter ausgebildeten Begleitinstruments, des Klaviers, zunutze macht. Die Singstimme allein [...] kann nicht alles bewirken, nicht alles wiedergeben; neben dem Ausdrucke des Ganzen sollen auch die feinen Züge des Gedichts hervortreten, und so ist's recht, wenn darunter nicht das Ganze leidet. (Robert Schumann, 1841)

Im Walde

1825 Erste deutsche Technische Hochschule (Karlsruhe)
1826 Georg Ohm entdeckt das Gesetz zum elektrischen Widerstand
1832 Baedeker veröffentlicht den ersten Reiseführer
1833 Erste elektromagnetische Telegrafenanlage in Göttingen

❷ Zeigen Sie am Lied „Im Walde" auch im Detail, welche Aufgaben Schumann dem „weiter ausgebildeten Begleitinstrument" Klavier anvertraut hat (s. Zitat S. 26).

I, 6

❸ Erläutern Sie, wie Schumann in diesem Lied seiner Forderung gerecht wird, sowohl den „Ausdruck des Ganzen" als auch die „feinen Züge" des Gedichtes hervortreten zu lassen (s. Zitat S. 26).

Robert Schumann
* 1810 Zwickau
† 1856 Endenich bei Bonn

Schumann war nicht nur als Komponist von Klavierwerken, Liedern und Sinfonien, sondern auch als Musikschriftsteller eine prägende Figur der Romantik.

Kunstlied, Klavierlied
Der Begriff bezeichnet Gedichtvertonungen für eine Solostimme mit Klavierbegleitung. Die Blütezeit der Gattung war das 19. Jh.
Für das häusliche Musizieren wie für öffentliche Konzerte entstand eine unübersehbare Fülle von Werken, deren Gestalt von der strophischen Form bis zu komplexen durchkomponierten Liedern reichte.

Das Romantische im 19. Jahrhundert

Die Epochenbezeichnung „Romantik" für die gesamte Musik des 19. Jahrhunderts (und darüber hinaus bis zum Tod Richard Strauss' 1948) ist eine verzerrende Vergröberung. Sinnvoll ist es, das Romantische auch in der Musik als eine Zeitströmung parallel zur Literatur und Malerei zu sehen. In allen Künsten lassen sich gemeinsame Topoi[1] entdecken, die ein recht geschlossenes Bild der Epoche ergeben. Im Hintergrund stehen Enttäuschung, Illusionsverlust und Existenzangst. Die romantischen Künstler sehen in der Metternich'schen Neuordnung im Zusammenhang mit dem Wiener Kongress 1814/1815 das Scheitern der Freiheitsideen nach der Französischen Revolution. Sie spüren den Wandel der Welt und der Werte, die das Aufkommen mechanischer Produktionsweisen und der technische Fortschritt hervorrufen. Dieser entseelten Welt, der „miserablen Wirklichkeit" (Schubert), stellen sie den Entwurf eines Besseren entgegen. Die Bilder dieser anderen Welt tauchen in den Werken aller Künste immer wieder auf: Kindheit, Natur, die zeitliche Ferne lange vergangener oder zukünftiger Epochen, die räumliche Ferne unbekannter Länder, die Nacht und ihre Attribute, die Welt der Träume.

Schumanns Liederkreis

Im Jahr 1840, seinem „Liederjahr", ließ sich Schumann von dem „neuen Dichtergeist", den er in dieser Zeit spürte, zur Komposition zahlreicher Liedzyklen und -gruppen anregen. Für seinen „Liederkreis" wählte er zwölf Gedichte Eichendorffs aus, in denen sich die Welt des Romantischen exemplarisch spiegelt.

Joseph von Eichendorff: Schöne Fremde

Es rauschen die Wipfel und schauern,
Als machten zu dieser Stund'
Um die halbversunkenen Mauern
Die alten Götter die Rund'.

Hier hinter den Myrtenbäumen
In heimlich dämmernder Pracht,
Was sprichst du wirr wie in Träumen
Zu mir, phantastische Nacht?

Es funkeln auf mich alle Sterne
Mit glühendem Liebesblick,
Es redet trunken die Ferne
Wie von künftigem großem Glück!

Caspar David Friedrich:
Träumender Mann in Kirchenruine (1830)

1 Topos (Plural: Topoi; von griech. „topos" für „Ort", „Lage"): Thema, Inhalt, häufig verwendeter Gegenstand

Joseph von Eichendorff: In der Fremde

Aus der Heimat hinter den Blitzen rot
Da kommen die Wolken her,
Aber Vater und Mutter sind lange tot,
Es kennt mich dort keiner mehr.

Wie bald, wie bald kommt die stille Zeit,
Da ruhe ich auch, und über mir
Rauschet die schöne Waldeinsamkeit,
Und keiner mehr kennt mich auch hier.

Joseph von Eichendorff
* 1788 bei Ratibor (Oberschlesien)
† 1857 Neisse

Eichendorff gehört zu den bedeutendsten Lyrikern der Romantik; seine Gedichte waren Grundlage sehr vieler Vertonungen.
Von seinen Prosawerken kennt man heute v. a. die Novelle „Aus dem Leben eines Taugenichts".

4 Finden Sie in den Gedichten und Bildern die Topoi des „Romantischen".

5 Hören Sie Schumanns Vertonungen der Gedichte „Schöne Fremde" und „In der Fremde". Lesen Sie noch einmal die Aussagen von Reichardt und Schumann über das Vertonen von Gedichten (s. S. 26). Erläutern Sie, inwiefern Schumanns Lieder von Reichardts Vorstellungen abweichen und Schumanns eigenen Forderungen folgen.

I, 7/8

6 Stellen Sie die Weltsicht der Romantiker dem gegenüber, was im heutigen Sprachgebrauch mit dem Begriff „romantisch" assoziiert wird. Belegen Sie dabei Ihre Aussagen mit Beispielen aus den besprochenen Werken.

Caspar David Friedrich
* 1774 Greifswald
† 1840 Dresden

Friedrich ist heute der bekannteste Maler der deutschen Romantik. In seinen Landschafts- und Naturdarstellungen sind die Bildgegenstände immer auch Symbole einer inneren Welt: In der Natur spiegelt sich das Befinden des „romantischen" Menschen.

Caspar David Friedrich: Utterwalder Grund (1825)

Ein reizvoller Gegensatz zum gesungenen Wort

Arnold Schönberg: Moses und Aron (1932)

Arnold Schönberg
*1874 Wien
†1951 Los Angeles

Nach frühen Werken in spätromantischem Stil und einer Reihe atonaler Werke fand Schönberg als Theoretiker und Komponist in den frühen 1920er-Jahren zu seiner „Methode der Komposition mit zwölf nur aufeinander bezogenen Tönen" (Dodekaphonie). Als einer der radikalsten Neuerer der Musikgeschichte wurde er damit zum Begründer der „Neuen Wiener Schule".

Egon Schiele
*1890 Tulln
†1918 Wien

Schiele zählt mit Gustav Klimt und Oskar Kokoschka zu den bedeutendsten Wiener Expressionisten am Beginn des 20. Jh.
Schon in jungen Jahren errang er als Maler außerordentliche Erfolge. Besonderes Aufsehen erregten seine Porträts mit ihrem scharfen Blick für psychologische Hintergründe; seine Akte trugen ihm den Vorwurf des „Unsittlichen" ein.

Man hat da Ensembles, die als Sprechchöre beginnen und erst stufenweise, auf dem Wege sonderbarster Übergänge, zur reichsten Vokal-Musik werden; Chöre also, die durch alle Schattierungen des abgestuften Flüsterns, geteilten Redens, Halbsingens bis zum polyphonsten Gesang gehen, – begleitet von Klängen, die als bloßes Geräusch, als magisch-fanatisch-negerhaftes Trommeln und Gong-Dröhnen beginnen und bis zu höchster Musik reichen …

Diese Sätze über eine zukünftige Vokalmusik spricht der „deutsche Tonsetzer" Adrian Leverkühn in Thomas Manns Roman „Doktor Faustus" (1947). Parallelen zwischen diesen Beschreibungen und der Musik des österreichischen Komponisten Arnold Schönberg sind kein Zufall. Thomas Mann ließ sich bei der Arbeit seines Romans von Theodor W. Adorno (1903–1969) beraten, der dem Schülerkreis um Schönberg angehörte.

Der Ruf nach Moses

Die Handlung zu Schönbergs zweiaktiger Oper „Moses und Aron" beruht auf den Erzählungen des Alten Testaments von der Berufung Moses durch Gott und seinem Auftrag, das Volk Israel ins Gelobte Land zu führen. Am Ende des ersten Aktes zieht sich Moses für vierzig Tage auf den Berg Sinai zurück, um von Gott die Gesetzestafeln mit den Zehn Geboten entgegenzunehmen. In einem Zwischenspiel fragt das verunsicherte Volk nach seinem Verbleib:

Wo ist Moses? Wo ist der Führer? Lange schon hat ihn keiner gesehn!
Nie, nie, nie kehrt er wieder! Wo ist er? Wo ist Moses?
Verlassen sind wir! Wo ist sein Gott? Wo ist der Ewige? Moses!
Moses? Nie kehrt er wieder! Wo ist sein Gott? Wo ist der Ewige? Nie, nie, nie kehrt er wieder! Wo ist er, wo ist er?
Wo ist Moses?

1 Lesen Sie das Zitat aus Thomas Manns „Doktor Faustus". Stellen Sie sich anhand dieses Zitats die Gestaltung der Szene „Wo ist Moses?" aus Schönbergs Oper vor.

2 Entwickeln Sie ein Konzept zur Gestaltung der Szene „Wo ist Moses?". Orientieren Sie sich dabei ggf. an dem Text aus Thomas Manns „Doktor Faustus". Setzen Sie das Konzept in einem eigenen Gestaltungsversuch um.

Egon Schiele: Arnold Schönberg (1917)

Moses und Aron, 1. Akt, Zwischenspiel (T. 1–8) © Schott

❸ Hören Sie das Zwischenspiel aus „Moses und Aron". Verfolgen Sie den Anfang im Notenbild und beschreiben Sie die Gestaltung der Singstimmen im Vergleich zu Ihrem Gestaltungsversuch.

I, 9

Rhythmische Deklamation

❹ Definieren Sie anhand des Ausschnittes „Wo ist Moses?" (s. S. 31) den Begriff „rhythmische Deklamation".

❺ Überlegen Sie, warum Schönberg die Rollen von Moses und Aron mit Gesang bzw. rhythmischer Deklamation unterschiedlich gestaltet hat.

I, 10

❻ Hören Sie den Anfang der letzten Szene der Oper und verfolgen Sie das Notenbild (s. S. 33). Unterscheiden Sie drei Notationsweisen der rhythmischen Deklamation und beschreiben Sie die Unterschiede.

Im Zentrum von Schönbergs Oper steht die Auseinandersetzung um das „richtige" Gottesbild. Für Moses ist Gott „einzig, unvorstellbar und unsichtbar", und er will diese Sichtweise dem Volk Israel vermitteln, das noch gewohnt ist, die Bilder vieler Götter anzubeten. Dafür braucht er aber seinen Bruder Aron, denn er weiß:

„Ich bin je und je nicht wohl beredt gewesen, [...] denn ich habe eine schwere Sprache und eine schwere Zunge." Da ward der HERR sehr zornig über Mose und sprach: „Weiß ich denn nicht, dass dein Bruder Aron aus dem Stamm Levi beredt ist? [...] Du sollst zu ihm reden und die Worte in seinen Mund legen. Und ich will mit deinem und seinem Munde sein und euch lehren, was ihr tun sollt. Und er soll für dich zum Volk reden; er soll dein Mund sein, und du sollst sein Gott sein." (Altes Testament, Bücher Moses, Exodus 4,10)

In Schönbergs Komposition werden Moses und Aron durch unterschiedliche Stimmbehandlung charakterisiert: Der Gesangspart des einen wechselt zwischen rezitativischen und ariosen Abschnitten und entspricht damit eher den traditionellen Vorstellungen des Operngesangs. Für den anderen verwendet Schönberg die sogenannte „rhythmische Deklamation". Schönbergs Schüler Alban Berg beschreibt die Bedeutung der „rhythmischen Deklamation" im Zusammenhang mit seiner Oper „Wozzeck".

Emil Nolde
*1867 Nolde (heute Dänemark)
†1956 Seebüll

Zu den bekanntesten Bildern Noldes gehören seine Blumenaquarelle. Darüber wird oft vergessen, dass er einer der großen deutschen Expressionisten war, dessen Bilder im Dritten Reich als „entartet" diffamiert wurden.

» *Allerdings finden sich in meiner Oper fast keine Rezitative. Diesen Mangel aber glaube ich dadurch reichlich wettgemacht zu haben, dass ich die sogenannte „rhythmische Deklamation", die Schönberg vor bald 20 Jahren [...] eingeführt hat, zum ersten Mal und lange Zeit als einziger in einer Oper verwendet und ihr einen so großen Platz eingeräumt habe. [...] Dabei hat sich herausgestellt, dass [die rhythmische Deklamation] die Opernmusik um ein vollwertiges [...] Kunstmittel bereichert hat, das zu dem gesungenen Wort auch in klanglicher Hinsicht eine willkommene Ergänzung und einen reizvollen Gegensatz bildet.* « (Alban Berg, 1925)

Der Tanz um das Goldene Kalb

In der letzten Szene der Oper kehrt Moses ins Lager der Israeliten zurück. Aron hat inzwischen ein sichtbares Gottesbild aufgestellt. Singend umtanzen die Juden das Goldene Kalb. Da unterbricht Moses die Anbetung des Götzenbildes jäh und stellt Aron wütend zur Rede: „Aron, was hast du getan?"

Emil Nolde: Der Tanz um das Goldene Kalb (1910)

Moses und Aron, 2. Akt, 5. Szene (T. 984–998)

Moses und Aron in der Wüste

Marc Chagall
*1887 Liosno (Weißrussland)
†1985 Saint Paul de Vence

Chagall wuchs im russischen Witebsk in einer armen jüdischen Familie auf. Seit 1923 lebte er – inzwischen ein weltweit anerkannter Maler – v. a. in Frankreich.

Ein großer Teil des Werkes, das der Maler Marc Chagall geschaffen hat, greift Themen der jüdisch-christlichen Welt auf. 1963 entstand ein Zyklus mit 24 farbigen Lithografien über den Exodus, den Auszug des Volkes Israel aus Ägypten. Auf mehreren der Bilder erscheinen die Brüder Moses und Aron. Marc Chagall war auch einer der Zeugen der Zeremonie, als Schönberg 1933 in Paris wieder in die jüdische Glaubensgemeinschaft aufgenommen wurde, nachdem er sich 1898 hatte taufen lassen.

7 Setzen Sie Schönbergs Darstellung der beiden Brüder in Beziehung zur Darstellung durch Marc Chagall.

I, 11

8 Hören Sie den weiteren Dialog zwischen Moses und Aron (2. Akt, 5. Szene) und beschreiben Sie die stimmliche Gestaltung von Arons Gesangspart in Abhängigkeit vom Gesprächsverlauf. Verwenden Sie dabei die Begriffe Rezitativ (s. S. 211), Arioso (s. u.) und rhythmische Deklamation. (Aus den Vortragsanweisungen für Aron an dieser Stelle: „Sehr ruhig, aber etwas zuversichtlicher“ – „Mit zunehmender Überlegenheit“.)

Arioso
Gesangsform mit Elementen des Rezitativs (Textvortrag) und der Arie (Betonung des Melodischen)

Marc Chagall: Moses und Aron in der Wüste (1966). Die Darstellung des Moses mit Hörnern beruht auf einem Übersetzungsfehler des hebräischen Wortes „Karan“, das sowohl „leuchten“ als auch „Hörner wachsen“ bedeuten kann.

Analyse 2: Bildbetrachtung

Bei der Kunstbetrachtung gibt es mehrere Herangehensweisen, um zu einer Deutung des Werks zu gelangen:

1. Der formal-analytische Ansatz (s. Kasten) ist meist der erste Weg, sich einem Kunstwerk anzunähern.
2. Die formal-inhaltliche Deutung (ikonologischer Ansatz) versucht, Motive als Bedeutungsträger zu erkennen.
3. Der biografisch-psychologische Ansatz setzt prägende Erfahrungen im Lebenslauf des Künstlers mit dessen Motivwahl in Beziehung.
4. Der sozial-historische Ansatz deutet Kunstwerke in Bezug auf die gesellschaftliche und politische Situation, in der sie entstanden sind.

» Schließe dein leibliches Auge, damit du mit dem geistigen Auge zuerst siehest dein Bild. Dann fördere zutage, was du im Dunkeln gesehen, dass es zurückwirke von außen nach innen. « (C. D. Friedrich)

Caspar David Friedrich: Der Wanderer über dem Nebelmeer (1818)

Aspekte formaler Bildanalyse

- die primären Bildelemente: Punkt, Linie, Fläche, Formen, Farben
- Komposition: Anordnung der Bildelemente, ihre Beziehungen zueinander
- Kompositionsprinzipien: Reihung, Staffelung, Streuung, Ballung, Rhythmus, Symmetrien
- Richtung und Bewegung: Ausrichtung der Bildelemente im Bildraum
- Kontraste: Formkontraste, Farbkontraste, Hell-Dunkel-Kontraste
- Perspektive
- Proportionen

Auf einer zerklüfteten Felsspitze stehend blickt eine männliche Rückenfigur in eine weite Felslandschaft, die im Nebel liegt. Einzelne Bergspitzen ragen aus dem Nebelmeer, darüber spannt sich ein weiter Himmel. Der erhöhte Standpunkt der Figur verdeckt den Fluchtpunkt, gleichzeitig hat der Betrachter den Eindruck, zusammen mit der Figur in die Ferne zu schauen. Den Eindruck einer unendlichen Weite erreicht Friedrich durch den Einsatz der Farb- und Luftperspektive: Im Vordergrund dominieren warme Farben und scharfe Umrisse, im Hintergrund „verblauen" die Farben, die Konturen verschwimmen zunehmend.

Die abgebildete Landschaft ist keine topografisch exakte Darstellung. Sie ist vielmehr als „Seelenlandschaft" des Künstlers und als Projektionsfläche für die Empfindungen des Betrachters zu verstehen.

1. Fertigen Sie – auch mithilfe von Pauspapier – eine Kompositionsskizze des Bildes an.

2. Versuchen Sie vor dem Hintergrund der Epoche der Romantik eine Deutung der Rückenfigur.

3. Vergleichen Sie das Bild unter besonderer Berücksichtigung von Aufbau und Farbwirkung mit dem Bild „Träumender Mann in Kirchenruine" auf S. 28.

Takepak Tapekek

Werke von Kurt Schwitters und György Ligeti

Kurt Schwitters 1944 beim Vortrag seiner „Ursonate“

Kurt Schwitters
* 1887 Hannover
† 1948 Ambleside (Westmorland)

Nach Anfängen als naturalistischer Maler (u. a. von Landschaften und Stillleben) arbeitete Schwitters abstrakt, sodass seine Kunst im Dritten Reich als „entartet“ verfemt wurde. Erst 1937 ging er ins Exil nach Norwegen und floh später weiter nach England.

1. Erarbeiten Sie in Gruppen zu je drei Vortragenden eine Aufführung von Kurt Schwitters „Simultangedicht“. Finden Sie eine dem Titel gemäße Form.

I, 12

2. Hören Sie das Scherzo aus Schwitters „Ursonate“. Ordnen Sie das Werk zwischen Literatur und Musik ein, indem Sie Elemente aus beiden Künsten aufzeigen.

3. Schreiben Sie ein Lautgedicht. Folgen Sie dabei einem selbst gewählten Formgedanken, den Sie kurz skizzieren.

4. Führen Sie Ihr Lautgedicht (ggf. mit mehreren Mitwirkenden) auf.

Kurt Schwitters: Simultangedicht (1919)

kaa gee dee

kaa gee dee katedraale draale kaa tee dee kateedraale draale	takepak take takepak takepak take takepak	tapekek tape kek kek tapekek tape kek kek
(alle:)	oowenduumiir	
kaa tee dee kateedraale draale	diimaan diimaan diimaan	tapekek tape kek kek
didiimaan	------	didiimaan
	diimaan	
(alle:)	aawanduumiir	

Gedicht-Kompositionen nach phonetischen Prinzipien

In der Zeit vor und nach dem Ersten Weltkrieg, in einer Phase gesellschaftlicher Umbrüche, begannen viele Künstler, die bisherigen Traditionen in der Kunst infrage zu stellen. Sie erprobten neue gestalterische Möglichkeiten und überschritten die Grenzen zwischen bildender Kunst, Literatur und Musik. Kurt Schwitters fand einen eigenen künstlerischen Weg, der ihn zu einer Art „Universalkunst“ führte, die er „MERZ“ nannte. Der Name geht auf eine seiner Collagen aus dem Jahr 1919 zurück, in der vom Wort „Commerzbank“ nur diese Buchstaben zu sehen waren. In seinen Werken wollte er Beziehungen schaffen, und zwar „am liebsten zwischen allen Dingen der Welt“.

Schwitters war einer der ersten Verfasser von Lautgedichten, in denen die Sprache ihrer konventionellen Bedeutung beraubt wurde. Es entstanden „Kompositionen“, die keiner sprachlichen Struktur folgten, sondern selbst erlassenen phonetischen Prinzipien. Zwar ist die Sprache zur Unkenntlichkeit verfremdet; dennoch erlauben die Lautgedichte Assoziationen. Zum berühmtesten und richtungweisenden literarischen Werk Schwitters wurde seine „Ursonate“ von 1932, in der er eine klassische viersätzige Sonate als Lautgedicht gestaltet.

1915 Franz Kafka: „Die Verwandlung“; Pablo Picasso: „Harlekin“ (s. S. 214)
1916 Erster Dada-Abend in Zürich
1919 Walter Gropius gründet das „Staatliche Bauhaus Weimar“
1920 Erste Salzburger Festspiele

»Was Kunst ist, wissen Sie ebensogut wie ich, es ist nichts weiter als Rhythmus. Wenn das aber wahr ist, so beschwere ich mich nicht mit Imitation oder mit Seele, sondern gebe schlicht und einfach Rhythmus mit jedem beliebigen Material, Straßenbahnfahrscheine, Ölfarbe, Holzklötze, ja, da staunen Sie Bauklötze!«

(Kurt Schwitters, 1926)

György Ligeti
*1923 Târnăveni (heute Rumänien)
†2006 Wien

Ligeti wurde als Kind ungarischer Eltern in Siebenbürgen geboren. Nach dem ungarischen Aufstand 1956 floh er in den Westen, wurde österreichischer Staatsbürger und lehrte lange Komposition in Hamburg. In den 1960er-Jahren entwickelte er seine Technik der Klangflächenkomposition (s. S. 230).

Sprach-Abenteuer

Die Ideen, die Künstler wie Schwitters schon zu Beginn des 20. Jahrhunderts verwirklichten, wurden in der Musik der zweiten Jahrhunderthälfte vielfach aufgegriffen. Zu den bedeutendsten Werken dieser Art gehören György Ligetis musikalisch-dramatische Aktionen „Aventures“ und „Nouvelles Aventures“.

»Eine Diskussion, die in irgendeiner fremden Sprache geführt wird, begleitet von Mimik und Gestik, kann man in ihrem sachlichen Inhalt zwar nicht verstehen, doch die emotionelle Situation, die zwischen den Diskutierenden entsteht, kann man begreifen. Setzt man an die Stelle irgendeiner fremden Sprache eine fiktive Kunstsprache, so erreicht man die gleiche Wirkung, ja man kann diese intensivieren, indem man von vornherein auf Begriffe verzichtet und sich stattdessen auf die affektiven Ausdrucksmöglichkeiten der Sprache konzentriert. […] Alle durch gesellschaftliche Umgangsformen ritualisierten menschlichen Affekte, wie Einverständnis und Zerwürfnis, Herrschen und Unterwerfung, Aufrichtigkeit und Lüge, Überheblichkeit, Ungehorsam, die subtilsten Nuancen der hinter scheinbarer Zustimmung versteckten Ironie […] – alles das, und noch vieles mehr, lässt sich mit der a-semantischen emotionellen Kunstsprache exakt ausdrücken. […] In der Vokal- und Instrumentalkomposition „Aventures“ habe ich solch eine Kunstsprache verwendet. […] Es handelt sich bei „Aventures“ also nicht um eine Textvertonung im herkömmlichen Sinn. Der Text wird durch die Musik vermittelt, die Musik durch den Text; Lautkomposition und musikalische Komposition sind eine Einheit.«

(György Ligeti, 1993)

5 Zeigen Sie Gemeinsamkeiten zwischen den beiden beinahe gleichzeitig entstandenen Werken „Simultangedicht“ und „Siegbild“ auf.

Kurt Schwitters: Siegbild (1920)

György Ligeti: Aventures für 3 Sänger und 7 Instrumentalisten (1963), T. 10–19

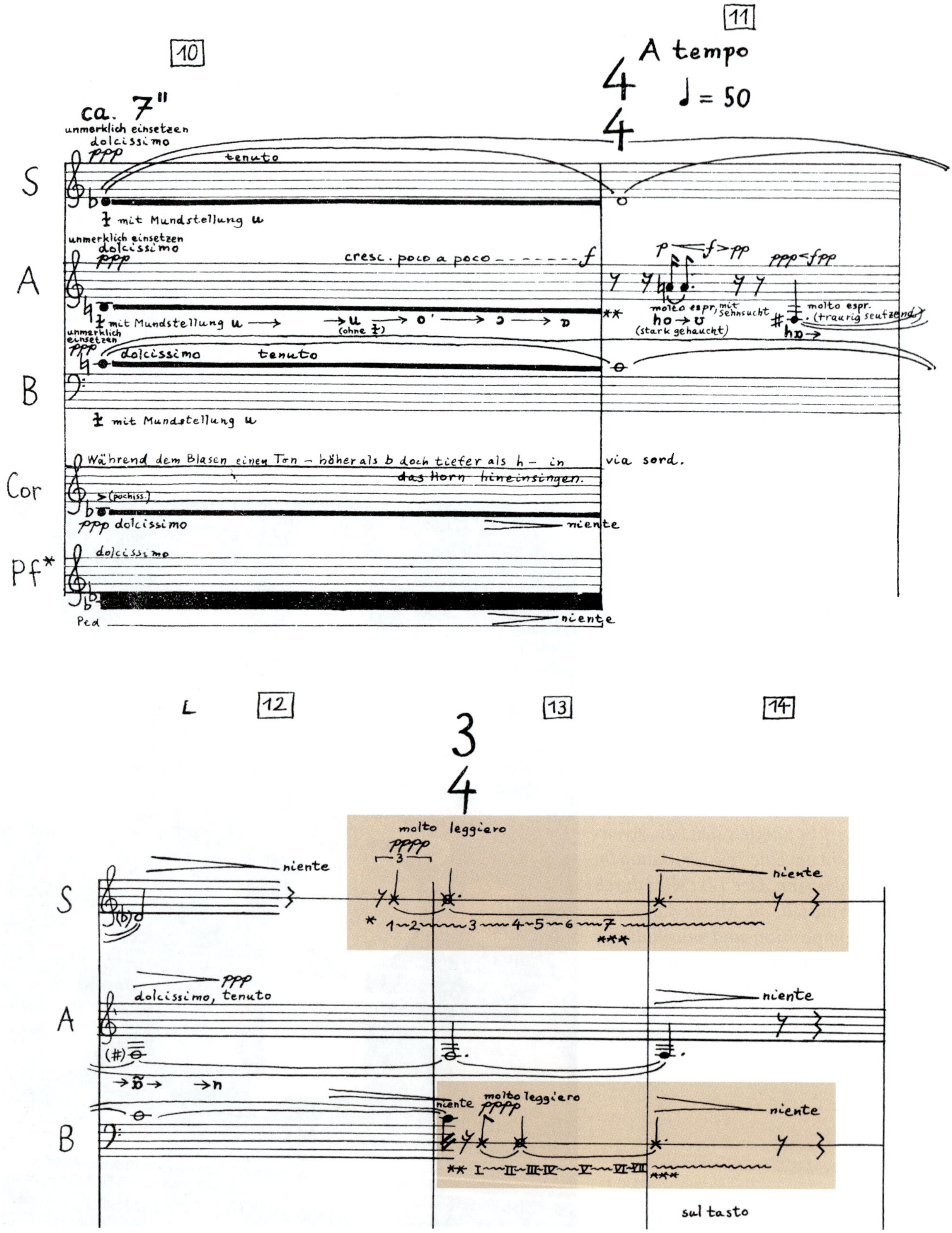

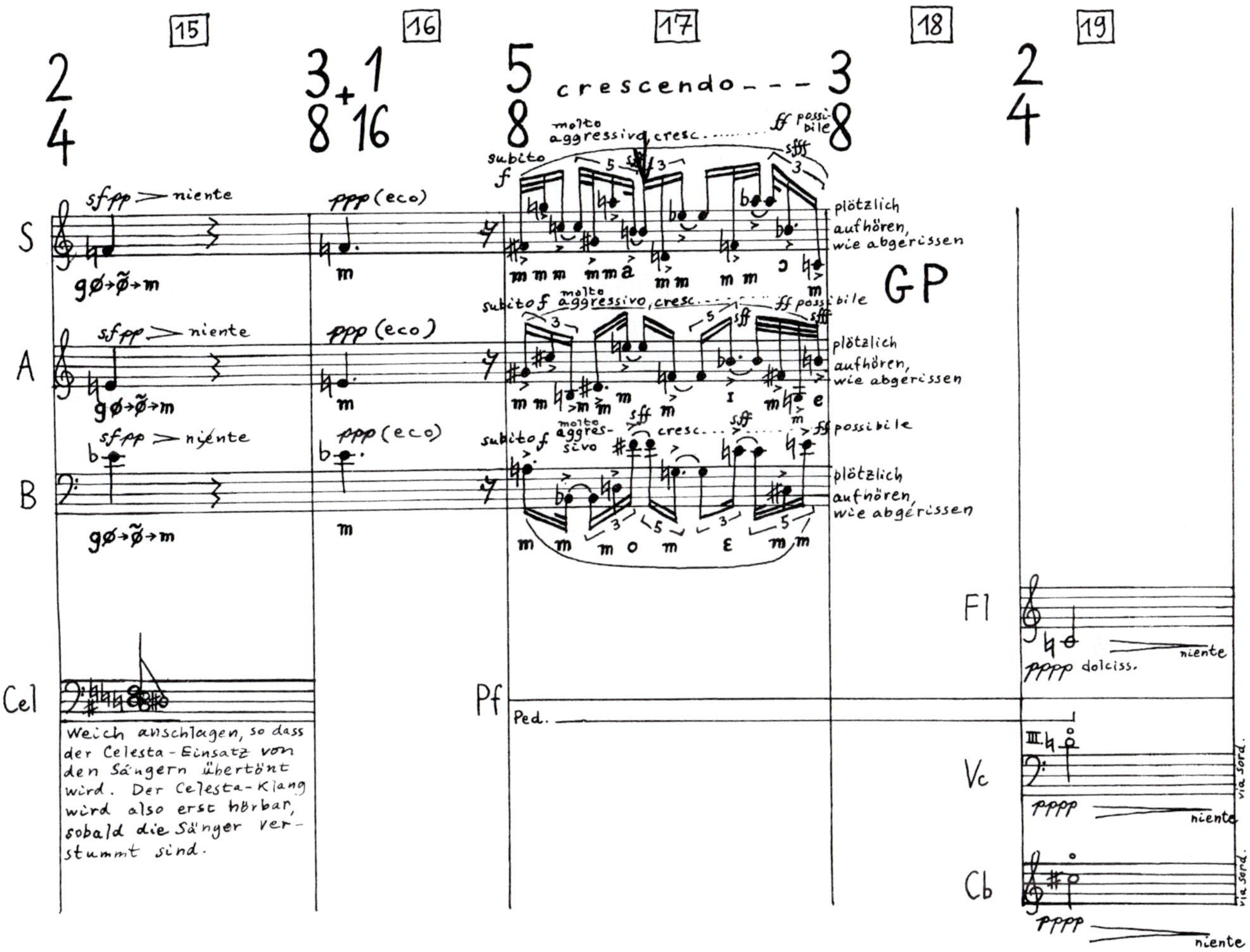

In seinem Werk „Aventures“ macht Ligeti über den Notentext hinaus außerordentlich genaue Angaben zur Interpretation, zum Teil in Anmerkungen im Notenbild, zum Teil in Fußnoten:

* In der angegebenen Zeitdauer werden die folgenden Laute, deren Länge dem Abstand zwischen den einzelnen Ziffern entspricht, untergebracht: 1 = Räuspern, 2 = Lachen, 3 = Weinen, 4 = Ächzen, 5 = Stöhnen, 6 = Röcheln.
Dieser Lautkomplex wird in einem Atemzug vorgetragen, und zwar so, dass die einzelnen Laute nur flüchtig intoniert und etwas stilisiert und die Gemütszustände angedeutet werden. Alles sehr diskret, kaum hörbar, aber mit Ausdruck ausführen.
** Wie *, doch mit dem Unterschied, dass die Reihenfolge der Laute geändert ist, und zwar: I = Weinen, II = Röcheln, III = Räuspern, IV = Ächzen, V = Lachen, VI = Stöhnen.
*** 7 und VII bedeuten: sehr rasches, wiederholtes, keuchendes Ein- und Ausatmen während der angegebenen Zeitdauer.

6 Untersuchen Sie die mit *, ** und *** gekennzeichneten Stellen in den Takten 12–14 genau. Versuchen Sie dann, die Anweisungen selbst auszuführen (Dauer der Takte 12–14: ca. 7 Sekunden).

7 Hören Sie den Ausschnitt. Beurteilen Sie die Möglichkeiten der Interpreten, derart detaillierte Anweisungen umzusetzen.

I, 13

These People Wonder What I'm Singing …

Interpretationen von Ella Fitzgerald, Maggie Nicols und Jon Hendricks

Ella Fitzgerald
* 1917 New Ports/Virginia
† 1996 Beverly Hills

Ella Fitzgeralds Karriere begann mit einem Auftritt der 16-Jährigen in Harlem. Seit den 1940er-Jahren war sie eine der wichtigsten Sängerinnen des Jazz. Charakteristisch waren u. a. die außerordentliche Geschmeidigkeit ihrer Stimmführung und ihr brillanter Scatgesang. Ella Fitzgerald arbeitete mit vielen Größen des Jazz zusammen, z. B. mit Louis Armstrong, Duke Ellington und Count Basie.

Louis Armstrong
* 1901 New Orleans
† 1971 New York

Jazztrompeter und -sänger

Scat Singing, Scatten
(engl. „to scatter" für „etwas verstreuen")
Form des Jazzgesangs, bei der improvisierte Silben an die Stelle zusammenhängenden Textes treten.

1 Singen und musizieren Sie „How High the Moon".

I, 14
2 Hören Sie den Titel in der Interpretation von Ella Fitzgerald. Beschreiben Sie die Sprachbehandlung in den Chorussen 1–4.

» *I stole everything I ever heard, but mostly I stole from the horns*[1]. «
(Ella Fitzgerald)

» *Die Sprachgebundenheit afro-amerikanischen Musizierens, die sich über die Kette „emphatisches Sprechen – Singen – Spielen" vermittelt, zieht sich in unterschiedlichen Dosierungen durch die gesamte Geschichte des Jazz.* «
(Ekkehard Jost, 1999)

You Have to Tell a Story

Schon um 1920 wurde Scatgesang populär. So verwendete ihn z. B. Louis Armstrong in erfolgreichen Jazzsongs. In der Bebop-Ära um 1940 emanzipierte sich das *scat singing* zu einer Kunst des Jazzgesangs, die dem virtuosen Spiel von Instrumentalisten gleicht.

Die Bindung zwischen Musik und Sprache löst sich im Scat auf. Singen wird zum emphatischen Ausdruck, frei vom Wortsinn. Wie bei einem gelungenen Jazz-Instrumentalsolo erzählen Scatsolisten eine „Story", eine wortlose Geschichte im Spiel vokaler Formen und Farben. Das macht den Weg frei für Improvisation, die alle Potenziale der Stimme ausspielt.

The First Lady of Song

„How High the Moon" erklang 1940 in einer Broadway-Revue zum ersten Mal. Der Song wurde rasch zu einem der meistgespielten Jazzstandards und auch zu Ella Fitzgeralds musikalischem Markenzeichen. Wie in einem Lehrstück zeigt sie hier die ganze Palette ihrer Kunst. In einer Liveaufnahme, die 1960 in Berlin entstand, lässt sich das verfolgen: Stimmkaskaden, Innehalten („I guess these people wonder what I'm singing …"), dann Krächzen und Knurren *(grunting, growling)*, Rufen und Schreien *(shouting, screaming)*, halsbrecherische Stimmakrobatik über drei Oktaven und schließlich zweistimmiger Gesang mit sich selbst.

Ella Fitzgerald in Berlin (1960)

1 horn: im Jazz Sammelbegriff für alle Blechblasinstrumente und das Saxofon

1917 Erste Jazzmusik-Aufnahmen durch die Original Dixieland Jazzband

1935 George Gershwins „Jazz"-Oper „Porgy and Bess" wird uraufgeführt

1938 Erstes Jazzkonzert in der New Yorker Carnegie Hall

How High the Moon (1940)

Text: Nancy Hamilton; Musik: Morgan Lewis

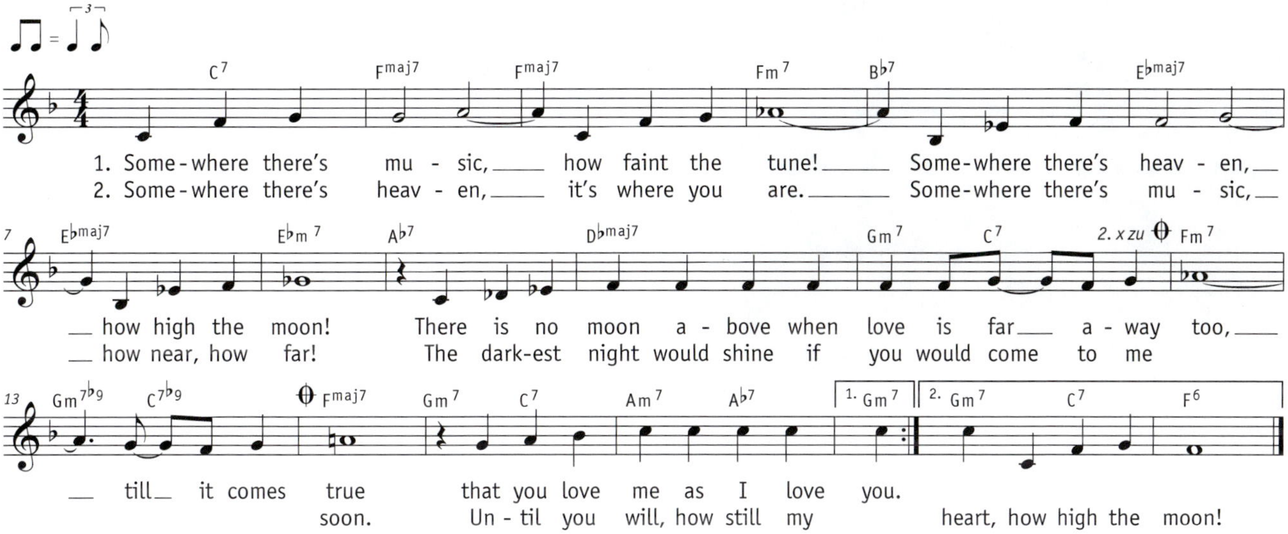

Stimmsturm im Free Jazz

Scatgesang spielt auch in neueren Jazzstilen eine Rolle, z.B. im Free Jazz seit den späten 1960er-Jahren. Die Musiker dieser Stilrichtung verzichten weitgehend auf die herkömmlichen harmonischen und strukturellen Gesetze und auf ein festes Metrum. Im Mittelpunkt steht die „freie" Improvisation. Eine besondere Rolle spielt dabei die Tongebung, die oft durch extremes *dirty playing* gekennzeichnet ist. Bei dieser jazztypischen, nicht am europäischen Ideal des „schönen" Klanges, sondern am subjektiven Ausdruckswillen orientierten Tongestaltung gehören geräuschhafte Elemente zum Ausdrucksrepertoire. Ähnliche Phänomene kann man in der zeitgenössischen E-Musik beobachten (s. S. 37).

Ein Beispiel für diese Entwicklung ist das nur eine Minute dauernde „After the Storm", das die schottische Jazzmusikerin und Improvisatorin Maggie Nicols (* 1948) im Jahr 1985 mit ihrem Klavierpartner Peter Nu aufgenommen hat.

3 Hören Sie Maggie Nicols' „After the Storm". Zeigen Sie mit Blick auf den Scatgesang bei Ella Fitzgerald Gemeinsamkeiten und Unterschiede auf.

I, 15

4 Vergleichen Sie das Bild Isabeys „Nach dem Sturm" mit Nicols' „After the Storm" und erläutern Sie Gemeinsamkeiten zwischen den Werken.

Louis Gabriel Eugène Isabey: Nach dem Sturm (1869)

Four Brothers im Jahr 1948: Serge Chaloff, Herbie Steward, Zoot Sims, Al Cohn

Ein zungenbrecherisches Silbenrennen

Eine besondere Herausforderung für den Jazzgesang war die vokale Umsetzung virtuoser Instrumentalstücke. Zu den berühmtesten Ensembles der Swing-Ära zählte die Bigband von Woody Herman, in der die Saxofongruppe eine herausragende Rolle spielte. Ein Paradestück für diese Section von drei Tenorsaxofonen und einem Baritonsaxofon war „Four Brothers". Im Jahr 1955 sangen Jon Hendricks und sein Vokaltrio eine „Vocalese"-Version dieses Instrumentalstücks.

Swing
s. S. 186

Woody Herman
*1913 Milwaukee
†1987 Los Angeles

Woody Herman war einer der führenden Klarinettisten und Bigband-Leader des Swing. Seine Orchester waren ab 1936 bis in die 1980er-Jahre hinein überaus erfolgreich.

Jon Hendricks
*1921 Newark

Jon Hendricks gilt als einer der besten Jazz- und Scatsänger des 20. Jh. Oft unterlegte er Jazzsongs mit eigenen Texten und ersetzte dabei Instrumente durch Sänger.

Four Brothers (1955)

Text: Jon Hendricks; Musik: Jimmy Giuffre
© Chappell

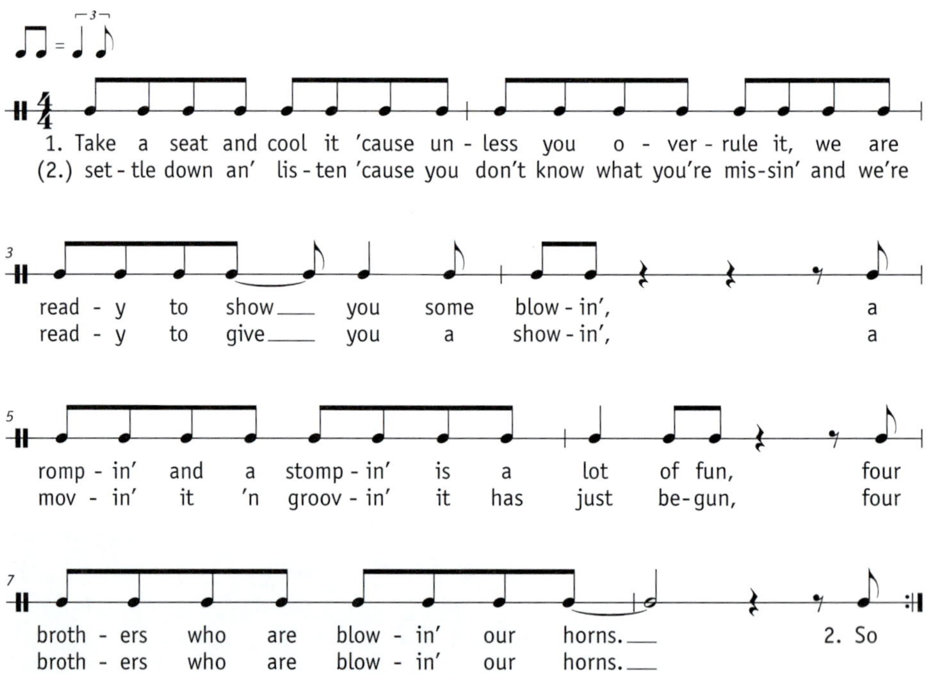

Bridge
We got a little message that you're gonna enjoy,
Ain't no sense in dodgin' the facts.
So settle in your easy chair an' if you ever had a care –
Forget it! It's time to relax.

3. We might as well admit it, we're the best that ever did it,
But in case you ain't too sure a knowin',
We're gonna let you listen to us one by one:
Four brothers who are blowin' our horn.

5 Fassen Sie die Aussage von Hendricks' Text zu „Four Brothers" zusammen.

6 Sprechen Sie die ersten beiden Strophen von „Four Brothers" zuerst langsam. Steigern Sie das Tempo.

7 Hören und vergleichen Sie die Versionen von Woody Herman und Jon Hendricks.

I, 16/17

Dass einer dabei ernst sein kann

Reinhard Mey: Gernegroß (2002)

Gernegroß

Text u. Musik: Reinhard Mey

(gesprochen)
Und die Moral von der Geschichte: Pass auf, dass du nicht vergisst, dass du von innen noch viel kleiner als von außen bist.

Harmlos oder hintergründig

I, 18

❶ Diskutieren Sie Absicht und Wirkung des Liedes. Gehen Sie dabei auf die positiven wie auf die negativen Urteile in den Zitaten ein.

❷ Vergleichen Sie das Lied mit dezidiert politisch gemeinten Songs (s. S. 98 und 102).

❸ Beziehen Sie Stellung zur Absicht und zur Qualität des Liedes.

» *Der Tragöde hat's gut. Wenn er noch so mittelmäßig ist: er rollt doch mit den Augen, und das verfehlt hierzulande seine Wirkung nie. Bei uns wollen sie sich scheckig lachen (drei Poängten pro Zeile) und hinterher verachten sie das. Und dass einer gar dabei ernst sein kann, das ahnen sie kaum. […] Es sind ja nur Chansons.* «
(Kurt Tucholsky, 1921)

» *Es sind originalgetreue Miniaturen, in denen man auch beim hundertsten Mal Hören noch eine neue Wendung, ein verstecktes Lächeln, einen hintergründigen Seitenhieb entdeckt. Es sind meisterhaft geschmiedete Verse, mit unbändiger Freude an der Sprache und brillantem Wortwitz Silbe für Silbe liebevoll ziseliert, Zeugnis einer vom Aussterben bedrohten Kunst.* «
(Ankündigung eines Konzerts von Reinhard Mey in Bozen, 2008)

» *Reinhard Mey ist der herausragende Vertreter der Harmlosigkeit, die im Gestus des Liedermachers selber liegen kann, in der Selbstbescheidung, der Klampfenseligkeit, der Leisestärke. Lieb und nett, auch im bösen Sinn des Wortes.* «
(Bernhard Lassahn, 1982)

Ehrenkompanie bei einem Staatsempfang vor dem Bundeskanzleramt in Berlin (2005)

1980
Hans-Hermann Weyer verkauft innerhalb weniger Jahre 670 Honorarkonsul-Titel an reiche Deutsche

1982
Gerd Postel, Postbote, arbeitet 15 Jahre lang als Arzt

1990
Die Grammy-Sieger *Milli Vanilli* singen nur mit Playback

Gefällige Melodien, anspruchsvolle Texte

In der populären Musik versteht man unter „Chanson" ein musikalisches Genre, das durch einen Sänger, der oft zugleich Autor und Komponist ist, mit einfacher Begleitung (Gitarre oder Klavier) vorgetragen wird. Dabei steht der Text, der nicht selten literarischen Anspruch erhebt, im Vordergrund. Die oft einfache, aber meist gefällige Melodie soll ihn tragen. Auf eine stets „korrekte" Textverteilung wird verzichtet; aus dem Auseinanderklaffen von Wortbetonung und musikalischer Betonung entsteht sogar gelegentlich ein besonderer Reiz.

Im Allgemeinen wird das Chanson vor allem mit Frankreich in Verbindung gebracht. Dort hat das Genre eine jahrhundertealte Geschichte. Seine Interpreten gehören (auch als Identifikationsfiguren) zur Kulturgeschichte des Landes: George Brassens, Edith Piaf, Charles Aznavour u. v. a.

Auch in Deutschland gab es dem Chanson ähnliche Liedgattungen, vor allem in den 1920er- und 1930er-Jahren. Allerdings hatten die Texte dieser Lieder oft deutlich politische Inhalte. Sie entsprachen damit eher dem heute gängigen Bild des „Liedermachers". Eine strikte Trennung der Begriffe ist nicht möglich.

Henri de Toulouse-Lautrec: Die Chansonsängerin Yvette Gilbert (1894)

Le Chansonnier allemand

In der deutschen Popularmusik nimmt Reinhard Mey (* 1942) eine besondere Stellung ein. Die Gründe finden sich in seiner Biografie. Mey absolvierte das deutsch-französische Gymnasium in Berlin mit dem Baccalauréat. Seine erste Frau war Französin. Die Texte seiner frühen Lieder fand er bei François Villon (1431–1463), dessen Gedichte Vorbild für viele Chansonsänger wurden. Meys französische Karriere (als „Frédérik", wegen des in französischen Ohren allzu germanischen Klangs von „Reinhard") gipfelte in ungewöhnlichen Erfolgen: Sein erstes französisches Album wurde mit dem „Prix International" der „Académie de la Chanson Française" ausgezeichnet. Kurz darauf gastierte er im Pariser „Olympia" und war damit aufgenommen in die Reihe großer französischer Chansonniers. Später setzte er seine Karriere vor allem in Deutschland fort. In seinen deutschen Liedern widmet sich Mey einem breiten Themenfeld. Einige davon (z.B. „Über den Wolken" und „Die heiße Schlacht am kalten Büfett") sind ins allgemeine Liedgut übergegangen. Typisch ist seine oft ironische Betrachtung alltäglicher Nebenschauplätze, Erzählungen über einfache Dinge, die er „am Kaffeehaustisch nebenan mitbekommt".

Reinhard Mey im Jahr 2002

Henri de Toulouse-Lautrec
* 1864 Albi (bei Toulouse)
† 1901 Schloss Malromé (bei Bordeaux)

Der französische Maler ist heute v. a. als Chronist des Pariser Vergnügungsviertels Montmartre bekannt. Für die dort ansässigen Cabarets schuf er Plakate, die den Auftritt berühmter Chansonsänger ankündigten.

4 Singen und hören Sie das Lied.

I, 18

5 Finden Sie in Meys Lied Belege für die im Abschnitt „Gefällige Melodien, anspruchsvolle Texte" genannten Aspekte.

Talent For Being

■ Sting: Englishman in New York (1987)

> If I have a talent for anything, it is not for doing but for being.
>
> (Quentin Crisp, 1997)

Sting im Jahr 1987

Sting (Gordon Sumner)
* 1951 Wallsend (Großbritannien)

Sting war Frontsänger und Bassist der Rockgruppe *The Police*, die Ende der 1970er-Jahre einen eigenen, innovativen Sound entwickelte. Nach der Auflösung der Band Mitte der 1980er-Jahre beschäftigte sich Sting neben seiner Solokarriere mit Jazz, klassischer und ethnischer Musik.

Das Leben eines Gentleman

Quentin Crisp (* 1908 in London) galt als der erste Engländer, der seine Homosexualität nicht zu verbergen suchte, sondern mit stark aufgetragenem Make-up und auffallender Kleidung offen zur Schau stellte. Er gab sich als spleeniger, aber perfekter englischer Gentleman. In den 1940er- und 50er-Jahren zog dieses Verhalten gesellschaftliche Ächtung, Ärger mit der Polizei und sogar körperliche Gewalt nach sich. Quentin Crisp ertrug die alltäglichen Anfeindungen stets mit Fassung und Würde.

1968 brachte ihm seine Autobiografie ersten Ruhm ein, der sich nach der Verfilmung 1975 noch steigerte. Crisp wurde zu einer Kultfigur und zu einem Vorreiter der Homosexuellenbewegung. Mit über 70 Jahren ging er nach New York. Nach einer späten Karriere als Schriftsteller, Entertainer und Schauspieler verstarb er 1999 auf einer Reise nach England.

Hommage an einen Außenseiter

Sting traf Quentin Crisp in New York und widmete ihm – fasziniert von seiner Lebensgeschichte – „Englishman in New York". Ein Sopransaxofon, gespielt von dem berühmten Saxofonisten Branford Marsalis, gibt dem Song eine besondere Farbe. Das ist charakteristisch für Sting, der oft mit exzellenten Gastmusikern arbeitet.

Der Song thematisiert verschiedene Aspekte aus Crisps Leben. Er zählt typische Eigenschaften eines englischen Gentlemans auf, zitiert Aussprüche Crisps („If manners maketh[1] man as someone said, then he's the hero of the day."), und er nimmt Bezug auf die Anfeindungen, die er erdulden musste. Im Refrain wird Crisp als *legal alien* (gesetzesmäßiger Ausländer) bezeichnet. Dies spielt darauf an, dass er in Amerika seine britische Staatsbürgerschaft behalten wollte, die für ihn einen wichtigen Teil seiner Identität ausmachte.

Quentin Crisp im Jahr 1994 vor der Skyline von New York

1 maketh (engl.): alte Form von *makes*

❶ Übersetzen Sie den Text des Songs und beschreiben Sie, wie die Lebenssituation Quentin Crisps dargestellt wird.

I, 19

❷ Beschreiben Sie, wie Sting den im Songtext thematisierten Gegensatz musikalisch ausdrückt.

❸ Musizieren Sie den Song. Beschreiben Sie das Verhältnis des Sprachrhythmus zum Metrum des Songs. Erläutern Sie, inwiefern die Notation diesem Verhältnis gerecht wird.

❹ Untersuchen Sie, wie Sting die Thematik des Songs im Videoclip visuell umsetzt.

Englishman in New York

Text u. Musik: Gordon Matthew Sumner

3. If manners maketh man as someone said,
   He's the hero of the day.
   It takes a man to suffer ignorance and smile,
   Be yourself no matter what they say.

Chorus

Bridge

4. Takes more than combat gear to make a man,
   Takes more than a license for a gun.
   Confront your enemies, avoid them when you can,
   A gentleman will walk but never run.

5. = 3.

Nachrichten aus dem Ghetto

Sprachformen im Rap

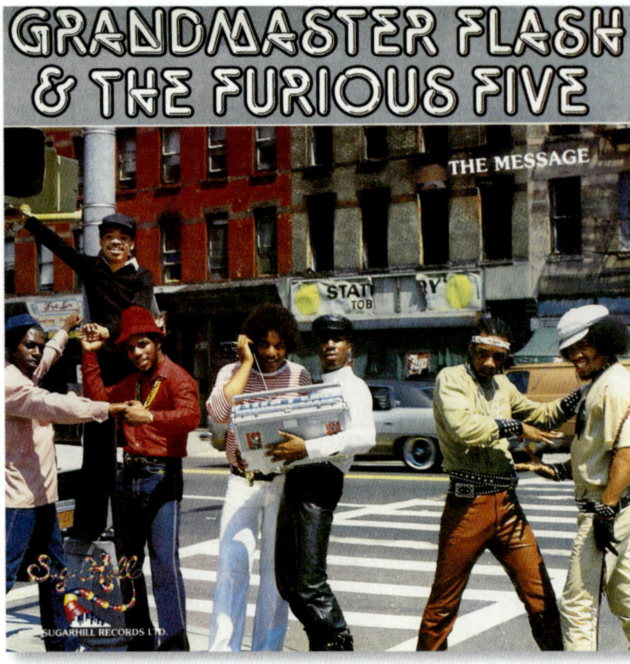

Cover des Albums „The Message“ (1982)

» Mit „The Message“ findet der Rap seine Bestimmung, er redet nicht mehr, er sagt. Er erhält eine Mission, die ihn von nun an an ein halbes Jahrhundert afroamerikanische Ideologie bindet. «

(Georges Lappassade/Philippe Rosselot, 1990)

» Rapping is just something you pick up growing up in the ghetto. I knew how to write rhymes, because I used to recite rhymes for the gangs. « (ICE-T, 1994)

The Message

1982 veröffentlichten *Grandmaster Flash & The Furious Five* den Song „The Message“, der zur Initialzündung für ein ganzes Genre wurde. Aus dem auf New York begrenzten Phänomen des Rap und DJing entstand ein Massenereignis. Der Song forderte nicht mehr nur zum Tanzen auf, sondern berichtete aus dem Alltag im Ghetto. „The Message“ gilt als Klassiker des „Old School Hip-Hop“.

Grandmaster Flash
s. S. 250

Grandmaster Flash & The Furious Five: The Message (1982)

Text u. Musik: Clifton Nathaniel Chase, Edward G. Fletcher, Melvin Glover, Sylvia Robinson © Rolf Budde

1639 Der schwedische Einwanderer Jonas Bronck gründet die Stadt Bronx
1904 Erste U-Bahn zwischen Bronx und Manhattan
1914 Die ganze Bronx wird ein New Yorker Bezirk

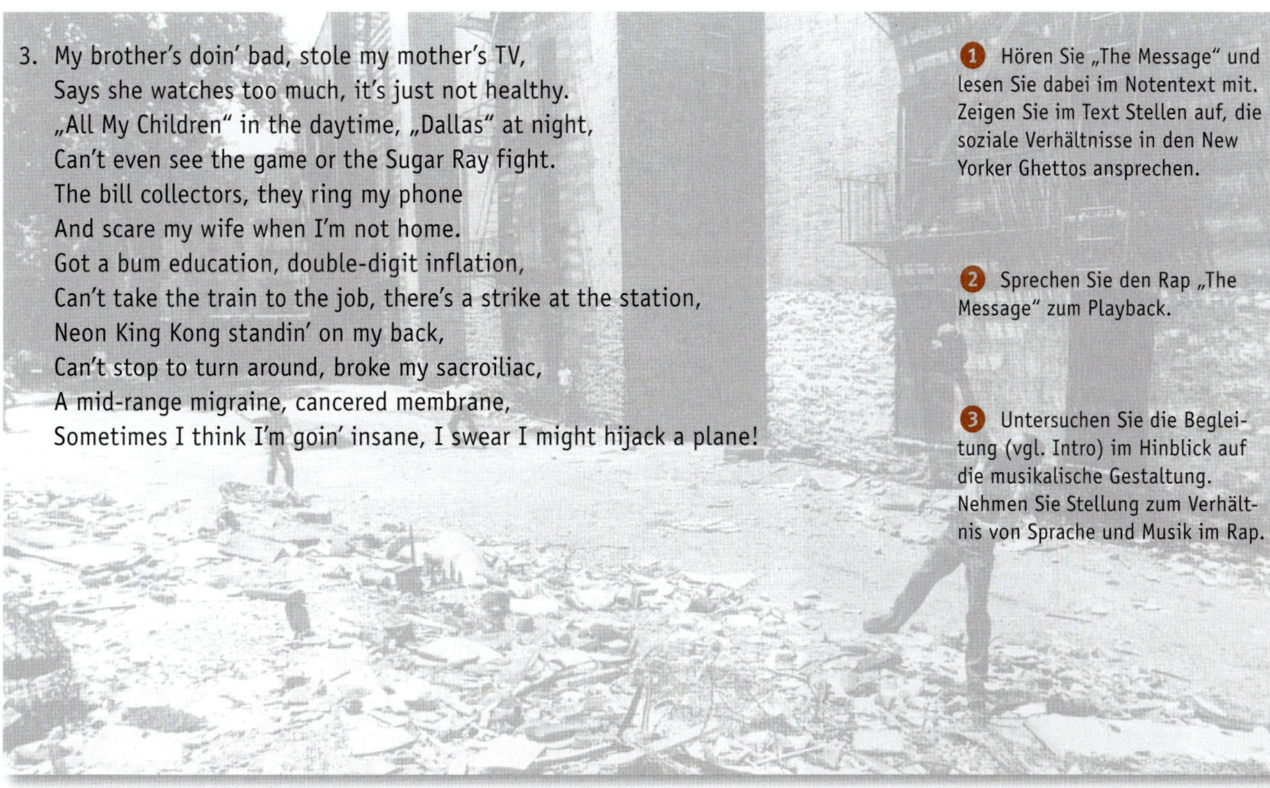

3. My brother's doin' bad, stole my mother's TV,
Says she watches too much, it's just not healthy.
„All My Children" in the daytime, „Dallas" at night,
Can't even see the game or the Sugar Ray fight.
The bill collectors, they ring my phone
And scare my wife when I'm not home.
Got a bum education, double-digit inflation,
Can't take the train to the job, there's a strike at the station,
Neon King Kong standin' on my back,
Can't stop to turn around, broke my sacroiliac,
A mid-range migraine, cancered membrane,
Sometimes I think I'm goin' insane, I swear I might hijack a plane!

1 Hören Sie „The Message" und lesen Sie dabei im Notentext mit. Zeigen Sie im Text Stellen auf, die soziale Verhältnisse in den New Yorker Ghettos ansprechen.

I, 20

2 Sprechen Sie den Rap „The Message" zum Playback.

I, 21

3 Untersuchen Sie die Begleitung (vgl. Intro) im Hinblick auf die musikalische Gestaltung. Nehmen Sie Stellung zum Verhältnis von Sprache und Musik im Rap.

1923	1930	1950	1990	1997
Das Yankee-Stadium wird erbaut	Höchste Einwohnerzahl der Bronx mit ca. 1,4 Mio.	Zunehmende Verelendung der Bronx	Die Bronx hat sich erholt	Die Bronx wird als „All American City" ausgezeichnet

Rap
„To rap“ (engl. für „quatschen“) bezeichnet rhythmisches Sprechen mit oder ohne Begleitung.
Rap wurzelt in Traditionen afroamerikanischer Musik und entwickelte sich als Teil der Hip-Hop-Kultur. Seinen Ausgangspunkt nahm der Rap in den frühen 1970er-Jahren in New York. 1979 gelang der *Sugarhill Gang* mit „Rapper's Delight“ erstmals ein weltweiter kommerzieller Erfolg.

Rhythm and Poetry

„Rap“ wird auch als Abkürzung für *rhythm and poetry* („Rhythmus und Dichtung“) verstanden. In dieser Lesart spiegelt sich der künstlerische Anspruch, den Musiker und Publikum dem Rap beimessen.

I said a hip hop, the hippie the hippie,
To the hip hip hop, a you don't stop the rock it
To the bang bang boogie, say up jumped the boogie
To the rhythm of the boogie, the beat.
(Sugarhill Gang: „Rapper's Delight“, 1979)

❹ Weisen Sie im Ausschnitt aus „Rapper's Delight“ lyrische Mittel nach.

Flow im Ohr

Im Rap kann alles zum Songtext werden: Rufe und Sprachfetzen, die auf Partys, bei Streitereien oder als Prahlerei gesagt werden, ebenso wie Aussagen mit gesellschaftskritischem Hintergrund und politische Botschaften. Der Alltag, die Wünsche und Bedürfnisse sozial Benachteiligter finden dabei ihren Ausdruck.

Sich in *battles* zu messen, spielt im Rap eine große Rolle. Im *boasting* oder *bragging* (engl. für „angeben“) versuchen Rapper, ihre Überlegenheit herauszustellen. Beim *dissing* (engl. „disrespect“ für „beleidigen“) attackieren sie ihre Gegner. Bei den *battles* werden regelrechte Wettkämpfe ausgetragen, bei denen eine Jury oder das Publikum über den besten *flow* (das Zusammenspiel von Text, Reim, Stimme, Sprachrhythmus und -melodie) entscheidet. Auch dauerhafte Konflikte *(beefs)* können sich entzünden. Im berüchtigten „East-Coast-/West-Coast-Beef“ bekämpften sich in den 1990er-Jahren Mitglieder zweier konkurrierender Plattenlabels. Die Auseinandersetzung gipfelte in den Morden an den Rappern Tupac Shakur (1996) und Notorious B. I. G. (1997).

❺ Erläutern Sie anhand der Texte der deutsch-türkischen Rapper Eko Fresh (* 1983) und Kool Savas (* 1975) die Merkmale eines *battles*.

Ich hab die Krone wieder,
Ihr habt genug gehated,
Ihr habt genug geredet,
Ich bin nicht mehr gut zu jedem,
Ich hab die Krone wieder
Und ich rechne ab mit euch jetzt,
Verdammt, ich hasse Deutschrap,
Weil jetzt jeder Affe deutsch rappt.
(Eko Fresh: „Die Abrechnung“, 2004)

Lil' Eko, dieser Beef macht keinen Sinn,
Das ist der King gegen ein Kind,
Der Track ist wie ein Ding gegen dein Kinn,
Das Urteil wird dein Untergang, aus und fin
[...]
Diese Flut überlebst du nicht,
Kuck, an mir überhebst du dich,
Meinen Flow übertriffst du nicht,
Nach dem Part übergibst du dich.
(Kool Savas: „Das Urteil“, 2004)

Rapper Kool Savas

And the Beef Goes On

Ich hör den ganzen Tag, ich wär für unsere Jugend zu schlimm,
Weil ihr meint, dass meine Texte viel zu skrupellos sind.
Wo sind die Kinder? Wo sind sie, wenn die Schule beginnt?
Du siehst sie draußen auf der Straße und sie suchen den Sinn.
Es geht um Klauen und um Dealerei, jeder will ein Spieler sein
[...]
Was kann ich dafür, dass so etwas passiert?
Denkt ihr, ich hab durch Musik eure Kinder dazu animiert?
(Bushido: „Eure Kinder", 2007)

Bushido
(Anis Mohamed Youssef Ferchichi)
* 1978 Bonn

Der Stil des deutsch-tunesischen Rappers orientiert sich am amerikanischen „Gangsta-Rap".

Zu den auffälligsten und erfolgreichsten Rappern der deutschen Szene gehört der Deutsch-Tunesier Bushido. Nach seinen eigenen Worten sieht er sich in der Tradition des „Gangsta-Raps": „Die Leute wollen hören, wie ich den Typen eine aufs Maul haue. Sie wollen wissen, wie ich meine Drogen verkaufe". Charakteristisch für dieses Hip-Hop-Subgenre, das an der amerikanischen Westküste in den 1980er-Jahren entstand, ist eine Gangster- und Ghetto-Attitüde, einschließlich ausgiebiger Rede über Sex, Drogen und Gewalt. Manche sehen darin ein Mittel sprachlicher Selbstbestimmung, die es sozial Benachteiligten erlaube, sich gegen Diskriminierung zu wehren. Die Texte entsprächen jenem Jargon, der für die Szenen Identität stifte. Es handele sich beim Rap um ein Spiel mit Worten, das für Außenstehende unverständlich bleibe. Schließlich trage die übertriebene Selbststilisierung der Künstler derart irreale Züge, dass auch die Inhalte nicht für bare Münze zu nehmen seien.

Kritiker wenden sich gegen verrohende, rassistische, pornografische, drogen-, hass- und gewaltverherrlichende Texte.

6 Diskutieren Sie in zwei Gruppen (pro und contra), ob und inwieweit es sinnvoll ist, Rap-Texte als jugendgefährdend einzustufen und ggf. zu verbieten.

In Deutschland wurden seit 2001 zahlreiche Songs von Rappern wie Bushido als jugendgefährdend indiziert. Auf solche Einschätzungen reagierte Bushido in einem Interview:

» *SZ: Wie viel Umsatz würde es kosten, auf die Prahlereien mit Gewalt zu verzichten und ein besseres Vorbild zu sein?*
Bushido: Habe ich die Leute darum gebeten, mich als Vorbild zu nehmen? «
(Süddeutsche Zeitung, 2008)

Demonstration gegen Bushidos Auftritt beim „Konzert gegen Gewalt" in Berlin 2007

Melancholie und Zuversicht

Herbert Grönemeyer: Der Weg (2002)

Herbert Grönemeyer und Anna Henkel in dem Fernsehfilm „Uns reicht das nicht“ (1979)

» *Das Dunkel und das Nichtverstehen sind jetzt wieder Teil meines Lebens. Man weiß von Dichtern und Komponisten, die in eben dieser Situation ihre Meisterwerke geschaffen haben.* «
(Herbert Grönemeyer, 1998)

» *Die Zuneigung zu einem Menschen kann dessen Tod überdauern. Auch bei meiner Frau ist das so. Das sind Gefühle, die sind nach wie vor so übermächtig in mir, dass ich mir gar nicht vorstellen kann, dass das jemals abbricht. Dieses Gefühl nimmt nach wie vor alles ein. […] Es wird so bleiben, den Schmerz muss man akzeptieren, aber dennoch muss es möglich sein, eine Zukunft zu haben.* «
(Herbert Grönemeyer in einem Interview mit der Süddeutschen Zeitung, 2000)

Herbert Grönemeyer verlor im November 1998 binnen weniger Wochen seinen Bruder und seine Frau Anna Henkel. Der Schauspieler und Sänger zog sich daraufhin aus der Öffentlichkeit zurück und verlegte seinen Wohnsitz nach London. Vier Jahre später erschien sein Album „Mensch“ mit dem Song „Der Weg“.

1 Hören und singen Sie den Song.

I, 22

Der Weg

Text u. Musik: Herbert Grönemeyer
© Grönland

3. Wir hab'n uns geschoben
Durch alle Gezeiten,
Wir haben uns verzettelt,
Uns verzweifelt geliebt.
Wir haben die Wahrheit,
So gut es ging, verlogen.
Es war ein Stück vom Himmel,
Dass es dich gibt.

Chorus 2
Dein sicherer Gang,
Deine wahren Gedichte.
Deine heitere Würde,
Dein unerschütterliches Geschick.
Du hast der Fügung
Deine Stirn geboten,
Hast ihn nie verraten,
Deinen Plan vom Glück.

4. Ich geh hier nicht weg,
Hab meine Frist verlängert.
Neue Zeitreise,
Offene Welt.
Habe dich sicher
In meiner Seele.
Ich trag dich bei mir,
Bis der Vorhang fällt.

Ablauf: Verse 1 – Verse 2 – Verse 3 – Chorus 1 – Bridge – Chorus 1 – Chorus 2 – Verse 4

Herbert Grönemeyer
* 1956 Göttingen

1975 brach Grönemeyer sein Jura- und Musikwissenschaftsstudium ab und ging an das für seine modernen Inszenierungen berühmte Theater in Bochum. Dort lernte er seine spätere Frau Anna Henkel kennen. 1981 spielte er in Wolfgang Petersens Romanverfilmung „Das Boot"; in der gleichen Zeit setzte er sich als Musiker durch. Das Album „Mensch" (2002) wurde sein größter Erfolg. 2006 komponierte und sang er die offizielle Hymne der Fußball-Weltmeisterschaft.

Herbert Grönemeyer im Jahr 2002

Zwischen Verzweiflung und Zuversicht

In einem Zeitschrifteninterview hat sich Herbert Grönemeyer 2002 zum Entstehungsprozess seines Songs „Der Weg" und zu seiner Verfassung in dieser Zeit geäußert.

» *Eine Spannung zwischen nach wie vor starker Verzweiflung und Melancholie und Zuversicht.* «

» *Der Song „Der Weg" ist extrem traurig. Da habe ich die Kinder gefragt, ob das vielleicht zu viel sei. Ihre Antwort war: „Du hast das so geschrieben, also musst du es auch gefälligst so singen".* «

» *Im Alltag habe ich schon manchmal Anflüge von Wehleidigkeit und finde, dass das Schicksal sich extrem unfair gegen mich gewandt hat.* «

Grönemeyers Kritiker

2 Beurteilen Sie, inwiefern die musikalische Gestaltung Sprache und Aussageabsicht des Songs widerspiegelt.

3 Erstellen Sie eine kurz gefasste Charakteristik des Künstlers Grönemeyer. Berücksichtigen Sie dabei die Aussagen der Zitate.

» *Als wir uns 1978 bei Dreharbeiten kennenlernten, hatte ich lange rote Haare und war eine etwas anstrengende Frohnatur. Sie kam aus der Hamburger Hippie-Szene, wollte immer tief in die Emotionen einsteigen und hielt das Ruhrgebiet für Dunkeldeutschland. Da prallten zwei Welten aufeinander. Das hat uns aber auch ausgemacht. Zu meinem Album „Bleibt alles anders" sagte sie 1998: „Das ist die erste gute Platte, die du gemacht hast." Das löste bei mir nicht gerade Euphorie aus, aber Anna wusste immer, dass ich mich musikalisch weiterentwickle – auch wenn das bei mir meist in Sechs-Jahres-Schritten geht.* «

(Herbert Grönemeyer, 2002)

» *Er ist der einzige wirkliche deutsche Popstar. Wenn Marcel Reich-Ranicki einmal sagte, dass ein Buch von Günter Grass immer ein Ereignis sei (egal, ob misslungen), so gilt das auch für Grönemeyers Platten.* « (Richard Kämmerlings, 2008)

» *Grönemeyer dichtet mit einer Direktheit, die ab und zu erfrischend sein kann, oft jedoch einfach nur auf die Nerven geht. Alles muss raus, jetzt und hier, doppelt und dreifach hält besser. [Es wird] gerne großkalibrig mit der assoziativen Schrotflinte geschossen, nach dem Motto: Eine Metapher wird schon treffen.* «

(taz, 2002)

» *Grönemeyer ist der Wilhelm Meister*[1] *des Betroffenheitspop. […] Er ist bis heute unverkennbar für alle „Herbert", die ehrliche Haut. Wenn die Leerformel vom Künstler, der sich „selbst treu geblieben ist", je auf jemanden zugetroffen hat, dann auf Grönemeyer.* « (ZEIT, 2003)

1 Wilhelm Meister: Titelfigur in Goethes Bildungsromanen „Wilhelm Meisters Lehrjahre" (1796) und „Wilhelm Meisters Wanderjahre" (1807)

Musik und Religion

Expressivität und meditative Versenkung

Lateinische Messe

Affektdarstellung in geistlicher Musik

Das Herz ist das Haus Gottes

Das Sema-Ritual

Derwische während des Sema-Rituals

Alles im Universum dreht sich, alles ist in Bewegung, wie und warum sollte ich wohl stehen bleiben?
(Dschalal ad-Din Rumi)

Man dreht sich um sein Herz, macht es zu seinem Mittelpunkt. Denn das Herz ist das Haus Gottes.
(Fahri Özcakil, Semazen başı[1] in Konya)

Dschalal ad-Din Rumi
* 1207 Balkh (Afghanistan)
† 1273 Konya (Türkei)

Rumi, den seine Schüler Mevlana (Herr, Meister) nannten, wanderte als Kind mit seiner Familie nach Anatolien („Rum") aus. Er wurde um 1231 Professor für Islamwissenschaften in Konya. Später wandte er sich der Mystik zu.
Sein Werk umfasst über 60 000 Doppelverse und macht ihn, so Goethe, zum „bedeutendsten mystischen Dichter der Welt".

Der „Tanz der Derwische" ist in aller Welt bekannt geworden. Es handelt sich dabei nicht um einen Tanz im herkömmlichen Sinn, sondern um ein jahrhundertealtes Ritual mit strengem Ablauf. Anders als in der Geschichte des Christentums, wo Tanz oft als Symbol des Hemmungslosen gesehen wurde, dient er den Derwischen seit 800 Jahren als ein Weg, Gott näherzukommen.

Mevlana und die Sufi

Der Sufi-Orden der Mevlevi geht auf Dschalal ad-Din Rumi, Mevlana genannt, zurück. Das Wort „Sufi" leitet sich vom arabischen Begriff „suf" (für groben Wollstoff) her und bedeutet, ebenso wie „Derwisch" (von persisch „darwīsch"), „Armer". Ziel des Sufismus ist es, die Kluft zwischen dem Individuum und Gott zu überwinden und dabei die eigenen Wünsche zurückzulassen.

Zur Glaubenspraxis der Derwisch-Orden gehören Meditationsrituale. Irdische Schönheit, Poesie, Musik und Tanz gelten dabei als Weg zu Gott. Das Gebot der Liebe ist allumfassend; zu den wichtigsten Tugenden der Sufi gehört deshalb Toleranz.

Mevlana Dschalal ad-Din Rumi (Persische Miniatur, 17. Jh.)

Sei wie das Wasser beim Großzügigsein und Unterstützen
Sei wie die Sonne bei Mitleid und Barmherzigkeit
Sei wie die Nacht beim Verschleiern der Fehler anderer
Sei wie ein Leichnam bei Zorn und Heftigkeit
Sei wie die Erde bei Bescheidenheit und Anspruchslosigkeit
Sei wie ein Meer bei Toleranz

Sei so, wie du (in Wahrheit) bist –
Oder sei (in Wahrheit) so, wie du dich ausgibst
(Dschalal ad-Din Rumi)

1 Semazen başı: Oberhaupt einer Gruppe tanzender Derwische

632 † Mohammed; Verbreitung des Islam in Arabien, Persien und Nordafrika
711 Islamische Eroberungen in Spanien
1116 Konya wird Hauptstadt des Seldschukenreiches

Der Tanz der Derwische

Das von einem geistlichen Lehrer *(sheik)* geleitete Sema-Ritual vollzieht sich in sechs Schritten. Es beginnt mit einer Lobpreisung des Propheten und endet mit einer Koranrezitation. In fast allen Teilen spielt die Musik eine wichtige Rolle.

So besteht der zweite Teil *(taksim)* aus einer oft sehr ausgedehnten Improvisation auf der *ney*, einer orientalischen Schilflangflöte. Sie symbolisiert den göttlichen Atem: Wie Gott dem Menschen Leben einhaucht, so weckt der Musiker den Klang des Instruments. Darüber hinaus steht der klagende Ton für den Schmerz der Trennung: Das Rohr erinnert sich an sein Einssein mit dem Schilf und weint, wie die Seele weint, weil sie von Gott getrennt ist.

Hör auf die Flöte – wie sie erzählt,
Wie sie klagt über Trennung und spricht:
Seit man mich vom Röhricht schnitt,
Weinen Mann und Frau bei meiner Klage.
Ich suche ein Herz, von Einsamkeit gequält:
Dem will ich vom Schmerz der Sehnsucht erzählen.
Wie weit entfernt von seinem Ursprung ist,
Der sich sehnt zurück nach der Zeit der Einheit.
(Dschalal ad-Din Rumi)

Vor dem fünften Teil legen die Sufi ihre schwarzen Überhänge ab (sie stehen für das Grab) und beginnen nun ihren Tanz in weißen Gewändern (sie stehen für das Leichentuch) und mit Filzhüten *(sikke)*, die Grabsteinen nachempfunden sind. Der linke Fuß bleibt dabei auf dem Boden, der rechte sorgt für das Drehen. Die Arme heben sich aus der verschlossenen Haltung vor dem Herzen. Die offene rechte Hand zeigt nach oben, nimmt Gott auf und leitet ihn durch das Herz (das „Haus Gottes") in die linke, gebende Hand. Der Kopf wird dabei nach rechts geneigt, er soll dem Fließen nicht im Wege stehen.

Der Drehtanz der Derwische wird von Instrumentalmusik begleitet, deren Instrumente aus der Tradition der türkischen Kunstmusik stammen: orientalische Flöte *(ney)*, orientalische Zither *(kanun)*, Doppelpauke *(kudum)*, Kurzhalslaute *(ud)* und das Streichinstrument Rebab. Dazu kommen Gesänge, Vertonungen von Gedichten Rumis.

Ziel des Tanzes, bei dem sich die Sufi in vier Abschnitten etwa eine halbe Stunde drehen, ist nicht etwa ein Zustand der Trance, des Unbewussten. Vielmehr soll durch das Überwinden natürlicher Hindernisse wie Schwindel oder Brechreiz die Konzentration auf Gott vertieft, die Verschmelzung mit dem Transzendenten möglich werden.

Angehörige des Mevlevi-Ordens (um 1885)

1. Erläutern Sie, welche Ideen und Ideale der Sufi sich in den beiden Gedichten Mevlanas widerspiegeln.

2. Erläutern Sie die Funktion der Personen im Sema-Ritual auf der unten stehenden Fotografie.

3. Hören Sie drei Ausschnitte aus einem Sema-Ritual. Ordnen Sie sie bestimmten Abschnitten der Zeremonie zu und benennen Sie die Ausführenden, die dabei zu hören sind.

I, 23–25

4. Beschreiben Sie anhand des Filmausschnitts das Zusammenwirken von Musik und Bewegung beim Tanz der Derwische.

Abschnitte des Sema-Rituals

① Die Lobpreisung des Propheten (Naat-i-Scherif)
② Improvisation auf der Ney (Taksim)
③ Instrumentale Komposition (Peshrev)
④ Gang der Begrüßung (Sultan Veled Zirkel)
⑤ Das Drehritual (Die vier Selams)
⑥ Koranrezitation (Kur'an Kerim)

Om mani padme hum

Zeremonielle Musik tibetischer Mönche

Buddha-Statue aus Tibet (11. Jh.)

Mit verzerrtem Gesicht starrte er ins Wasser, sah sein Gesicht gespiegelt und spie danach. In tiefer Müdigkeit löste er den Arm vom Baumstamme und drehte sich ein wenig, um sich senkrecht hinabfallen zu lassen, um endlich unterzugehen. Er sank, mit geschlossenen Augen, dem Tod entgegen.
Da zuckte aus entlegenen Bezirken seiner Seele, aus Vergangenheiten seines ermüdeten Lebens her ein Klang. Es war ein Wort, eine Silbe, die er ohne Gedanken mit lallender Stimme vor sich hinsprach, das alte Anfangswort und Schlusswort aller brahmanischen Gebete, das heilige „Om“, das so viel bedeutet wie „das Vollkommene“ oder „die Vollendung“. Und im Augenblick, da der Klang „Om“ Siddhartas Ohr berührte, erwachte sein entschlummerter Geist plötzlich, und erkannte die Torheit seines Tuns. (Hermann Hesse: „Siddharta“)

Licht aus dem Osten

Der Buddhismus ist eine der ältesten Weltreligionen. Er breitete sich von Indien über ganz Ostasien bis nach Japan aus und entwickelte dabei regionale Unterschiede. Der tibetische Buddhismus erfreut sich im Westen großer Bekanntheit und Sympathie. Dazu trug in den letzten Jahrzehnten ihr geistliches Oberhaupt, der XIV. Dalai Lama, wesentlich bei. Seine Besuche in Deutschland wurden zeitweise mit großem Medieninteresse verfolgt. Doch das westliche, speziell das deutsche Interesse am Buddhismus lässt sich bis ins 19. Jahrhundert zurückverfolgen. Der Philosoph Arthur Schopenhauer (1788–1860) beschäftigte sich ebenso mit Buddhas Lehren wie der von ihm stark beeinflusste Komponist Richard Wagner, der sogar eine Buddha-Oper plante. Große Verbreitung fand buddhistisches Gedankengut aber vor allem durch Hermann Hesse, der in seinem 1922 erschienenen Werk „Siddharta. Eine indische Dichtung“ das Leben und die spirituelle Entwicklung von Buddha für westliche Leser verständlich beschrieb.

Siddharta Gautama Buddha
* um 560 v. Chr. Kapilavatthu (heute Nepal)
† um 480 v. Chr. Kusinara (heute Indien)

Siddharta, Sohn eines nepalesischen Fürsten, zog ab dem 29. Lebensjahr als Bettelasket durch Indien und unterzog sich harten Bußübungen. Am Ganges, dem heiligen Fluss Indiens, erfuhr er seine Erleuchtung, gründete einen Mönchsorden und zog 40 Jahre lehrend durch Nordindien. Einige Forscher setzen Buddhas Lebenszeit später an.

Meditation und Mantra-Rezitation

Meditationsübungen, die zum Teil mit dem Klang heiliger Silben („Mantras“) verbunden sind, gehören zu den wesentlichen Elementen der buddhistischen Lehre. Das bekannteste dieser Mantras ist *om mani padme hum*. Häufig wird die nicht ganz eindeutig zu übersetzende Formel so gedeutet: „Erhabenes Lob der göttlichen Kraft *(om)*, die sich gleich einem Juwel *(mani)* im Lotos *(padme)* in uns entfalten möge *(hum)*“. Durch die Rezitation von Mantras setzt der Gläubige die in ihnen enthaltenen magischen Kräfte frei: Abwehr böser Geister, Herbeirufen guter Gottheiten, Verbreitung heilwirksamer Kräfte zum Wohle aller Lebewesen im Universum, Reinigung von Körper, Rede und Geist nach Buddhas Vorbild. Ein wichtiges Ziel der Mantra-Rezitation in dem Prozess meditativer Versenkung ist die Erkenntnis des „Leerseins“. Im sogenannten „Herz-Sutra“, einem bedeutsamen Text der buddhistischen Lehre, wird die Erfahrung der Leere des meditierenden Bodhisattva Avalokiteshvara[1] beschrieben, der eine Inkarnation Buddhas ist und als Schutzpatron Tibets gilt.

Hermann Hesse
* 1877 Calw
† 1962 Montagnola (Schweiz)

Zu den wesentlichen Einflüssen auf Hermann Hesses Werk zählt die Kultur Indiens; 1946 erhielt Hesse den Nobelpreis für Literatur.

1 Sanskrit „Bodhisattva Avalokiteshvara“ für „Erleuchtetes Wesen des universellen Mitgefühls“

480	3. Jh. v. Chr.	7. Jh. n. Chr.	9. Jh. n. Chr.
† Buddha	Der Buddhismus wird Staatsreligion in Indien	Der Buddhismus erreicht China	Der Buddhismus setzt sich in Tibet durch

Deshalb gibt es in der Leere keine Form, kein Gefühl, keine Wahrnehmung, keinen Willensimpuls und kein Bewusstsein. Es gibt weder Auge, Ohr, Nase, Zunge, Körper noch Denken. Es gibt weder Formen, Klänge, Duft, Geschmack, Objekte der Berührung noch Vorstellung. [...] Hier gibt es kein Leiden, keine Entstehung und keine Überwindung des Leidens, und auch keinen Pfad zur Überwindung. Es gibt keine Erkenntnis, weder das Erlangen noch das Nicht-Erlangen.

(Herz-Sutra, 1. Jahrhundert n. Chr.)

Das Om-Mantra auf einem Gebetsstein in Tibet

Meditation und Musik

Der tibetische Buddhismus hat eine reiche Tradition instrumentaler und vokaler Praktiken hervorgebracht, die den Ritus der Mönche begleiten. Innerhalb eines komplexen liturgischen Ablaufs *(puja)* stehen unterschiedliche Arten der Mantra-Rezitationen im Zentrum. Am charakteristischsten ist eine spezielle Form des Obertongesanges, der sogenannte „Yang"-Stil. Über einem extrem tiefen und lang ausgehaltenen Grundton (um C_1) werden einzelne Obertöne hörbar gemacht. Der Text kann aus bis zu drei Ebenen bestehen: der Mantrasilbe, dem eigentlichen Gebetstext und eingeschobenen Vokalisen. Die Notation enthält dazu noch Angaben zu Veränderungen von Tonhöhe, Intensität und Klangfarbe. Der Vortrag dieser Gesänge ist besonders erfahrenen und ausgebildeten Mönchen vorbehalten. Die Konzentration auf einen Ton und die damit verbundene Versenkung in den Klang übt auch auf den nicht-buddhistischen Zuhörer und Sänger eine meditative Wirkung aus.

Obertöne (Partialtöne, Teiltöne)
Mit dem Grundton schwach mitschwingende Töne mit doppelter, dreifacher usw. Frequenz. Ihre Anzahl und ihre Intensität bestimmen die Klangfarbe des Tones.

1 Hören Sie einen Gesang tibetischer Mönche im Yang-Stil („Anbetung der Göttin Tara"). Achten Sie auf die Veränderung des Klanges und das Mitschwingen der Obertöne. I, 26

Instrumente erwecken den Geist

Der Einsatz vielfältiger Instrumente in den buddhistischen Zeremonien kontrastiert zum Teil stark mit den meditativen Gesängen. Ein solches Ensemble besteht aus tiefen Hörnern und Oboen, verschiedenen Becken, Trommeln und Glocke. Auch hierbei geht es weniger um die Entwicklung musikalischer Prozesse im Sinne abendländischer Musikgestaltung als vielmehr um den Klang als solchen und seine Funktion im rituellen Ablauf: Jedes Instrument repräsentiert einen Aspekt des Zustandes der vollkommenen Erleuchtung („Buddhaschaft") und dient dem Geistestraining auf dem Weg zu diesem Ziel.

2 Hören Sie einen Ausschnitt aus der Obertonschule des Musikers Michael Vetter und versuchen Sie, die Technik selbst anzuwenden. I, 27

3 Hören Sie den Ausschnitt einer rituellen Musik mit dem typischen Wechsel von instrumentalen und vokalen Abschnitten. Beschreiben Sie den Wechsel der Besetzung und ordnen Sie die Instrumente den auf dem Bild erkennbaren zu. I, 28

Mönche des Klosters Drepung Loseling

Was bleibt dann anderes, als dass man jubelt

Psalmodie und Jubilus

Papst Gregor I. wird vom Heiligen Geist in Gestalt einer Taube beim Diktieren inspiriert (Miniatur aus einer Handschrift, um 983).

Was heißt: In Jubilation singen? Einsehen, dass man mit Worten nicht ausdrücken kann, was man im Herzen singt [...]. Der Jubilus ist ein Klang, der bezeichnet, dass das Herz überfließt von dem, was er nicht sagen kann. Und wem geziemt diese Jubilation, wenn nicht dem unaussprechlichen Gott? Unaussprechlich ist der, den man nicht sagen kann; und wenn man ihn nicht sagen kann und nicht schweigen darf, was bleibt dann anderes, als dass man jubelt; auf dass das Herz sich ohne Worte freue, und die unendliche Fülle der Freuden keine Begrenzung durch Silben erfahre.

(Aurelius Augustinus)

Im Christentum sind – wie in anderen Religionen auch – Glaubenspraxis und Musik seit jeher eng miteinander verknüpft: Die Musik verleiht dem ideellen Gehalt der Religion eine sinnliche Präsenz. Kultische Handlungen, an denen die Musik großen Anteil hat, machen die erfahrbare Seite des Transzendenten aus. Musik verweist damit gleichsam auch auf eine überirdische Ordnung.

Aurelius Augustinus
* 354 Thagaste (heute Algerien)
† 430 Hippo (heute Algerien)

Die Schriften des Kirchenlehrers und Bischofs übten großen Einfluss auf die abendländische Theologie und Philosophie aus. Wichtig sind v. a. seine Betrachtungen über die eigene geistige Entwicklung („Bekenntnisse") und seine Auffassung der Geschichte als Kampf zwischen Gottesstaat und weltlichem Staat („Über den Gottesstaat").

Gregorianischer Choral
Der einstimmige, unbegleitete liturgische Gesang der christlichen Kirche des Abendlandes in der lateinischen Originalsprache ab dem frühen 9. Jh.

Der Beginn der Kirchenmusik

Die Geschichte der christlichen Kirchenmusik beginnt mit dem Gregorianischen Choral. Die Gregorianischen Gesänge sind die älteste schriftlich überlieferte Musik Westeuropas, die ohne Unterbrechung bis heute gepflegt wird. Sie entstanden seit dem 4. Jahrhundert als Liturgiegesänge. Wesentlichen Anteil an der Entwicklung und Pflege des Chorals hatten die Klöster, die im Mittelalter wichtige Träger des geistigen, religiösen und kulturellen Lebens waren.

Seit etwa 800 n. Chr. werden die liturgischen Gesänge in legendenhaften Zusammenhang mit Papst Gregor I. (540–604) gebracht, der für viele Bereiche des kirchlichen Lebens nachhaltige Anstöße gab. Ein unmittelbarer Bezug zwischen Gregor und den nach ihm genannten Chorälen existiert (entgegen der Benennung) nicht.

Gregorianisches „Pater noster" („Vater unser")

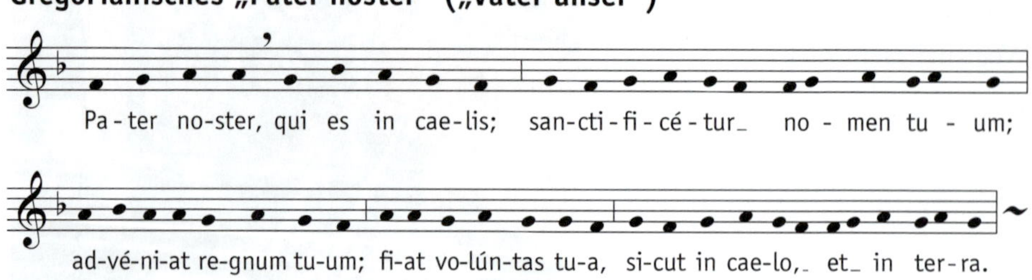

380
Das Christentum wird römische Staatsreligion

529
Erste Klöster nach der Benediktusregel

610
Gründung des ältesten Klosters im dt.-sprachigen Raum in Bregenz

Vom Wink zur Notation

a)

b)
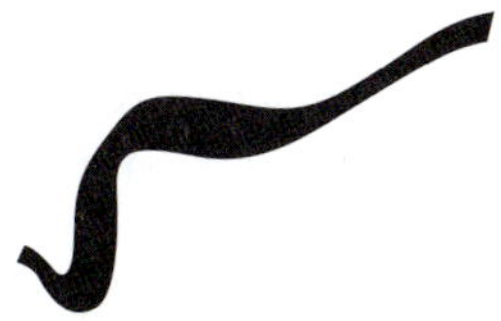
c)

Noch bevor eine Notenschrift existierte, sangen die Mönche des Mittelalters nach den Handzeichen ihres Chorleiters. Diese Neumen (griech. „neuma“ für „Wink“, „Zeichen“) bildeten die Grundlage der ersten Aufzeichnungen von Musik und wurden allmählich zu unserer heutigen Notenschrift verfeinert. Über verschiedene Zwischenstadien entwickelte sich später die römische Choral- bzw. Quadratnotation, die heute noch weithin in Gebrauch ist. Prachthandschriften illustrieren eindrucksvoll, welchen Wert die Klöster über Jahrhunderte hinweg auf eine würdige Pflege des Gregorianischen Gesangs gelegt haben.

Psalmen für alle

> Der Psalm wird nicht allein von Herrschenden gesungen, sondern ebenso auch von den einfachen Leuten [...] dargebracht. Ohne Mühe lässt sich der Psalm begreifen und erlernen, ohne Beschwerlichkeit dem Gedächtnis einprägen. Der Psalm führt die Zwieträchtigen zusammen, versöhnt die Zerstrittenen und besänftigt die Beleidigten. Er ist Belohnung und Erquickung in einem, er dient, wenn er gesungen und sein Inhalt verstanden wird, der Erbauung wie gleichermaßen der Erziehung der Menschen. (Ambrosius, Bischof von Mailand seit 374)

Die Texte der Gregorianischen Gesänge stammen zum größten Teil aus der Bibel. Der Textvortrag folgt sehr häufig einem Modell, das in seinen Grundzügen immer gleich bleibt und das seinen Namen „Psalmodie“ von den Texten erhalten hat, die oft damit rezitiert werden.

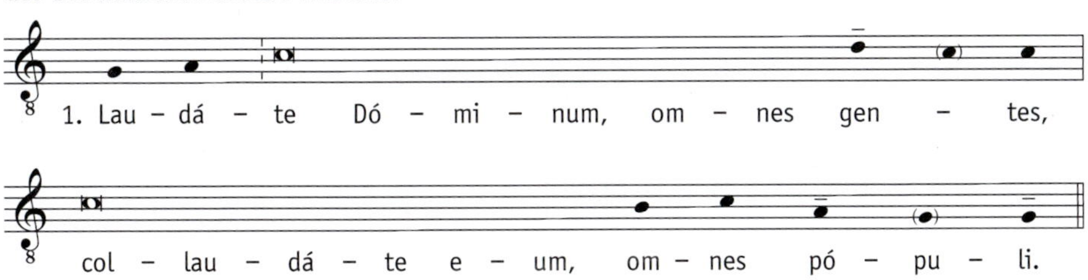

	1. Lobet den Herrn, alle Völker, preist ihn, alle Nationen!
2. Quóniam confirmáta est super nos misericórdia ejus, et véritas Dómini manet in aetérnum.	2. Denn mächtig waltet über uns seine Huld, die Treue des Herrn währt in Ewigkeit.
3. Glória Patri et Filio, et Spirítui Sancto.	3. Ehre sei dem Vater und dem Sohn und dem Heiligen Geist.
4. Sicut erat in princípio, et nunc et semper, et in sáecula saeculórum. Amen.	4. Wie im Anfang, so auch jetzt und alle Zeit und in Ewigkeit. Amen.

(Psalm 117)

1 Singen Sie gemeinsam den Beginn des „Pater noster“ (s. S. 60) und schildern Sie den Eindruck, den die Musik auf Sie macht.

2 Untersuchen Sie die Kennzeichen der Melodie und beschreiben Sie das Verhältnis zwischen Text und Melodie.

3 Setzen Sie die drei Verläufe a–c (links) mit der Stimme um.

4 Erfinden Sie weitere Verläufe, die Sie Ihren Mitschülern durch Gesten mit der Hand anzeigen.

5 Besprechen Sie Vor- und Nachteile dieser Art, miteinander zu singen.

6 Singen Sie die Psalmodie mit dem Text „Laudate Dominum“.

7 Beschreiben Sie das Formmodell der Psalmodie und verwenden Sie dazu die Begriffe in der richtigen Reihenfolge:
- Rezitationston
- Mediatio
- Initium
- Terminatio

Choralhandschrift aus dem Münchner Klarissenkloster (um 1495)

Jubilus
Melismatische Ausschmückung der letzten Alleluia-Silbe

syllabisch
Textvertonung mit einem Ton je Silbe

melismatisch, Melisma
Textvertonung mit mehreren Tönen je Silbe

I, 29
8 Hören Sie das Alleluia der Osternacht und lesen Sie die Notenschrift mit.

9 Beschreiben Sie die Art des Vortrags.

10 Betrachten Sie den Jubilus der Ostermesse (unteres Notenbeispiel) bis zum ersten Doppelstrich und beschreiben Sie die Unterschiede zum Alleluia der Osternacht (oben).

I, 30
11 Hören Sie anschließend den ganzen Verlauf des Jubilus und erläutern Sie den formalen Ablauf.

12 Erläutern Sie anhand der beiden Augustinus-Zitate (s. S. 60 und nebenstehend), welche Chancen und welche Gefahren der Kirchenlehrer im musikalischen Vortrag liturgischer Texte sieht.

Jubelruf in der Osternacht

Das Osterfest ist das höchste Fest im Jahreskreis der christlichen Kirche. Die Gregorianischen Gesänge, die in der katholischen Kirche dazu erklingen, sind deshalb besonders feierlich. In der Osternacht erklingt der älteste Alleluia-Ruf:

In der Ostermesse am gleichen Tag wird dann das Alleluia mit Jubilus gesungen. Der Text des Verses (℣) stammt aus dem 1. Korintherbrief des Neuen Testaments (Übersetzung: Als unser Osterlamm ist Christus geopfert worden.).

Bisweilen aber, in übertriebener Sorge vor dieser Täuschung, irre ich auch durch zu große Strenge, und zwar hin und wieder so sehr, dass ich all die lieblichen Melodien [...] aus meinen Ohren und aus denen der Kirche entfernt wissen möchte. Dann scheint es mir sicherer, was ich mir oft von Athanasius, dem Bischof von Alexandria, habe erzählen lassen, der den Lektor die Psalmen mit so geringer Modulation der Stimme vortragen hieß, dass es mehr ein Vorlesen als ein Singen war. Jedoch wenn ich meiner Tränen gedenke, die ich beim Gesang der Gemeinde [...] vergoss, [...] erkenne ich den großen Wert auch dieses Brauches an. [...] Mag sich immerhin ein schwächeres Gemüt durch den einschmeichelnden Wohllaut zu frommen Gefühlen anregen lassen. Widerfährt es mir jedoch, dass mich mehr der Gesang als das gesungene Wort ergreift, so muss ich gestehen, dass ich sträflich sündige, und dann möcht' ich am liebsten keinen Gesang mehr hören.
(Aurelius Augustinus)

Die Musik im Denken des Mittelalters

An den mittelalterlichen Universitäten bildeten die *septem artes liberales* („sieben freie Künste") die Grundlage des Lehrplans der sogenannten Artistenfakultät. Das Absolvieren dieses Studium generale war Voraussetzung für die Aufnahme in andere Fakultäten. Die sieben Disziplinen unterteilte man in das *trivium* (Grammatik, Dialektik, Rhetorik) und das *quadrivium* (Arithmetik, Geometrie, Astronomie, Musik).

Auf der Abbildung rechts werden sechs der sieben Künste als allegorische Frauengestalten gemeinsam mit antiken Meistern dargestellt (von oben): Dialectica und Aristoteles, Rhetorica und Cicero, Geometrica und Euklid, Arithmetica und Pythagoras, Musica und Milesius, Astronomica und Ptolemäus. Bei allen Künsten sind charakteristische Werkzeuge und Verfahren zu sehen. Das Wesen der Musik wird durch ein Schema mit den arithmetisch begründeten Intervallproportionen dargestellt. Mit dem Verständnis für Musiktheorie war auch die Trennlinie gezogen zwischen dem *musicus*, dem gelehrten Musiker, und dem *cantor*, der bloß intuitiv Musik macht und des (Noten-)Lesens unkundig ist.

Das Bild unten zeigt die drei Erlebnis- und Bedeutungsebenen der Musik, die der römische Universalgelehrte Boethius (um 480–524 n. Chr.) unterschied: die Harmonie des Kosmos, die von der königlichen Frau Musica dirigiert wird (oben), das Harmoniestreben zwischen Seele und Körper (Mitte) und das reale Erklingen (unten).

Die sieben freien Künste (Buchmalerei aus dem 13. Jh.)

Frau Musica dirigiert (Buchmalerei aus dem 13. Jh.)

13 Betrachten Sie die beiden Abbildungen aus mittelalterlichen Handschriften.
Erarbeiten Sie aus den Bildern und aus den Texten wesentliche Merkmale, die die Musikanschauung im Mittelalter bestimmten.

14 Vergleichen Sie die mittelalterliche Musikanschauung mit heutigen Sichtweisen.

IOSQVINVS PRATENSIS.

Josquin Desprez
* um 1450 bei Saint Quentin
† 1521 Condé-sur-l'Escaut

Josquin, der von seinen Zeitgenossen „Fürst der Musik“ genannt wurde, gilt als größter Komponist der ersten Hälfte des 16. Jh. Seit 1475 war Josquin Sänger in verschiedenen Hofkapellen, von 1489 bis 1494 in der päpstlichen Kapelle. Später wurde er Kapellmeister am Hof von Ferrara, dann Probst des Domkapitels in Condé.

Franko-flämische Vokalpolyphonie
Bezeichnung für die Musik des 15. und 16. Jh., die im Gebiet der damaligen Vereinigten Niederlande ihren Ausgang nahm. Sie wird deshalb auch als „Kunst der Niederländer“ bezeichnet.

Kontrapunkt
Kompositionstechnik, bei der unter Beachtung harmonischer Regeln mehrere Stimmen rhythmisch und melodisch selbstständig geführt werden

1 Musizieren Sie den Kanon von Palestrina (vokal oder in vokal-instrumental gemischter Besetzung). Textübersetzung: Erleuchte meine Augen, damit ich nicht entschlafe und sterbe (Altes Testament, Psalm 13,4).

II, 1

2 Untersuchen Sie anhand der Noten und des Klangbeispiels des Agnus Dei von Josquin das Verhältnis der drei Stimmen zueinander.

Um nicht im Meer des Sinnlichen zu ertrinken

Josquin Desprez: Missa Pange lingua (verm. um 1515)

Die Künstler der Renaissance fühlten das Bedürfnis, den Reichtum der Sinnenerlebnisse in Gesetze zu fassen; […] und klammerten sich an das logisch und mathematisch Fassbare, um nicht im Meer des Sinnlichen zu ertrinken.

(Friedrich Blume, 1963)

Die Kunst des Kanons

In der franko-flämischen Vokalpolyphonie erlebte die Musikgeschichte einen ersten Höhepunkt des kontrapunktischen Komponierens. Dazu gehörten Kanonkünste, wie sie alle Komponisten dieser Zeit pflegten. Dabei ging die Kunstfertigkeit mit Umkehrungen, Engführungen und der Kombination von Stimmpaaren oft weit über den verschobenen Einsatz derselben Melodie in verschiedenen Stimmen hinaus.

Giovanni Pierluigi da Palestrina: Illumina oculos meos

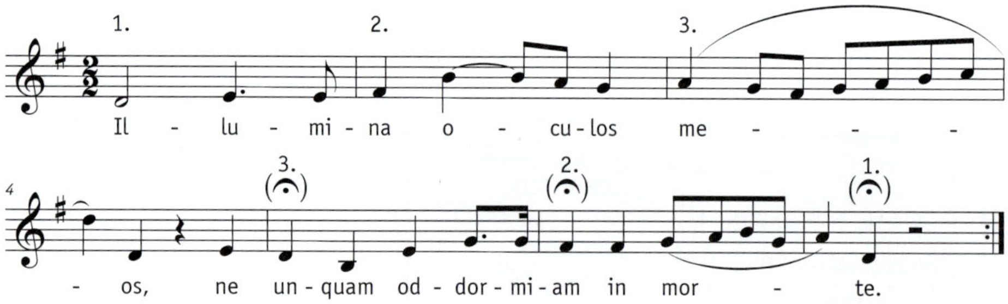

Josquin Desprez: Agnus Dei (Anfang)

Kompositorische Artistik in der Messe

Ab dem 15. Jahrhundert wurden auch Messkompositionen zum Schauplatz außerordentlicher kontrapunktischer Fertigkeiten. Die Auseinandersetzung mit dem geistlichen Inhalt trat in den Hintergrund, die Komponisten konzentrierten sich vielmehr auf die Demonstration der eigenen Kunst. Vielen Messen aus dem 15. Jahrhundert liegt in allen Sätzen der gleiche Cantus als Vorlage zugrunde. Das gilt auch für Josquin Desprez' „Missa Pange lingua". Hier wird als Cantus der gregorianische Hymnus zum Fest Fronleichnam verwendet.

Cantus firmus
s. S. 19

Giovanni Pierluigi da Palestrina
* um 1525 vermutlich Palestrina bei Rom
† 1594 Rom

Palestrina schuf, basierend auf der Satzkunst der Niederländer, von Kontrapunktik geprägte Messen, die für lange Zeit zum Vorbild der italienischen Kirchenmusik wurden.

Hymnus „Pange lingua"

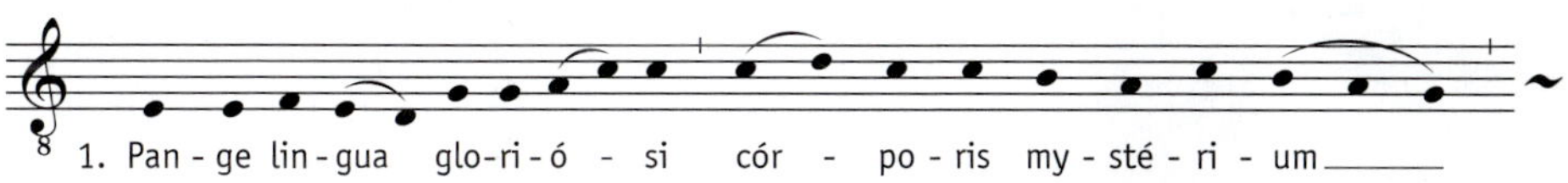

3 Hören Sie zunächst den Hymnus „Pange lingua" und dann den ersten Teil des Kyrie aus Josquins Messe. Zeigen Sie auf, wie hier der Beginn des gregorianischen Hymnus eingearbeitet ist.

II, 2/3

4 Erläutern Sie, wie sich die beiden Abschnitte T. 1–9 und T. 9–16 unterscheiden.

5 Beschreiben Sie die Gestaltung in den letzten beiden Takten.

Josquin Desprez: Missa Pange lingua, Kyrie (1. Teil)

Hans Mielich: Die Sänger der bayerischen Hofkantorei in einer Darstellung aus Orlando di Lassos „Bußpsalmen“ (1563–70)

Messe in Liturgie und Musik

Die Messe ist die zentrale Form des Gottesdienstes der katholischen Kirche. Ihre durch die ganze abendländische Geschichte gültige Ordnung geht auf die Übernahme der römischen Liturgie im 8./9. Jahrhundert zurück. Messe als musikalische Gattung ist die Vertonung bestimmter Texte dieser Gottesdienstform: Seit dem 10. Jahrhundert wurden die im Kirchenjahr gleichbleibenden Teile (das „Ordinarium Missae“) immer reicher ausgestaltet, während die Vertonung der wechselnden Teile (das „Proprium Missae“) in den Hintergrund trat, da sich durch die Festlegung auf einen bestimmten Tag im Kirchenjahr nur begrenzte Möglichkeiten der Aufführung ergaben. Seit dem 15. Jahrhundert wurden die Teile des Ordinarium Missae meist als Zyklus vertont.

Erasmus von Rotterdam, 1517

Was hört man in den Klöstern, den Stiftskirchen, in den meisten Kirchen überhaupt anderes als den Klang der Stimmen? Zur Zeit des heiligen Paulus wurde nicht gesungen, sondern der Text vorgetragen. Der Gesang ist erst später zugelassen worden, aber so, dass er nichts anderes war als ein deutlich modulierter Vortrag, so wie er sich bis heute in der Gesangsweise des Pater noster erhalten hat.

6 Erläutern Sie die drei Zitate, diskutieren Sie deren gedanklichen Ansatz und beurteilen Sie die Schlüssigkeit der Argumentation. Beziehen Sie dabei auch die behandelten Kompositionen von Josquin (s. S. 64/65) ein.

Ordinarium Missae

Kyrie: Herr, erbarme dich …
Gloria: Ehre sei Gott in der Höhe …
Credo: Ich glaube an den einen Gott …
Sanctus: Heilig, heilig, heilig ist der Herr …
Benedictus: Gepriesen sei, der kommt …
Agnus Dei: Lamm Gottes …

Bischof Bernardino Cirillo, 1549

Wenn man eine Messe in der Kirche zu singen hat, dann sollte, je nach dem Inhalt der Worte, die Musik nach Melodie und Rhythmus so beschaffen sein, dass sie unsere Affekte zu Religion und Frömmigkeit bewegt; […] und dass die Musiker von heute sich bemühen, in ihrer Disziplin das zu tun, was die Bildhauer, die Maler, die Architekten der Gegenwart getan haben, welche die Kunst der Antike wiedergefunden haben, und die Literaten. Die Musiker dagegen verwenden heute allen ihren Fleiß und ihr Geschick auf den Kontrapunkt. Zur gleichen Zeit singt der eine „Sanctus“, der andere „Sabaoth“, und ein dritter „Gloria tua“, und sie heulen und brüllen und blöken, dass es klingt wie Katzen im Januar.

Martin Luther

So hat Gott das Evangelium auch durch die Musik gepredigt, wie man an Josquin sehen kann. Seine Kompositionen fließen fröhlich, willig und milde und sind nicht durch Regeln gezwungen und genötigt.

Die Renaissance in den Künsten

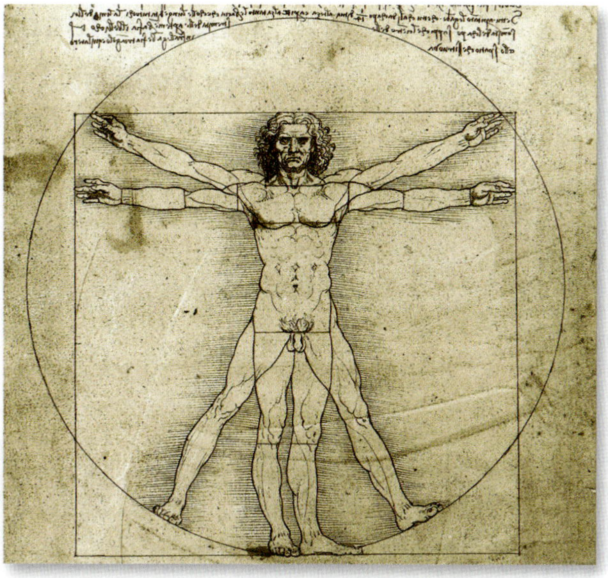

Leonardo da Vinci: Der vitruvianische Mensch (1492)

Als Renaissance (frz. für „Wiedergeburt") wird eine Kulturepoche etwa zwischen 1350 und dem späten 16. Jahrhundert bezeichnet. Das Geburtsland der Renaissance war Italien, insbesondere die reichen Städte wie Mailand und das lange Zeit von der Adelsfamilie der Medici beherrschte Florenz. In dieser Zeit lockerte sich die Bindung an die kirchliche und feudale Gesellschaftsordnung des Mittelalters; neben Adel und Klerus entstand das patrizische Bürgertum als Bildungsträger.

Auch die bildende Kunst und die Literatur lösten sich vom auf das Jenseits ausgerichteten Denken, von der theozentrischen Weltsicht. Im Mittelpunkt stehen nun in einem anthropozentrischen Weltbild der Mensch und die Welt. Dies gab das Ideal der klassischen Antike vor, dessen Wiedergeburt man anstrebte.

Als Symbol für die Abwendung vom mystischen Denken des Mittelalters gilt Leonardo da Vincis Proportionsstudie „Der vitruvianische Mensch". Die Zeichnung zeigt die Proportionen des menschlichen Körpers, eingebunden in ein geometrisches System. Die Figur berührt mit Fingerspitzen und Sohlen ein Quadrat und einen Kreis, die sie umgeben. Der (nicht von Leonardo stammende) Titel des Blattes erinnert an Marcus Vitruvius Pollio, der im letzten Drittel des ersten vorchristlichen Jahrhunderts „Zehn Bücher über die Architektur" schrieb. Dort findet sich eine Theorie des „wohlgeformten" Menschen.

Leonardo da Vinci
* 1492 Vinci (bei Florenz)
† 1519 Amboise

Nach langen Aufenthalten in Florenz, Mailand und Rom verbrachte Leonardo die letzten Jahre seines Lebens im französischen Amboise. Heute noch staunt man über die Vielseitigkeit seines Werkes als Maler (Porträt der „Mona Lisa"), Anatom (Studien des menschlichen Körpers), Ingenieur und Erfinder (Kriegsmaschinen, Fluggeräte).

Piero della Francesca: Die Geißelung Christi (verm. um 1460)

Piero della Francesca
* 1420 Sansepolcro
† 1492 Sansepolcro

Zu den kunsthistorisch wichtigsten Leistungen des Malers und Mathematikers gehört sein Versuch, Probleme der perspektivischen Darstellung mithilfe der Geometrie zu lösen.

7 Fassen Sie wesentliche Kennzeichen der Kunst der Renaissance zusammen und arbeiten Sie Parallelen zu musikalischen Phänomenen dieser Zeit heraus.

8 Überlegen Sie, warum es eine „Renaissance" im Sinne der Kunst in der Musik nicht geben kann.

Das verlangt ein besonderes Studium

Wolfgang Amadé Mozart: Messe in C-Dur, KV 317 – Krönungsmesse (1779)

Karl Schneeweiß: Der Dom zu Salzburg (1790)

Kirchenmusik war das Lieblingsfach Mozarts. Aber er konnte sich [ihr] am wenigsten widmen. Die Messen, die von ihm übrig sind, wurden bey verschiedenen Gelegenheiten und Einladungen verfertigt.

(Franz Xaver Niemetschek, Mozart-Biograf, 1808)

Wolfgang Amadé Mozart
* 1756 Salzburg
† 1791 Wien

Insgesamt neun Jahre reiste Mozart als Wunderkind und als junger Musiker von Salzburg aus durch viele Länder Europas, bevor er 1781 endgültig nach Wien ging. Mozart hat in nahezu allen musikalischen Gattungen (Oper, Sinfonie, Solokonzert, Kammermusik) Meisterwerke hinterlassen.

Salzburger Kirchenmusik

Demenach Wir den Supplikanten[1] zu Unserem Hof-Organisten mit deme gnädigst an- und aufgenommen haben, daß derselbe [...] seine aufhabende Verrichtungen sowohl in dem Dom, als bey Hof, und in dem Kapelhauß mit embsigen Fleis ohnklagbar versehe, auch den Hof, und die Kirche nach Möglichkeit mit neüen von Ihme verfertigten Kompositionen bedienne.

(Aus dem Anstellungsdekret Mozarts als Salzburger Hoforganist, 1779)

Mozart stand 1772–1777 und noch einmal 1779–1781 im Dienst des Fürsterzbischofs Hieronymus Graf Colloredo. In diesen Jahren entstand der größte Teil seiner Kirchenmusik, darunter die 16 vollständigen Messkompositionen. Für die Ausführung standen ihm die Mitglieder der Salzburger Hofmusik zur Verfügung: Solosänger, Organisten und ungefähr dreißig Instrumentalisten. Dort war ebenfalls die gleiche Anzahl an Chorsängern verpflichtet. Hinzu kamen für die Oberstimmen des Chores noch die „Capellknaben". Die übliche Besetzung des Orchesters in Mozarts Salzburger Kirchenmusik bestand aus dem sogenannten Kirchentrio, nämlich aus zwei Violinstimmen und einer Bassstimme, die meist für Kontrabass und Orgel gedacht war. Zusätzlich zu den obligatorischen Posaunen konnten weitere Instrumente wie Trompeten *(Clarini)* und Pauken *(Timpani)* hinzukommen. Damit ignorierte man in Salzburg die päpstliche Enzyklika „Annus qui" des Jahres 1749, die neben anderen Einschränkungen den Gebrauch von Pauken und Trompeten in der Kirchenmusik verbot.

1 Überprüfen Sie die Besetzung der „Krönungsmesse" (s. S. 70) im Zusammenhang mit den Aussagen des Abschnitts zur „Salzburger Kirchenmusik". Beziehen Sie auch den Filmausschnitt mit ein.

1 Supplikant: Bittsteller

Mozart als „Ritter des Goldenen Sporns". Das Porträt eines unbekannten Malers entstand 1777 in Salzburg und wurde als Geschenk für seinen früheren Förderer Padre Martini nach Bologna geschickt.

Aufklärung
Die auf Renaissance und Reformation gründende Geistesbewegung setzte die Vernunft zum Maßstab alles menschlichen Handelns. Sie forderte religiöse Toleranz und Bildung für alle gesellschaftlichen Schichten und wollte den Menschen zur Selbstbestimmung und Mündigkeit führen. Wichtige Vertreter sind u.a. Immanuel Kant (1724–1804) und Voltaire (1694–1778).

Kirchenmusik in Zeiten der Aufklärung

Graf Colloredo setzte nach seinem Amtsantritt 1772 auf umfassende Reformen im Sinne der Aufklärung. Die Neuerungen auf dem Gebiet der Kultur, des Unterrichts und der Wirtschaft trugen Salzburg im Laufe der Zeit den Ruf eines modernen Musterstaates ein. Mit den Reformen waren für Colloredos Untertanen allerdings zum Teil einschneidende Veränderungen verbunden, auch Mozart bekam das zu spüren. So forderte Colloredo eine Straffung der Gottesdienste und eine Konzentration auf das theologisch Wesentliche. Die Auswirkungen dieser Anordnung auf die Kirchenmusik trugen zu Mozarts stets gespanntem Verhältnis zu seinem Dienstherren bei.

2 Beschreiben Sie die Schwierigkeiten, die Mozart vermutlich mit Colloredos Forderungen an die Kirchenmusik hatte.

> Mein Vater ist Kapellmeister am Dom, was mir Gelegenheit gibt, für die Kirche zu schreiben, so viel ich davon will. […] Unsere Musik für die Kirche ist sehr verschieden von jener in Italien, umso mehr, als eine Messe mit allem – mit *Kyrie, Gloria, Credo* […] *Sanctus* und *Agnus Dei*, und auch die feierlichste, wenn der Fürst selbst die Messe liest, nicht länger dauern darf als höchstens drei Viertelstunden. Das verlangt ein besonderes Studium für diese Art der Komposition. Und dennoch soll es eine Messe sein mit allen Instrumenten – Trompeten, Pauken etc.
>
> (Mozart in einem im Original italienisch geschriebenen Brief an Padre Martini, 1776)

Eine Messe und ihr Name

Die Messe in C-Dur KV 317 wurde vermutlich an einem der beiden Osterfeiertage des Jahres 1779 uraufgeführt. Den Beinamen „Krönungsmesse" erhielt sie im 19. Jahrhundert, weil sie 1791 bei der Krönung Kaiser Leopold II. zum König von Böhmen in Prag gespielt worden sein soll. Musikalisch ist der Beiname berechtigt. In keiner anderen Messe Mozarts spielen die Trompeten, die traditionell den Auftritt eines Fürsten signalisierten, eine solch herausragende Rolle. Mozart schuf hier geradezu das Idealbild einer prunkvollen Festmesse.

Krönungsmesse, Kyrie (Anfang)

Kyrie eleison.	Herr, erbarme dich.
Christe eleison.	Christus, erbarme dich.
Kyrie eleison.	Herr, erbarme dich.

3 Beschreiben Sie aufgrund von Höreindruck und Notentext, mit welchen Mitteln (über die Besetzung hinaus) Mozart den festlichen Charakter erreicht.

II, 4

4 Hören Sie das ganze Kyrie und erläutern Sie dessen großformale Anlage. Gehen Sie der Frage nach, durch welche musikalischen Merkmale sich die Teile unterscheiden.

II, 4

Der Beginn des Kyrie in Mozarts Handschrift (Ausschnitt)

Klavierauszug
Zusammenfassung der wichtigsten Instrumentalstimmen einer Partitur für Klavier zu zwei Händen

II, 5

5 Hören Sie den Ausschnitt aus dem Credo. Beschreiben Sie anhand des Klavierauszugs die musikalischen Mittel, mit denen der Text ausgedeutet wird.

6 Weisen Sie den Stimmen, die im Klavierauszug des Ausschnitts aus dem Credo zusammengefasst sind, Orchesterinstrumente zu.

Krönungsmesse, Credo (Klavierauszug, T. 65–76)

Crucifixus etiam pro nobis sub Pontio Pilato, passus et sepultus est. Et resurrexit tertia die, secundum Scripturas.

Er wurde für uns gekreuzigt unter Pontius Pilatus, hat gelitten und ist begraben worden, ist am dritten Tage auferstanden nach der Schrift.

Martin Knoller: Auferstehung Christi (1771)

Christoph Stettner: Heinrich Schütz (um 1654)

Ein Textausleger von hohen Graden

Heinrich Schütz: Freue dich des Weibes deiner Jugend, SWV 453 (verm. um 1620)

» Wenn ein Mann derartig herausragt, dass es fast an Vergleichen fehlt und keine einzige Stimme sich gegen ihn erhebt, so kann er wohl nicht bloß Musiker gewesen sein [...]; sein Leben erschöpft sich nicht in der Summe seiner Werke, von denen wir noch dazu eine große Zahl nicht kennen, weil sie ungedruckt blieben oder bei den Bränden dreier Städte verloren gingen. [...]
Tatsächlich sprengt sein Leben alle geläufigen Maßstäbe. Heinrich Schütz hat als ein „junger und die Welt durchzusehen begieriger Mensch", wie er sich in seinem Memorial von 1651 charakterisierte, und dann noch einmal als reifer Künstler das Europa seiner Zeit von Italien bis Skandinavien durchquert, er hat erstaunlich viele der bedeutenden Geister seiner Zeit gekannt, wie sie ihn kannten [...]. Er gab die neuen Inhalte, die die Reformation gebracht hatte, an eine Gemeinde weiter, die nach neuen Ausdrucksformen suchte, und vermittelte zugleich zwischen Nord und Süd, deutscher und lateinischer Kultur, [...] hineingestellt zwischen Humanismus und Aufklärung, Renaissance und Barock, in die er sich nicht eindeutig einordnen lässt. «
(Martin Gregor-Dellin, 1984)

Heinrich Schütz
* 1585 Bad Köstritz
† 1672 Dresden

Schütz begann ein Jurastudium, ging dann aber 1609–1613 nach Venedig. Während seiner Zeit als Hofkapellmeister in Dresden (ab 1617) reiste Schütz 1628 ein zweites Mal – nun zu Claudio Monteverdi – nach Venedig. Später verbrachte er 5 Jahre in Kopenhagen und kam Verpflichtungen an mehreren mitteldeutschen Höfen nach, ehe er 1645 nach Dresden zurückkehrte.

Schütz und seine Zeit

Der Dreißigjährige Krieg (1618–1648) erschütterte Europa. Ursächlich für die sich überlagernden Teilkriege waren Macht- und Religionskonflikte der europäischen Regenten. Weite Teile der heutigen Staaten Deutschland, Österreich und Tschechien wurden verwüstet, in manchen Gebieten starb mehr als die Hälfte der Bevölkerung an den Folgen von Kriegshandlungen und Seuchen. Durch den Krieg wurde das kulturelle Leben in Deutschland gelähmt.

Andreas Gryphius
* 1616 Glogau
† 1664 Glogau

Gryphius studierte und lehrte an der Universität in Leiden (Südholland). Er reiste durch mehrere Länder und kehrte nach dem Krieg nach Glogau zurück. Seine Lyrik ist vom Blick auf den Krieg und persönlichen Leiden geprägt.

Andreas Gryphius: Tränen des Vaterlandes (1636)

Wir sind doch nunmehr ganz, ja mehr denn ganz verheeret!
Der frechen Völker Schar, die rasende Posaun,
Das vom Blut fette Schwert, die donnernde Karthaun
Hat aller Schweiß und Fleiß und Vorrat aufgezehret.

Die Türme stehn in Glut, die Kirch' ist umgekehret.
Das Rathaus liegt im Graus, die Starken sind zerhaun,
Die Jungfern sind geschänd't, und wo wir hin nur schaun
Ist Feuer, Pest und Tod, der Herz und Geist durchfähret.

Hier durch die Schanz' und Stadt rinnt allzeit frisches Blut.
Dreimal sind schon sechs Jahr, als unser Ströme Flut,
Von Leichen fast verstopft, sich langsam fort gedrungen.

Doch schweig' ich noch von dem, was ärger als der Tod,
Was grimmer denn die Pest und Glut und Hungersnot,
Dass auch der Seelen Schatz so vielen abgezwungen.

1 Erstellen Sie mithilfe der Texte, des Gryphius-Gedichts, der biografischen Anmerkungen und der Lithografie Merians zusammenfassende Notizen über Leben und Schaffen von Heinrich Schütz.

1603	1604	1608	1609
Gegenreformatorischer „Kleiner Katechismus"	Unterdrückung der Protestanten in der Slowakei führt zu Aufstand	Errichtung des Ordensstaats Paraguay	Mary Ward gründet das Institut der „Englischen Fräulein"

Die Wirren des Dreißigjährigen Krieges mögen ein Grund dafür gewesen sein, dass Schütz für lange Zeit vergessen wurde. Erst seit dem Ende des 19. Jahrhunderts wird seinem Werk allmählich wieder der Platz zugewiesen, der ihm zusteht.

Das Hauptgewicht seines Schaffens liegt auf sakraler Musik (Motetten, Oratorien, geistliche Konzerte); daneben sind auch weltliche Werke (Madrigale) erhalten. Die Oper „Dafne", die erste Oper mit deutschem Text, die Schütz 1627 für den Hof zu Dresden schrieb, ist verschollen.

Matthäus Merian: Die Belagerung von Bautzen im Jahr 1620 (1632)

Kein lieblicher Wesen auf Erden ist

Den Hintergrund des geistlichen Konzertes „Freue dich des Weibes deiner Jugend" hat die Schütz-Forschung bis heute nicht endgültig klären können. Als Entstehungszeit wird oft das Jahr 1620 genannt. Im Jahr zuvor hatte Schütz die 15-jährige Magdalena Wildeck geheiratet. Ihr früher Tod im Jahr 1625 hat Schütz' Leben geprägt.

Der Text der festlichen Hochzeitsmusik stammt aus dem Alten Testament:

> Freue dich des Weibes deiner Jugend. Sie ist lieblich wie eine Hinde[1] und holdselig wie ein Rehe. Lass dich ihre Liebe allezeit sättigen und ergetze dich allewege in ihrer Liebe. (Altes Testament, Sprüche Salomos, 5,18–19)

2 Erkunden Sie beim Hören des Werkanfangs die Partitur (Besetzung, Schlüssel, Notenwerte) und beschreiben Sie Auffälligkeiten.

II, 6

3 Stellen Sie dar, wie Schütz den Affekt der „Freude" erzielt und mit welchen Mitteln er die Steigerung bis zum Ende des Abschnitts (T. 14) erreicht.

Freue dich des Weibes deiner Jugend (T. 1–14)

1 Hinde: Hirschkuh

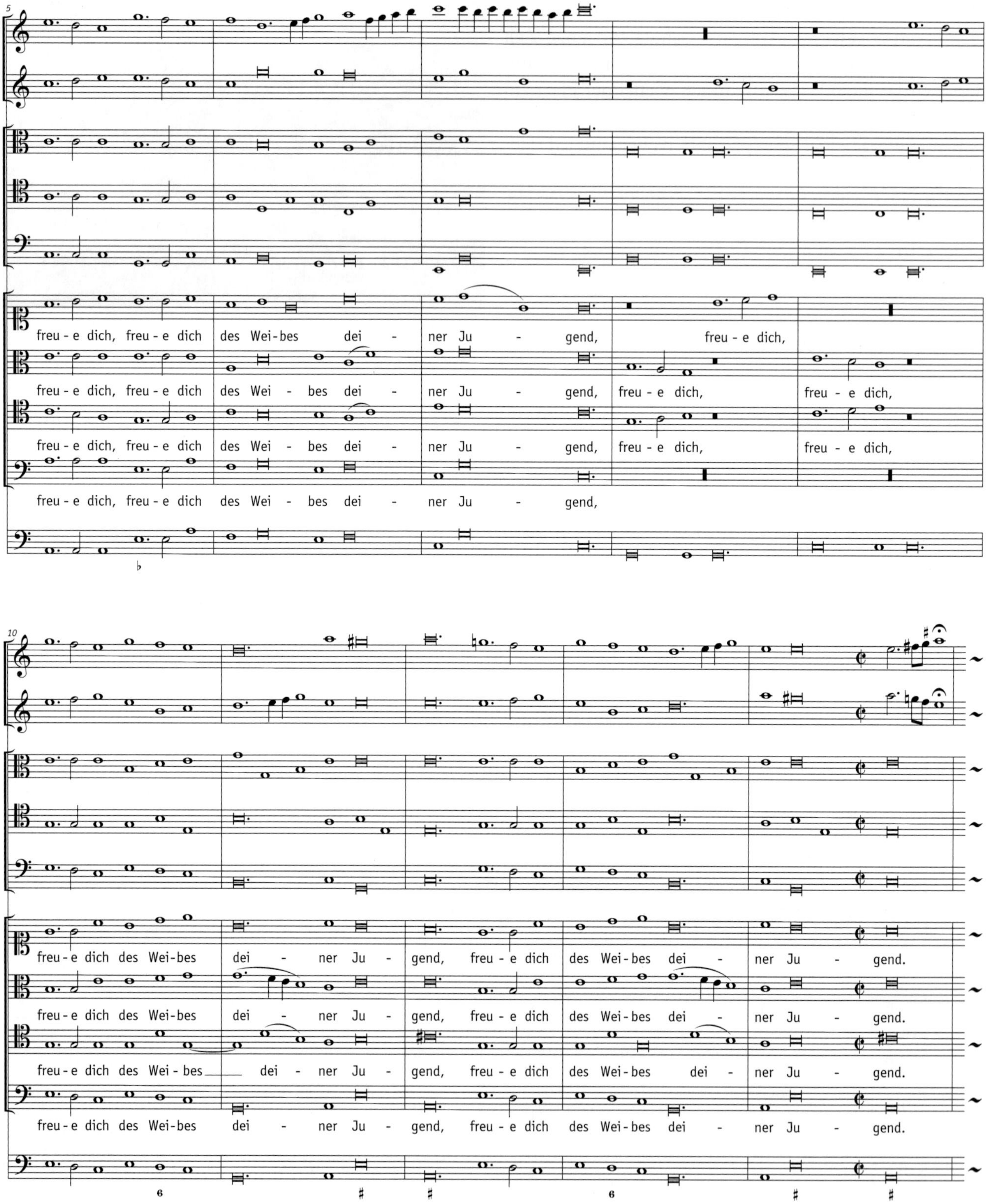
5
freu - e dich, freu - e dich des Wei-bes dei - ner Ju - gend, freu - e dich,
freu - e dich, freu - e dich des Wei - bes dei - ner Ju - gend, freu - e dich, freu - e dich,
freu - e dich, freu - e dich des Wei - bes dei - ner Ju - gend, freu - e dich, freu - e dich,
freu - e dich, freu - e dich des Wei - bes dei - ner Ju - gend,
10
freu - e dich des Wei-bes dei - ner Ju - gend, freu - e dich des Wei-bes dei - ner Ju - gend.
freu - e dich des Wei-bes dei - ner Ju - gend, freu - e dich des Wei-bes dei - ner Ju - gend.
freu - e dich des Wei - bes dei - ner Ju - gend, freu - e dich des Wei-bes dei - ner Ju - gend.
freu - e dich des Wei-bes dei - ner Ju - gend, freu - e dich des Wei-bes dei - ner Ju - gend.

Wortausdeutung bei Schütz

Wie kein Komponist vor ihm und wenige danach deutete Heinrich Schütz Wort und Inhalt seiner Texte aus. Dabei bewegte ihn wohl ebenso sehr der Wille zur künstlerischen Gestaltung wie die religiöse Überzeugung.

» *Schütz […] war getragen von einer leidenschaftlichen „Verkündigungsabsicht". […] Dabei entwickelte er seine Tonsprache aus der Technik des Madrigalismus […] mit ihren vielen „Tonmalereien" allmählich zu einer […] persönlich geprägten Tonsymbolik, die zuletzt (bald offenkundig, bald verborgen) jede Einzelheit der rhythmisch melodischen Gestaltung, der Akkordwahl und Harmoniefolgen, der vokalen und instrumentalen Besetzung, wechselnde Klangfarben, ja formale Disposition überhaupt mit dem Willen zur Wortverkündigung durchdringt.* « (Walter Simon Huber, 1961)

König Salomo (Russische Ikone, um 1650)

Salomo
Nach den biblischen Berichten war der Sohn Davids im 10. Jh. v. Chr. König eines Israel und Juda umfassenden Reiches. Er gilt als Idealbild eines weisen und mächtigen Herrschers. Im Alten Testament werden ihm Psalmen, Sprüche und das Hohelied zugeschrieben.

Madrigalismen
Mittel der Textvertonung, wie sie v. a. in den italienischen Madrigalen des späten 16. Jh. (s. S. 10–15) üblich waren: tonmalerische Effekte zur Wortausdeutung und Ausdruckssteigerung, extreme Chromatik, Kontraste in Harmonik und Rhythmik

4 Bestimmen Sie mithilfe des Basso continuo die Akkordstruktur in den Takten 15–18.

5 Untersuchen Sie den Werkausschnitt in Bezug auf die im Zitat von Huber genannten Aspekte.

Freue dich des Weibes deiner Jugend (T. 15–25)

Matthäus Merian: Der Markusplatz in Venedig (um 1640)

Schütz und Gabrieli

Italien war mit seinen künstlerischen Errungenschaften seit der Renaissance Vorbild für Musiker und bildende Künstler – ein Studium vor Ort somit erstrebenswert. Über seine Reise zu Giovanni Gabrieli in Venedig berichtet Schütz selbst:

> Herr Landgraf Moritz einstens nacher Marpurgk kam […] und nachfolgenden Vorschlag mir thun lies: Weil dero Zeit in Italia, zwar ein hochberümbter, aber doch zimlich alter Musicus und Componist noch am leben wäre, So sollte Ich nicht verabseumen, denselbigen auch zu hören und etwas von Ihm zu ergreiffen. […], welchen Vorschlag dann […] ich zu unterthenigen Danck, gantz willligst annahm, und darauff A[nn]o 1609. gleichsam wieder meiner Eltern Willen, nacher Venedig fortzoge. (Memorabilia, 1651)

Giovanni Gabrieli
s. S. 126

6 Sprechen Sie alle Texte der Werkausschnitte im Rhythmus der Notate und untersuchen Sie sie im Hinblick auf den im Text genannten Begriff „kunstvoll natürliche Deklamation“.

7 Finden Sie in den Partiturausschnitten Abschnitte, die die Merkmale der „Venezianischen Mehrchörigkeit“ (s. S. 126–128) aufgreifen.

8 Hören Sie das gesamte Werk. Skizzieren Sie den formalen Aufbau und benennen Sie die Form. Suchen Sie Gründe für Schütz' Entscheidung für diesen Aufbau.

II, 6

Zu dem von Schütz „Ergriffenen“ gehörte z. B. die mehrchörige Kompositionsweise (s. S. 126–128). Aber Schütz ahmte nicht nach. Er verband vielmehr das Erfahrene mit eigenen Gedanken. Zu seinen wegweisenden Errungenschaften gehört vor allem, dass in seinen Werken „die kunstvoll ‚natürliche' Deklamation – in prosaischer wie in dramatischer Hinsicht – zum Träger einer neuen (Kunst-)Wirklichkeit gedeiht“ (H. Eichhorn).

Freue dich des Weibes deiner Jugend (T. 38–46)

42
und er - get -
ih - re Lie - be al - le-zeit sät - ti - gen, und er -
45
und er - get - - ze dich
- ze dich, er - get - ze dich
und er - get - - ze dich
get - ze dich

Vehikel des gesungenen Textes

Johann Sebastian Bach: Johannespassion, BWV 245 (1724)

Johann Sebastian Bach
* 1685 Eisenach
† 1750 Leipzig

Nach Anstellungen in verschiedenen Funktionen bei der Kirche (u. a. in Arnstadt) und am Hof von Weimar war Bach von 1717 bis 1723 Hofkapellmeister in Köthen.
Von 1723 bis zu seinem Tod war er als *director musices* verantwortlich für die Kirchenmusik an Leipzigs Hauptkirchen.

» *Für Bach handelt es sich darum, die Vertonung um jeden Preis auf einen charakteristischen Ausdruck zu bringen. Ehe er sich bescheidet, einfach eine schöne Musik zu einem Text zu schreiben, versucht er das Mögliche und Unmögliche, um in den Worten ein Gefühl zu entdecken, das, mit einem gewissen steigernden Affekt musiziert, musikalisch darstellbar wird.* « (Albert Schweitzer, 1908)

» *Trotzdem sei […] die Frage gestellt, ob wir heute nicht zuweilen den rhetorisch-figürlichen Bezug der Bach'schen „Tonsprache" überbewerten, als besitze Bachs Musik über ihren Verdienst als Vehikel des gesungenen Textes und seiner Besonderheiten hinaus keinen künstlerischen Eigenwert.* « (Alfred Dürr, 1988)

Albert Schweitzer
* 1875 Kaysersberg (bei Colmar)
† 1965 Lambarene (Gabun)

Der promovierte ev. Theologe, Philosoph und Arzt gründete 1913 im äquatorialafrikanischen Urwald ein Hospital, wo er im Lauf seines Lebens immer wieder arbeitete. 1952 erhielt er den Friedensnobelpreis.
Neben diesen Tätigkeiten war Schweitzer auch ein ausgezeichneter Organist und Spezialist für Orgelbau. Als Musikwissenschaftler wies er der Bachforschung zu Beginn des 20. Jh. neue Wege.

Bachs geistliche Vokalmusik

„Dass Bach sich ideell zum Kirchenkomponisten berufen glaubte, ist nicht nur nicht nachweisbar, sondern ganz und gar unwahrscheinlich". Diese Aussage des Musikwissenschaftlers Hans Heinrich Eggebrecht bestätigt Bachs ganzer Lebenslauf. Schon in seinem Elternhaus, dem Stadtpfeiferhaus von Eisenach, stand die Instrumentalmusik, die weltliche Musik, im Vordergrund. Wenn Bach eine Karriere geplant hat, dann war es die des Instrumentalmusikers, des Orgelvirtuosen. Die Vorliebe für die Instrumentalmusik zeigt sich auch in seinem kompositorischen Schaffen. Vokalmusik für die Kirche schrieb er fast ausschließlich aus dienstlichem Anlass; auch als Thomaskantor in Leipzig wandte sich Bach nach 1730 bis zu seinem Tod im Jahr 1750 fast ausschließlich der weltlichen Musik zu.

Passion
Bezeichnung für die Leidensgeschichte Jesu Christi

Dennoch gehört Bach – wegen der herausragenden Qualität seiner Werke – zu den größten Meistern der Sakralmusik. Als wichtigste dieser Werke sind von vermutlich fünf Passionsoratorien zwei vollständig erhalten, die Johannespassion (1724) und die Matthäuspassion (1727). Von den etwa 200 vorhandenen geistlichen Kantaten entstanden die meisten in den ersten Leipziger Jahren (1723–1727). Weitere große Werke sind zum Teil durch Kontrafakturen (Umtextungen) schon vorhandenen Materials entstanden: die Messe in h-Moll, das Weihnachts- und das Osteroratorium.

Albrecht Dürer: Christus am Kreuz (1505)

1165	1212	1268	1409
Gründung der Stadt Leipzig	Die Thomaskirche wird erbaut	Weltweit erste Warenmesse in Leipzig	Gründung der Leipziger Universität

Musikalisch-rhetorische Figuren

In Bachs Vokalmusik lassen sich drei Schichten der Textausdeutung erkennen:

1. Der allgemeine Affektausdruck des Musikstücks
2. Musikalisch-rhetorische Figuren, d.h. konkrete musikalische Abbilder über den allgemeinen Affektausdruck hinaus:
   Hypotyposis-Figuren haben nachahmenden Charakter: Aufsteigen, Absteigen, Nachfolgen usw. werden im musikalischen Satz nachgebildet.

   Emphasis-Figuren dienen der Ausdruckssteigerung: Schmerzen werden durch einen chromatischen Gang oder durch dissonierende Klänge dargestellt, ein emphatischer Ausruf z.B. durch den Aufwärtssprung einer Sext.

3. Symbole, Sinnbilder, die nur verstanden werden können, wenn sie vorher bekannt sind. Zum Teil sind sie gar nicht hörbar. Beispiele hierfür sind die Verwendung von 41 Tönen für die Zahlenalphabetsumme der Buchstaben JSBACH oder die Verwendung des Erhöhungszeichens # als Kreuzsymbol.

Affekt
(lat. für „Gemütsbewegung")
Der Begriff bezeichnet auch den Ausdruck z.B. eines musikalischen Motivs. Im Barock war die Affektenlehre grundlegend für die Musik.

1 Beschreiben Sie den allgemeinen Affekt der Arie (s. S. 82). Zeigen Sie die musikalischen Eigenschaften auf, mit denen Bach diesen Affekt ausdrückt. II, 7

2 Untersuchen Sie die Arie anhand des Notentextes und des Hörbeispiels auf musikalisch-rhetorische Figuren. II, 7

Albrecht Dürer
* 1471 Nürnberg
† 1528 Nürnberg

Als Maler, Grafiker, Kupferstecher und Holzschnitzer ist Dürer einer der wichtigsten bildenden Künstler der deutschen Renaissance.

Das Petrusdrama

In den beiden erhaltenen Passionsoratorien Bachs gibt die Darstellung des Petrus Gelegenheit zu dramatischen Höhepunkten: Jesus wurde verhaftet und dem Hohepriester vorgeführt. Im Johannesevangelium heißt es: „Simon Petrus aber folgete Jesus nach und ein ander Jünger". An dieser Stelle fügt Bach eine Sopranarie ein. Solche Solostücke unterbrechen den Ablauf des Geschehens in den Passionsarien. Wie in einer spontanen Reaktion kommentieren sie die Ereignisse, lassen Affekte spüren: schmerzliches Leid, Erbarmen, Freude, tröstliche Hoffnung. Für den Ausdruck des Affektes sorgen nicht nur die rhetorischen Figuren. Oft trägt auch die Wahl der begleitenden Instrumente dazu bei.

Albrecht Dürer: Christus vor Kaiphas (1509)

Johannespassion, Nr. 9, Arie für Sopran, zwei Traversflöten und Basso continuo

Licht, und las-se dich nicht, mein Le - ben, mein Licht.
Be - för - dre_ den Lauf und hö - re_ nicht auf, be - för - dre_ den
Lauf und hö-re_ nicht auf, selbst an mir zu zie-hen, zu schie - ben, zu bit-ten, selbst an_ mir_ zu_
zie - hen, zu_ schie - - - - ben, zu bit - ten;

Choralsätze in Bachs Passionen

Kantionalsatz
Vierstimmige homophone Ausarbeitung einer Melodie, meist in Vierteln, mit Durchgängen und Vorhalten

3 Singen Sie den Choral. Ersetzen Sie ggf. fehlende Vokalstimmen durch Instrumente.

II, 8

4 Stellen Sie anhand des Notenbilds und des Hörbeispiels fest, wie Bach im schlichten Kantionalsatz dem Text musikalisch gerecht wird.

Während die Arien persönliche Kontemplationen über das Geschehen ausdrücken, tragen die (der Zahl der treuen Jünger entsprechend) elf Choralsätze in der Johannespassion eher den Charakter des Objektiven, Ehrwürdigen, der allgemein gültigen Glaubensaussage. Bach nimmt alte Kirchenlieder zur Grundlage dieser Kantionalsätze; die äußerlich schlichte Form erfährt aber vor allem in der harmonischen Ausgestaltung ein hohes Maß an individueller Prägung. Aus Luthers – und Bachs – Sicht bildet das Wissen um die Schuld aller Christen am Tod des Heilands das theologische Zentrum der Passionsgeschichte. Diese Erkenntnis prägt zum Beispiel den Choral „Wer hat dich so geschlagen“. Auf die Frage der ersten Strophe wird in der zweiten die Antwort gegeben: „Ich, ich und meine Sünden“.

Johannespassion, Nr. 11, Choral „Wer hat dich so geschlagen“

Valentin de Boullogne: Die Verleugnung des Petrus (um 1630)

Rezitative und Turba-Chöre

In Oratorien und Opern des Barock und der Klassik wird die Handlung in Rezitativen vorangetrieben. Dabei wird die musikalische Deklamation meist nur von Akkorden gestützt. Beim Accompagnato-Rezitativ begleitet das Orchester, beim Secco-Rezitativ ein Basso continuo.

Der Bibel entnommene Texte werden in Passionsoratorien von Solisten in Rezitativen wiedergegeben, Aussagen von Gruppen, Rufe und Reden des Volkes werden in Turba[1]-Chören dargestellt. Die erzählenden Passagen werden von einem Tenor vorgetragen, die Jesus-Worte von einem Bass. Secco-Rezitative und Turba-Chöre bestimmen auch die Darstellung der Verleugnung Christi und der Reue des Petrus.

Basso continuo (B. c.), Generalbass
s. S. 134–137

5 Erläutern Sie die Wortausdeutung bei „Simon Petrus stund und wärmete sich" zu Beginn des nebenstehenden Ausschnittes. Beziehen Sie in Ihre Überlegungen die Bedeutung des Petrus als „des Felsens, auf dem die Kirche gebaut werden soll" ein. II, 9

6 Beschreiben Sie den Turba-Chor (s. S. 86). Gehen Sie dabei besonders auf die Satzweise ein. II, 10

Johannespassion, Nr. 12, Rezitativ und Turba-Chor „Und Hannas sandte ihn"

1 lat. „turba" für „Menge", „Unruhe"

Allegro
(6)
S.
A.
T.
B.
B. c.
Tutti
col Bassono grosso
Bist du nicht, bist du nicht, bist du nicht,
Bist du nicht, bist du nicht, bist du nicht,
Bist du nicht sei-ner Jün-ger ei-ner, bist du nicht sei-ner Jün-ger
Bist du nicht sei-ner Jün-ger ei-ner, bist du nicht, bist du nicht, bist du nicht sei-ner
11
bist du nicht, bist du nicht, bist du nicht, bist du nicht sei-ner Jün-ger ei-ner,
bist du nicht sei-ner Jün-ger ei-ner, bist du nicht, bist du nicht,
ei-ner, bist du nicht, bist du nicht, bist du nicht sei-ner Jün-ger ei-ner,
Jün-ger ei-ner, bist du nicht, bist du nicht, bist du nicht, bist du
15
bist du nicht, bist du nicht, bist du nicht, bist du
bist du nicht, bist du nicht, bist du nicht, bist du nicht sei-ner Jün-ger ei-ner,
bist du nicht sei-ner Jün-ger ei-ner, bist du nicht sei-ner Jün-ger ei-ner,
nicht, bist du nicht, bist du nicht sei-ner Jün-ger ei-ner, bist du nicht sei-ner
19
nicht, bist du nicht sei-ner Jün-ger ei-ner, sei-ner Jün-ger ei-ner?
bist du nicht, bist du nicht sei-ner Jün-ger ei-ner, sei-ner Jün-ger ei-ner?
bist du nicht sei-ner Jün-ger ei-ner, bist du nicht sei-ner Jün-ger ei-ner?
Jün-ger ei-ner, bist du nicht, bist du nicht sei-ner Jün-ger ei-ner?

❼ Vergleichen Sie die musikalische Geste bei dem Text „Ich bin's nicht" mit der Geste des Petrus auf dem Bild von Valentin de Boullogne (s. S. 85).

❽ Suchen Sie Parallelen zwischen der bildlichen Darstellung des Hahnenschreis bei Dix und Bachs Vertonung (T. 29 mit Auftakt: „Da verleugnete Petrus abermal").

Otto Dix: Petrus und der Hahn (1958)

Otto Dix
* 1891 Gera
† 1969 Singen

Dix wurde als Expressionist und Vertreter einer Neuen Sachlichkeit v. a. mit seinen Großstadtbildern bekannt. In seinem späten Schaffen wandte er sich auch der religiösen Malerei zu.

❾ Beschreiben Sie die musikalischen Mittel bei der Darstellung des weinenden Petrus. II, 11

❿ Diskutieren Sie nach einem abschließenden Hören der gesamten Szene Nr. 12 die gegensätzlichen Einschätzungen Schweitzers und Dürrs (s. S. 80). II, 9–11

Auf der Suche nach der Zauberinsel

Arvo Pärt: Zwei Credo-Vertonungen (1968 und 1990/2002)

Arvo Pärt
* 1935 Paide (Estland)

Pärt gehört zu den eigenwilligsten und bekanntesten Komponisten der Gegenwart. Er studierte Komposition am Konservatorium der estnischen Hauptstadt Tallin. Nach einer Phase, die er selbst als „Flucht in die freiwillige Armut" bezeichnete, gelangte er zu einem Personalstil, der stark an historische Vorbilder erinnert und doch neuartig wirkt. 1979 verließ er seine Heimat Richtung Westen. Er lebt heute in Berlin.

»Wenn wir durch ein Rastertunnelmikroskop irgendeine Substanz oder einen Gegenstand betrachten, dann sieht die tausendfache Vergrößerung ganz offensichtlich anders aus als die millionenfache Vergrößerung. Wenn man sich durch die verschiedenen Stadien der Vergrößerung bewegt, kann man in jeder Materie bis dahin unvorstellbare und ziemlich chaotische Landschaften entdecken. Irgendwann aber gibt es eine Grenze, die bei etwa dreißigmillionenfacher Vergrößerung liegt. Hier sind die fantastischen Landschaften verschwunden, und wir sehen nur eine strenge Geometrie, eine Art Netz, sehr klar und sehr speziell. Was nun verwundert, ist die Tatsache, dass diese Geometrie selbst bei ganz unterschiedlichen Substanzen oder Gegenständen sehr ähnlich aussieht. Gilt etwas Ähnliches vielleicht auch für das Menschenwesen? Es ist für mich eine große Versuchung, diese so schön geordnete Ur-Substanz […] als den „Ort" anzusehen, über den uns vor 2000 Jahren gesagt wurde, dass Gottes Reich dort sei – nämlich in unserem Inneren. Und so versuche auch ich bis heute, mich auf dem Pfad zu halten auf der Suche nach dieser so heiß ersehnten „Zauberinsel", wo alle Menschen – für mich auch alle Klänge – in Liebe miteinander leben könnten. […] Aber der Weg dahin ist schwierig […].«

(Arvo Pärt, 2007)

II, 12–14

1 Verfolgen Sie die drei Ausschnitte (Anfang, Steigerungsteil, Schluss) aus Pärts Credo von 1968, die im Text „Ein Credo gegen die Staatsdoktrin" beschrieben werden.

Arvo Pärt im Jahr 1996

2 Stellen Sie einen Zusammenhang zwischen Textaussage bzw. religiöser Aussage und musikalischer Gestaltung des Credo her.

Ein Credo gegen die Staatsdoktrin

Der „schwierige Weg" begann für Arvo Pärt Ende der 1950er-Jahre in der damaligen Sowjetunion. Atheismus gehörte zur Staatsdoktrin; eine strenge Zensur wachte darüber, dass keine stilistisch und inhaltlich „falschen" Werke an die Öffentlichkeit gelangten. Dennoch konnte Pärts „Credo für Klavier solo, gemischten Chor und Orchester" 1968 uraufgeführt werden. Es wurde in Estland als kulturelles Ereignis gefeiert. Die Behörden reagierten daraufhin allerdings mit Aufführungs- und Publikationsverbot für den Komponisten.

Das Werk beginnt mit einem homophonen Chorsatz in C-Dur. Anschließend setzt das Klavier mit einem Ausschnitt des C-Dur-Präludiums aus dem „Wohltemperierten Klavier, Teil 1" von J. S. Bach ein. Der Textabschnitt „Audivistis dictum oculum pro oculo dentem pro dente" wird zunächst von den Männerstimmen auf einem Ton rezitiert. Danach beginnt ein großer Steigerungsteil, in dessen Verlauf die musikalischen Mittel immer mehr ausgeweitet werden: Chromatik, Zwölftonreihen, Akkordcluster, Flüstern des Chores, grafisch notierte Improvisation. Mit dem Text „Autem ego vobis dico" beruhigt sich die Musik und klingt mit dem Bach-Präludium im Hintergrund in C-Dur aus.

Neues Testament, Matthäus 5,38–39

Audivistis dictum	Ihr habt gehört, dass da gesagt ist,
Oculum pro oculo	„Auge um Auge,
Dentem pro dente	Zahn um Zahn."
Autem ego vobis dico:	Ich aber sage euch,
Non esse resistendum injuriae.	Dass ihr nicht widerstreben sollt dem Übel.

1356 Der Deutsche Orden erobert Estland
1651 Der größte Teil Estlands wird schwedisch
1710 Estland wird unter Peter dem Großen russisch

Credo für Klavier solo, gemischten Chor und Orchester (reduzierte Partitur)

A)

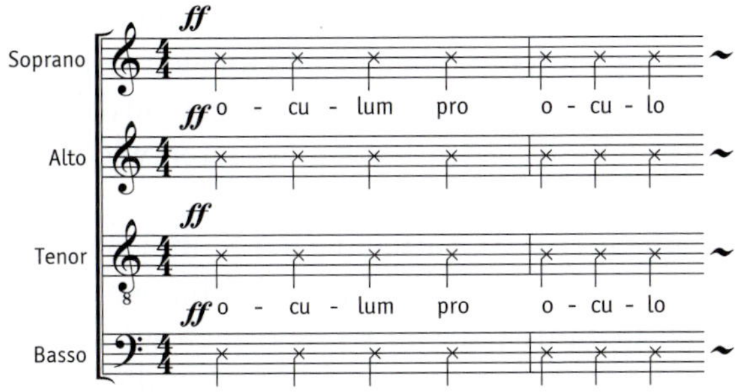

B)

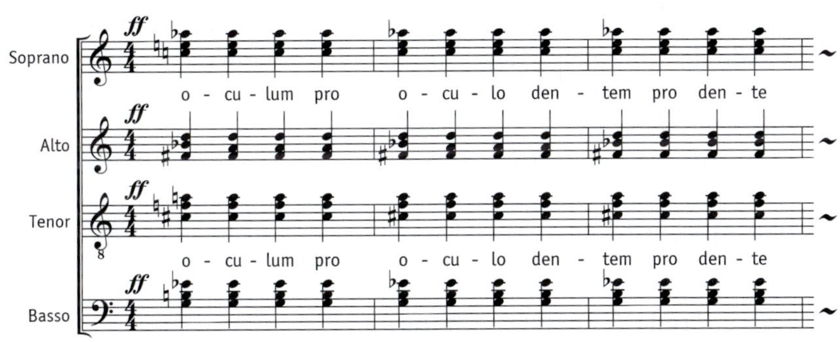

C)

D)

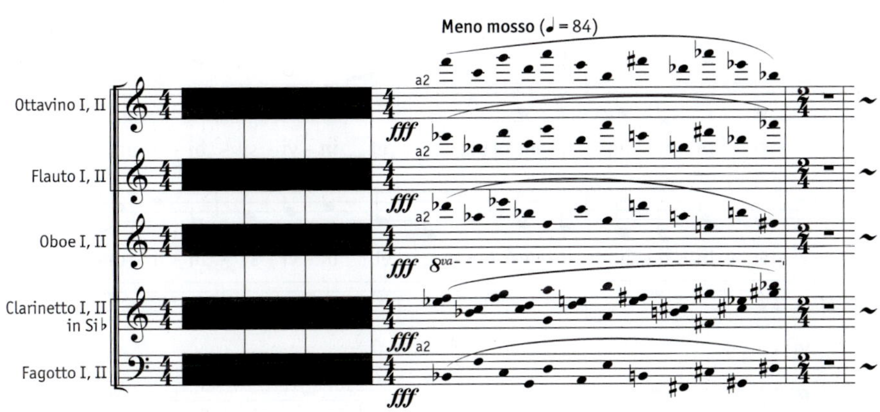

3 Ordnen Sie den Notenbeispielen die im Text „Ein Credo gegen die Staatsdoktrin“ bei der Beschreibung des Steigerungsteiles genannten musikalischen Mittel zu und erklären Sie diese.

4 Ordnen Sie die Botschaft der Feindesliebe in den Zeitgeist von 1968 ein.

Credo im Tintinnabuli-Stil

II, 15

5 Hören Sie das Credo aus der „Berliner Messe" und lesen Sie den Anfang des Chorsatzes mit.

6 Teilen Sie den Chorsatz in Tintinnabuli- und Melodiestimmen ein. Erklären Sie anhand der Beschreibung im Haupttext das Verhältnis der Stimmen innerhalb der Stimmpaare.

7 Erläutern Sie die Imitationstechnik im unten stehenden Ausschnitt.

Ab Mitte der 1970er-Jahre vollzog Pärt eine musikalische Kehrtwende, weg von avantgardistischen Kompositionstechniken hin zu scheinbar einfacheren Mitteln. Damit waren eine Hinwendung zu religiösen Themen und ein gründliches Studium der älteren sakralen Musik verbunden. Als Ergebnis entstand der Tintinnabuli-(Glöckchen-)Stil, den Pärt dann in vielen Werken weiterentwickelte und ausdifferenzierte.

Wesentlich für den Tintinnabuli-Stil ist die Aufteilung der Stimmen in solche, die ausschließlich Dreiklängstöne verwenden (Tintinnabuli-Stimmen), und andere, die melodische Bewegungen ausführen, die im Wesentlichen auf Tonleitern beruhen. Pärt fügt die Stimmen stets paarweise zusammen, sodass die Tintinnabuli-Stimme sich immer in einem bestimmten Abstand (z. B. auf dem nächstgelegenen oder übernächsten Dreiklangston) über oder unter der Melodiestimme bewegt. Im Credo der „Berliner Messe" kommt ein imitatorisches Prinzip hinzu. Darüber hinaus verwendet Pärt häufig die Textstruktur (Silbenzahl, Interpunktion) als Mittel, um seine Musik zu gliedern.

Als repräsentatives Werk für Pärts Tintinnabuli-Stil kann die „Berliner Messe" gelten, die er 1990 schrieb und 2002 überarbeitete. Im Credo hat Pärt den vollständigen lateinischen Text des apostolischen Glaubensbekenntnisses vertont.

Berliner Messe, Credo (Chorsatz, Anfang)

Wie modern darf sakrale Kunst sein?

Arvo Pärts Musiksprache wird in ihrer Gleichzeitigkeit von altmodisch und modern, einfach und komplex häufig als rätselhaft empfunden. Sie verweist dadurch auf die seit jeher gestellte Frage nach dem Verhältnis von Kunst und religiösem Ritus: Wie modern darf sakrale Kunst sein? Der Kölner Erzbischof Kardinal Meisner hat im Jahre 2007 mit Sätzen in einer Predigt großes Aufsehen erregt und heftigen Widerspruch hervorgerufen:

» *Vergessen wir nicht, dass es einen unaufgebbaren Zusammenhang zwischen Kultur und Kult gibt. Dort, wo die Kultur vom Kultus, von der Gottesverehrung abgekoppelt wird, erstarrt der Kultus im Ritualismus und die Kultur entartet.* «

Diese Formulierung wurde nicht nur mit dem Begriff der „entarteten Kunst" aus der Zeit des Nationalsozialismus in Verbindung gebracht, sondern auch mit dem demonstrativen Fernbleiben des Kardinals wenige Wochen zuvor bei der Einweihung einiger neuer Fenster des Kölner Domes. Der Künstler Gerhard Richter hatte auf figürliche Darstellungen verzichtet und ein rein abstraktes Farbenspiel geschaffen. Die Anordnung der mehr als 11 000 Farbquadrate in 72 Farben hatte er mithilfe des Computers nach dem Zufallsprinzip ermittelt und nur an wenigen Stellen korrigiert. Der Kardinal kritisierte an den Fenstern, die der bekennende Atheist Richter der Kirche geschenkt hatte, sie passten „eher in ein Gebetshaus oder in eine Moschee".

8 Diskutieren Sie Kardinal Meisners Aussage zum Zusammenhang von Kultur und Kult. Berücksichtigen Sie dabei auch das Problem der Funktionalität sakraler Kunst.

9 Stellen Sie einen Zusammenhang her zwischen der eingangs zitierten Aussage Arvo Pärts von der „Ur-Substanz" (s. S. 88), seinem „Tintinnabuli"-Stil und den Kirchenfenstern Gerhard Richters.

Detail aus Gerhard Richters Kirchenfenster im Kölner Dom

Gerhard Richter
* 1932 Dresden

Das Werk des in Köln lebenden Künstlers ist durch außerordentliche stilistische Brüche gekennzeichnet. Zu seinen bekanntesten Bildern gehören die „Abmalungen", in denen er Fotografien verfremdend auf die Leinwand überträgt. Ebenso brillant bewegt sich Richter in seinem umfangreichen Werk in verschiedensten anderen Stilrichtungen. Er gehört zu den bedeutendsten bildenden Künstlern unserer Zeit.

Analyse 3: Rhythmische Aspekte

Bei einer Rhythmusanalyse wird das Zusammenwirken der drei Elemente Metrum, Takt und Rhythmus untersucht und ihr Beitrag zum musikalischen Gehalt des Werks betrachtet.

- Als **Metrum** bezeichnet man in der Musik ein mehrfach wiederholtes Muster aus betonten und unbetonten Zählzeiten.
- Der **Takt** gliedert die Musik in Abschnitte mit Betonungen.
- Der **Rhythmus** ist die Abfolge meist unterschiedlicher Notenwerte und gestaltet die musikalische Zeit vielfältig.

Aspekte rhythmischer Analyse

- Taktart: gerade (Zweier), ungerade (Dreier)
- Taktwechsel, zusammengesetzte Taktarten, taktungebundene Musik, Auftakt, Volltakt
- Notenwerte, Pausen
- rhythmische Besonderheiten wie Punktierungen, Synkopen, Triolen, Fermaten
- wiederkehrende Rhythmusmuster (z.B. tänzerisch, marschartig, fließend)
- rhythmische Koordination mehrerer Stimmen (z.B. komplementär)
- Übereinanderlagerung unterschiedlicher Rhythmen (Polyrhythmik) oder Metren (Polymetrik)

Charles Ives (1874–1954): Three Places in New England

Im 2. Satz des Werkes, „Putnam's Camp, Redding/ Connecticut", wird die populäre Melodie „The British Grenadiers" zitiert.

1. Untersuchen Sie die rhythmischen Strukturen der einzelnen Stimmen des Partiturausschnittes.
2. Beschreiben Sie den Zusammenhang zwischen der rhythmischen Gestalt und der Funktion dieser Stimmen.
3. Beschreiben Sie den Bezug der einzelnen Stimmen zur vorgegebenen Taktart.
4. Finden Sie Beziehungen zwischen den rhythmischen Gestalten der einzelnen Stimmen.
5. Fassen Sie das gesamte rhythmische Geschehen zusammen.

Musik im Dienst politischer Ideen

- Politische Lieder
- Musik in totalitären Systemen des 20. Jahrhunderts
- Musik als Mittel der Verdrängung

Politisch Lied – ein garstig Lied

Das Lied der schlesischen Weber (1844)

Ein garstig Lied! Pfui! Ein politisch Lied,
Ein leidig Lied! Dankt Gott mit jedem Morgen,
Dass ihr nicht braucht fürs Röm'sche Reich[1] zu sorgen!

So meint ein Zecher in Goethes „Faust, der Tragödie erster Teil" (1808). Über die Wirkung ihrer „garstigen" Werke haben sich auch Verfasser und Sänger politischer Lieder Gedanken gemacht:

» *Es hat schon einige Zeit gedauert, bis ich gemerkt hab, dass man weder durch Bomben noch durch Lieder Institutionen, so sehr ich sie hasse, zerstören kann.* « (Konstantin Wecker)

» *Durch politische Lieder kann man nur von der Obrigkeit freigegebene Hunde totschlagen.* « (Wolf Biermann)

» *Trotz aller schönen Künste stinkt der Dreck nach Dreck! Schöne Poesie ist Krampf im Klassenkampf!* « (Franz Josef Degenhardt)

» *Die Herrschenden saßen ohne mich sicherer, das hoffte ich.* « (Bertolt Brecht)

1 Erläutern Sie die Aussagen der fünf Autoren. Bringen Sie die unterschiedlichen Aussagen in einen Zusammenhang.

Das Blutgericht

Im Verlauf der Industrialisierung trieb der aus England eingeführte mechanische Webstuhl die Hauswebereien in vielen Teilen des damaligen Deutschland in den Ruin, vor allem in Schlesien. Hinzu kamen das Gewinnstreben der Zwischenhändler und die Untätigkeit der preußischen Regierung in Berlin. Die Bevölkerung verelendete und wehrte sich mit Aufständen, in denen sich die Ereignisse des Revolutionsjahres 1848 ankündigten.

Käthe Kollwitz
* 1867 Königsberg (heute Kaliningrad)
† 1945 Moritzburg

Das besondere Interesse der Grafikerin und Malerin galt dem Leben des Proletariats, das sie in realistischen Zeichnungen und Lithografien dokumentierte.

Käthe Kollwitz: Weberzug (1897)

1 Das „Heilige Römische Reich deutscher Nation"

Am Abende des 3. Juni zogen etwa 20 Personen bei den Gebäuden der Kaufleute Zwanziger vorbei und sangen ein Spottlied auf die genannten Kaufleute; es entstand hierdurch Lärm, und der Gerichtsmann Wagner verhaftete einen Theilnehmer, den Webergesellen Wilhelm Maeder, und brachte ihn in das Polizeigefängnis. Das abgesungene Lied wurde ebenfalls ergriffen. Eine Abschrift desselben lege ich gehorsamst bei.

(Generalbericht betreffend die Unruhen der Kattunweber in den Kreisen Reichenbach, Schweidnitz und Waldenburg; Breslau, 18. Juli 1844)

Das Lied der Weber

Das Lied verbreitete sich im Lauf der nächsten Jahre unter dem Titel „Das Blutgericht". Je nach den örtlichen Gegebenheiten entstanden immer neue Strophen; weit über 30 sind (meist auf Flugblättern) erhalten. Ebenso erfuhr die Melodie im Laufe der Zeit Veränderungen, sie wurde „zersungen".

[2.] Hier wird der Mensch langsam gequält,
Hier ist die Folterkammer,
Hier werden Seufzer viel gezählt
Als Zeuge von dem Jammer.

[3.] Ihr Schurken all, ihr Satansbrut,
Ihr höllischen Dämone,
Ihr fresst den Armen Hab und Gut
Und Fluch wird euch zum Lohne.

[4.] Was kümmert's euch, ob arme Leut'
Kartoffeln satt könn'n essen,
Wenn ihr nur könnt zu jeder Zeit
Den besten Braten fressen.

[5.] Erbarmen, ha! Ein schön' Gefühl,
Euch Kannibalen fremde,
Und jedes kennt schon euer Ziel:
Der Armen Haut und Hemde!

2 Singen Sie das „Lied der Weber" ohne Begleitung. Bemühen Sie sich dabei um eine dem Text angemessene Singhaltung.

3 Beschreiben Sie, wie Käthe Kollwitz in den beiden Lithografien aus ihrem Zyklus zu Gerhart Hauptmanns Drama „Die Weber" (1897) das Elend der Arbeiter darstellt.

Käthe Kollwitz: Not (1897)

1 Feme: heimliches Gericht

Vorbild und Kontrafaktur

„Des Knaben Wunderhorn“
s. S. 222

Die Melodie des Liedes der Weber geht auf ein altes, weitverbreitetes Volkslied zurück: „Es liegt ein Schloss in Österreich“. Diese Ballade ist auch in der Sammlung „Des Knaben Wunderhorn“ enthalten, die 1806/1808 von Achim von Arnim und Clemens Brentano herausgegeben wurde. Die Rebellen unterlegten der Volksliedmelodie ihren eigenen Text. Diese gerade im Bereich der politischen Lieder häufig angewandte Technik nennt man Kontrafaktur.

4 Begründen Sie, warum die Technik der Kontrafaktur gerade in politischen Liedern sehr häufig angewendet wird.

5 Singen Sie die Ballade „Es liegt ein Schloss in Österreich“. Bemühen Sie sich dabei um eine dem Text angemessene Singhaltung.

Es liegt ein Schloss in Österreich

[2.] Darinnen liegt ein junger Knab,
Auf seinen Hals gefangen,
Wohl vierzig Klafter unter der Erd
Bei Nattern und bei Schlangen.

[3.] Trägt er von Gold eine Kett' am Hals,
Die hat er nicht gestohlen,
Hat ihm ein zart Jungfrau verehrt;
Dabei sie ihn erzogen.

[4.] Man führt ihn zum Gericht hinaus,
Die Sprossen muss er steigen;
Man reicht ein seidnes Tüchlein her,
Die Augen zu verbinden.

[5.] „Verbindet mir die Augen nicht,
Ich muss die Welt noch schauen;
Ich seh' sie heut und nimmermehr
Mit meinen schwarzbraunen Augen.“

Die Technik der Kontrafaktur wird auch heutzutage gerne angewendet. Die *Biermösl Blosn* benutzt z. B. bei einem ihrer musikalischen Kommentare zu politischen Entwicklungen das alte bairische Volkslied „Springt der Hirsch übern Bach“.

6 Singen Sie das Volkslied (ggf. zweistimmig). Die Unterstimme kann (im Rhythmus der Oberstimme) gesungen oder auf einem Kontrabass gezupft werden.

7 Hören Sie vor diesem Hintergrund das Lied „Tschüss, Bayernland“ der *Biermösl Blosn*, dessen Melodie dem bekannten Volkslied „Springt der Hirsch übern Bach“ entlehnt wurde. Erläutern Sie die besondere Wirkung, die die Technik der Kontrafaktur hier ermöglicht.

II, 16

Springt der Hirsch übern Bach

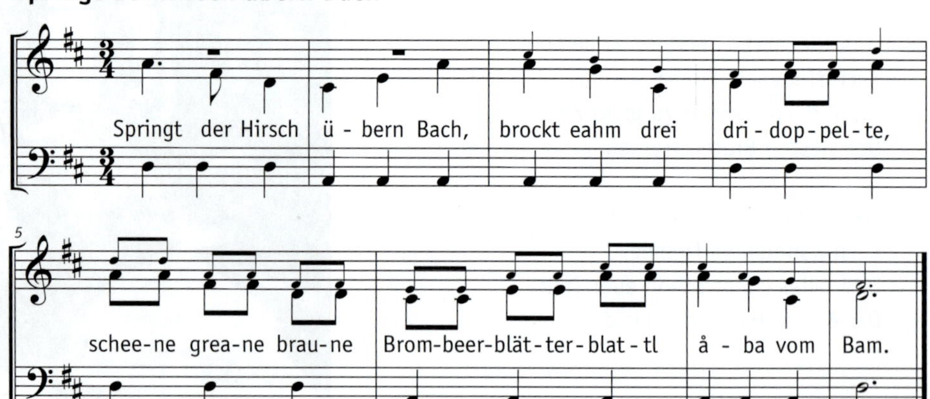

Deutschlands Leichentuch

In der Zeit nach dem Wiener Kongress 1815 entstanden in Deutschland literarische Bewegungen, die auf die restaurativen Tendenzen der Politik reagierten. Die Vertreter des „Jungen Deutschland“ engagierten sich für liberale Ideale, die Dichter des „Vormärz“ vertraten in ihren Werken der Zeit vor der Märzrevolution 1848 oft radikaldemokratische und auch kommunistische Ideen. Sie geißelten die wachsende Armut und Ungleichheit in der Bevölkerung.

Zu den führenden Vertretern dieser Richtung zählt Heinrich Heine, der seit 1831 in Paris lebte, die Entwicklungen in der Heimat aber genau verfolgte. Im selben Jahr 1844, in dem das Lied vom Blutgericht gesungen wurde, schrieb er sein Gedicht „Die schlesischen Weber“. Es ist von keinem großen Komponisten vertont worden. Das verblüfft besonders angesichts der Flut an Kunstliedern im 19. Jahrhundert.

Moritz Oppenheim: Heinrich Heine (1831)

Heinrich Heine: Die schlesischen Weber (1844)

1. Im düstern Auge keine Träne,
Sie sitzen am Webstuhl und fletschen die Zähne:
„Deutschland, wir weben dein Leichentuch,
Wir weben hinein den dreifachen Fluch –
Wir weben, wir weben!

2. Ein Fluch dem Götzen, zu dem wir gebeten
In Winterskälte und Hungersnöten.
Wir haben vergebens gehofft und geharrt,
Er hat uns geäfft, gefoppt und genarrt –
Wir weben, wir weben!

3. Ein Fluch dem König, dem König der Reichen,
Den unser Elend nicht konnte erweichen,
Der den letzten Groschen von uns erpresst
Und uns wie Hunde erschießen lässt –
Wir weben, wir weben!

4. Ein Fluch dem falschen Vaterlande,
Wo nur gedeihen Schmach und Schande,
Wo jede Blume früh geknickt,
Wo Fäulnis und Moder den Wurm erquickt –
Wir weben, wir weben!

5. Das Schiffchen fliegt, der Webstuhl kracht,
Wir weben emsig Tag und Nacht –
Altdeutschland, wir weben dein Leichentuch,
Wir weben hinein den dreifachen Fluch –
Wir weben, wir weben!“

Heinrich Heine
* 1797 Düsseldorf
† 1856 Paris

Heine gilt außerhalb Deutschlands als der größte deutsche Dichter neben Goethe. Bekannt ist bis heute seine frühe, romantische Lyrik. 1831 emigrierte Heine nach Frankreich und arbeitete dort v. a. als Essayist und kritischer Journalist.

8 Vergleichen Sie Heines Text in Bezug auf seine Aussage und seine Gestaltung mit dem proletarischen „Lied der Weber“.

9 Suchen Sie nach Gründen, warum Heines Gedicht im 19. Jh. trotz der außerordentlich reichen Produktion klavierbegleiteter Sololieder von keinem der großen Komponisten dieser Gattung (Robert Schumann, Johannes Brahms, Hugo Wolf u. v. a.) vertont wurde.

10 1975 vertonte der Schlagerkomponist Christian Bruhn (* 1934) Heines Gedicht. Hören Sie die Interpretation der Schlager- und Chansonsängerin Katja Ebstein. Diskutieren Sie die Angemessenheit von Komposition und Interpretation.

II, 17

Lieder für eine bessere Welt

Bob Dylan: The Times They Are A-Changing (1964)

Am 28. August 1963 endete der „March of Washington" der Bürgerrechtsbewegung mit einer Versammlung vor dem Lincoln Memorial, wo Martin Luther King seine berühmte Rede hielt.

Martin Luther King
* 1929 Atlanta/Georgia
† 1968 Memphis/Tennessee

Der Baptistenprediger wurde in den 1950er-Jahren zu einem der führenden Kämpfer gegen die Rassendiskriminierung in den USA. 1964 erhielt er „für seinen gewaltlosen Kampf gegen die Rassentrennung und für seinen Einsatz für die Bürgerrechte der schwarzen Bevölkerung in den USA" den Friedensnobelpreis. 1968 starb er bei einem Attentat.

I have a dream that one day even the state of Mississippi, a state sweltering with the heat of injustice, sweltering with the heat of oppression, will be transformed into an oasis of freedom and justice. I have a dream that my four little children will one day live in a nation where they will not be judged by the color of their skin but by the content of their character.

(Martin Luther King am 28. August 1963)

Folk Revival und Civil Rights Movement

1 Fassen Sie die Ziele des Civil Rights Movement zusammen. Gehen Sie dabei auf die Ereignisse ein, die auf den Bildern dokumentiert werden.

2 Informieren Sie sich über die wesentlichen politischen Entwicklungen in der US-amerikanischen Geschichte der Jahre zwischen 1955 und 1965.

Zwischen 1955 und 1965, parallel zur Bürgerrechtsbewegung, entwickelt sich in den USA ein Folk Revival. Wie das Civil Rights Movement kommt auch die Folk-Bewegung „von unten". Man knüpft an bei stilistischen Vorbildern und politischen Funktionen aus der eigenen Musiktradition, übernimmt und aktualisiert herkömmliche Musikstücke: Gospels und Spirituals, die als Freedom Songs doppeldeutigen Sinn tragen, Talking-Blues-Formen, bei denen der Text tagesaktuell abgewandelt werden kann, und traditionelle angloamerikanisch geprägte Folksongs. Pete Seeger (* 1919) und Woody Guthrie (1912–1967), die bereits in den 1930er- und 1940er-Jahren gegen Armut, Unterdrückung und gegen das Hitler-Regime in Deutschland angesungen hatten, avancieren zu Schlüsselfiguren des Folk Revivals. Protest Songs wie „Where Have All the Flowers Gone" oder „We Shall Overcome" gehen ins kollektive Bewusstsein ein.

Rosa Parks wurde im Dezember 1955 verhaftet, weil sie sich weigerte, ihren für Weiße reservierten Platz in einem Bus zu räumen. Diese Verhaftung löste den „Montgomery Bus Boycott" aus.

1960 Die Antibabypille kommt in den USA auf den Markt
1961 Amerikanische Invasion auf Kuba scheitert
1962 Konfrontation von USA–UdSSR in der Kuba-Krise

Die Stimme seiner Generation

» Dylan sieht engelsgleich aus, seinen Lockenschopf bedeckt eine schwarze Huck-Finn-Cordkappe. Seiner Kleidung könnte ein Schneider nicht schaden. Aber wenn er Gitarre, Mundharmonika oder Klavier bearbeitet und neue Songs schneller schreibt, als er sie sich merken kann, dann besteht kein Zweifel mehr, dass sein Talent aus allen Nähten platzt. Dylans Stimme ist alles andere als hübsch. Er versucht bewusst, die herbe Schönheit eines Feldarbeiters einzufangen, der auf der Veranda gedankenverloren vor sich hin singt. Alle Rinden und Borken stecken noch in den Tönen, und eine sengende Intensität durchzieht seine Songs. Mag Dylans Musik auch nicht jedermann gefallen, so trägt sie doch alle Zeichen von Originalität und Inspiration. « (New York Times, 1961)

Bob Dylan um 1960

In der Tradition des Folk Revival steht Bob Dylan, einer der bedeutendsten Sänger und Songschreiber in der Geschichte populärer Musik. Zahllose Musiker und Bands, etwa die *Beatles*, die *Rolling Stones*, Jimi Hendrix oder Bruce Springsteen, sahen in ihm ein künstlerisches Vorbild. Viele seiner über 200 Songs schrieben Geschichte in doppeltem Sinn: Sie spiegelten und sie prägten Lebensgefühl und persönliche Befindlichkeit, aber auch politisches Denken und Handeln einer Generation.

Überwindung von Rassentrennung und Diskriminierung, scharfe Ablehnung von Krieg und Gewalt, eine humane Gesellschaft, die in Freiheit und Frieden existiert – Ideale, für die die Bürgerrechts- und Friedensbewegung der 1960er-Jahre eintrat. Dylan brachte innerhalb weniger Monate diese Leitgedanken auf den Punkt in Songs wie „The Times They Are A-Changing“, „Masters of War“, „A Hard Rain's Gonna Fall“ und „Blowin' in the Wind“. In ihrer bildkräftigen Sprache und ihrer literarischen Dichte avancierten diese Songs zu politischen Hymnen, die bei der Jugend in West und Ost gleichermaßen Rezeption und Resonanz fanden.

Dylans Musik speist sich aus traditioneller Folkmusik: Das zeigen akustische Instrumente wie Gitarre *(folk picking)* und Mundharmonika. Die Funktion der Songs wird dabei unterstützt; eine zurückhaltende, durchsichtige Begleitung gibt dem Textvortrag mehr Raum und lässt politische Botschaften umso wirkungsvoller in den Vordergrund rücken. Der Sänger ist zugleich „Songwriter“, und diese Einheit vermittelt Authentizität und Glaubwürdigkeit.

Bob Dylan
(Robert Allen Zimmerman)
* 1941 Duluth/Minnesota

In der Hoffnung auf eine Karriere als Folk-Musiker kam Dylan 1961 nach New York. Eine Kritik in den „New York Times“ (s. Zitat) verhalf ihm zu einem Plattenvertrag. Während der ersten LP, die überwiegend traditionelle Folksongs enthielt, nur wenig Erfolg beschieden war, brachte das zweite Album „The Freewheelin' Bob Dylan“ (1963) mit eigenem Material den künstlerischen und kommerziellen Durchbruch.

Protest Songs

Im weitesten Sinn gehören dazu alle Songs, deren Texte sich gegen bestehende soziale und politische Verhältnisse richten. Solche Protestlieder sind zentrale Bestandteile von Bürgerbewegungen.
Im engeren Sinne steht der Begriff für ein Genre der populären Musik aus den USA. Protest Songs zu aktuellen politischen Themen entstanden im Zusammenhang mit der Bürgerrechts- und Friedensbewegung der 1950er- und 1960er-Jahre. Als wichtigste Vertreter gelten Bob Dylan, Joan Baez (* 1941), Phil Ochs (1940–1976) und Arlo Guthrie (* 1947).

1963	1964	1965	2008
John F. Kennedy wird ermordet	Beginn des Vietnamkriegs	San Francisco wird Zentrum der „Hippie“-Bewegung	Wahl Barack Obamas zum ersten farbigen Präsidenten der USA

The Times They Are A-Changing

Text u. Musik: Bob Dylan

II, 18

3 Hören Sie Bob Dylans Song. Eignen Sie sich mithilfe der Unterstreichungen Rhythmus und Textverteilung von Dylans Interpretation an. Singen Sie dann den Song.

4 Der Text verdichtet historische Umwälzungen seiner Entstehungszeit und prophezeit künftige gesellschaftliche und politische Umbrüche. Stellen Sie eine Chronik entsprechender Ereignisse aus den Jahren 1965–1973 zusammen. Überprüfen Sie, ob und inwieweit Dylans Verheißungen tatsächlich eintraten.

2. Come writers and critics
Who prophesize with your pen
And keep your eyes wide
The chance won't come again
And don't speak too soon
For the wheel's still in spin
And there's no tellin' who
That it's namin'.
For the loser now
Will be later to win
For the times they are a-changin'.

3. Come senators, congressmen
Please heed the call
Don't stand in the doorway
Don't block up the hall
For he that gets hurt
Will be he who has stalled
There's a battle outside
And it is ragin'.
It'll soon shake your windows
And rattle your walls
For the times they are a-changin'.

4. Come mothers and fathers
Throughout the land
And don't criticize
What you can't understand
Your sons and your daughters
Are beyond your command
Your old road is
Rapidly agin'.
Please get out of the new one
If you can't lend your hand
For the times they are a-changin'.

5. The line it is drawn
The curse it is cast
The slow one now
Will later be fast
As the present now
Will later be past
The order is
Rapidly fadin'.
And the first one now
Will later be last
For the times they are a-changin'.

Analyse 4: Melodische Aspekte

Eine Melodie bildet sich aus der Abfolge unterschiedlicher Tonhöhen. Je nach Epoche kann eine melodische Struktur ein in sich geschlossenes Gebilde oder, gleich einer Prosa, formal frei und offen angelegt sein; auch kann sie einem speziellen Regelwerk folgen (z. B. Zwölftontechnik).

Aspekte melodischer Analyse

- Tonumfang (Ambitus)
- Tonvorrat/Skalen: z. B. Dur, Moll, modal, freitonal, chromatisch, pentatonisch, Ganztonleiter
- Intervalle: z. B. Tonleiter-, Dreiklangsbildungen, besondere Intervalle wie Tritonus, emphatische Sexte
- Verlauf (Charakter) der Melodie: z. B. wellenförmig, fließend, steigend, fallend, gleichbleibend, sprunghaft, sanglich
- Gliederungen: z. B. Vorder- und Nachsatz / Periodenbildung, Wiederholungen, Sequenz, Umkehrungen, Abspaltungen
- Motiv- und Themenbildung: z. B. dualistisch, fortspinnend, offen, geschlossen

Nikolai A. Rimsky-Korsakov (1844–1908): „Hummelflug" aus der Oper „Das Märchen vom Zaren Saltan"

1 Bestimmen Sie den Tonvorrat und benennen Sie die zugrunde liegende Tonleiter.

2 Beschreiben Sie Gestalt und Charakter des Melodieverlaufs.

Béla Bartók (1881–1945): Mikrokosmos (Band III), Nr. 78

3 Bestimmen Sie den Tonvorrat und benennen Sie die zugrunde liegende Tonleiter (diese Skala gibt dem Stück zugleich den Titel).

4 Beschreiben Sie Gestalt und Charakter des Melodieverlaufs.

Wolfgang Amadé Mozart (1756–1791): Menuett, KV 1, G-Dur

5 Untersuchen Sie die Abschnittbildungen in dieser Melodie.

6 Beschreiben Sie die rhythmischen und melodischen Merkmale, die zur Verdichtung dieser Melodie beitragen.

Pink (Alecia Beth Moore)
* 1979 Doylestone/Pennsylvania

Die amerikanische Pop- und Rocksängerin ist auch mit politik- und gesellschaftskritischen Songs erfolgreich.

Post für den Präsidenten

Pink: Dear Mr President (2006)

» *I hope the president is proud of the fact that we live in a country where we can do things like that, where we can have dissent, talk, communicate and share our opinions.* « (Pink, 2006)

George W. Bush (* 1946) amtierte von 2001 bis 2009 als 43. Präsident der USA. Gegner warfen der Finanz-, Innen- und Sozialpolitik Bushs vor, sie habe zur Verdoppelung der Staatsverschuldung, zu einer Zunahme der Arbeitslosigkeit, zum Anstieg der Armut und zu einer höheren Zahl an Bürgern ohne Krankenversicherung in den USA geführt. Auch die Außenpolitik der Bush-Regierung zog Proteste auf sich, in den USA wie in Europa. 2003 ließ Bush Streitkräfte der USA und verbündeter Staaten in den Irak einmarschieren, ohne dass eine völkerrechtliche Legitimation, etwa vom UN-Sicherheitsrat, dafür vorgelegen hätte.

Bei einem Bombenanschlag auf einen Großmarkt in Bagdad fanden im Februar 2007 mindestens 65 Menschen den Tod.

Dear Mr President

Text u. Musik: William Hort Mann, Alecia B. Moore

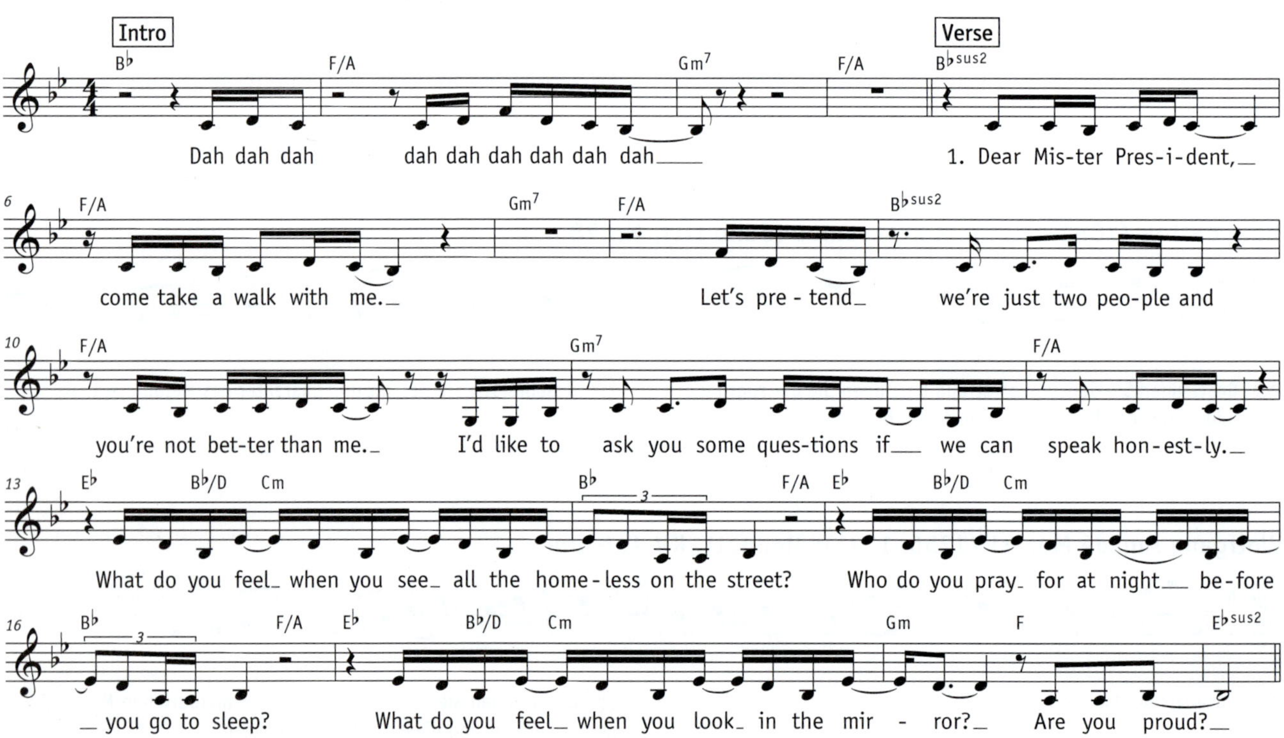

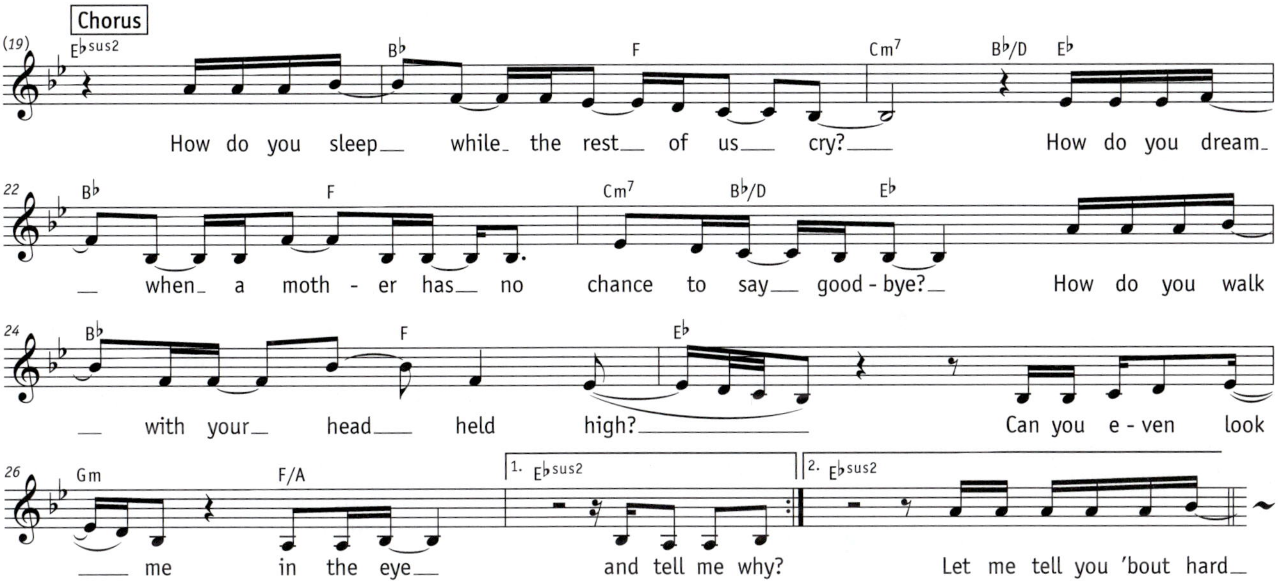

2. Dear Mr President, were you a lonely boy, are you a lonely boy?
How can you say „No child is left behind"?
We're not dumb and we're not blind.
They're all sitting in your cells while you pave the road to hell.
What kind of father would take his own daughter's rights away?
And what kind of father might hate his own daughter if she were gay?
I can only imagine, what the first lady has to say –
You have come a long way from whiskey and cocaine.

Chorus
How do you sleep …

Bridge
Let me tell you 'bout hard work,
Minimum wage with a baby on the way.
Let me tell you 'bout hard work,
Rebuilding your house after the bombs took them away.
Let me tell you 'bout hard work,
Building a bed out of a cardboard box.
Let me tell you 'bout hard work, hard work, hard work,
You don't know nothing 'bout hard work, hard work, hard work.

Coda
Dear Mr President, you'd never take a walk with me –
Mmh – would you?

1 Übersetzen Sie den Text. Suchen Sie im Songtext nach kritischen Aussagen zur Politik und Person Bushs.

2 Hören Sie den Song. Beschreiben Sie die Wirkung der Musik in Bezug auf die Textaussage.

II, 19

3 Singen und musizieren Sie Verse 1 und Chorus des Songs.

4 Beschreiben Sie die Videoaufzeichnung einer Liveaufführung des Songs. Gehen Sie dabei besonders auf die Entsprechungen zwischen dem Text und der visuellen Gestaltung ein.

Eine Anti-Bush-Demonstration in Detroit im Jahr 2004

Dass es den ganzen Menschen formt

Arno Pardun: Volk ans Gewehr! (1931)

1 Beschreiben Sie, welche Aufgabe die nationalsozialistische Kulturpolitik der musischen Erziehung zuschrieb.

» *Musik formt im Verein mit der Gymnastik den politischen Soldaten, dessen Wehrhaftigkeit im leiblichen Können gründet, sich aber erst in der seelischen Haltung vollendet. Sie pflanzt in das Gemüt das nordische Wertesystem der Ehre und Treue, der Hingebung und der Opferbereitschaft.* « (Karl Friedrich Sturm, 1942)

» *Für die Erziehung in den Bünden, in der Staatsjugend, in der Reichswehr, in den Wehrverbänden der SA, der SS und des Stahlhelm ist die musische Erziehung zur Notwendigkeit geworden. Aus der wehrhaften Übung allein kann der soldatische Geist nicht erwachsen. Wehrhaftigkeit vollendet sich erst im Seelischen. In Haltung und Ethos, in Ehre, Hingebung und Gefolgschaftstreue. Dahin aber führt zusammen mit der leiblichen Übung erst die musische Erziehung durch die Formgewalt der rhythmischen Künste.* « (Ernst Krieck, 1935)

» *Das Wort Nietzsches „Stimmung machen! Damit kann man alle Gründe ersetzen, alle Gegengründe besiegen" ist richtunggebend für die Feiergestaltung.* « (Zeitschrift „Neue Bahnen", 1938)

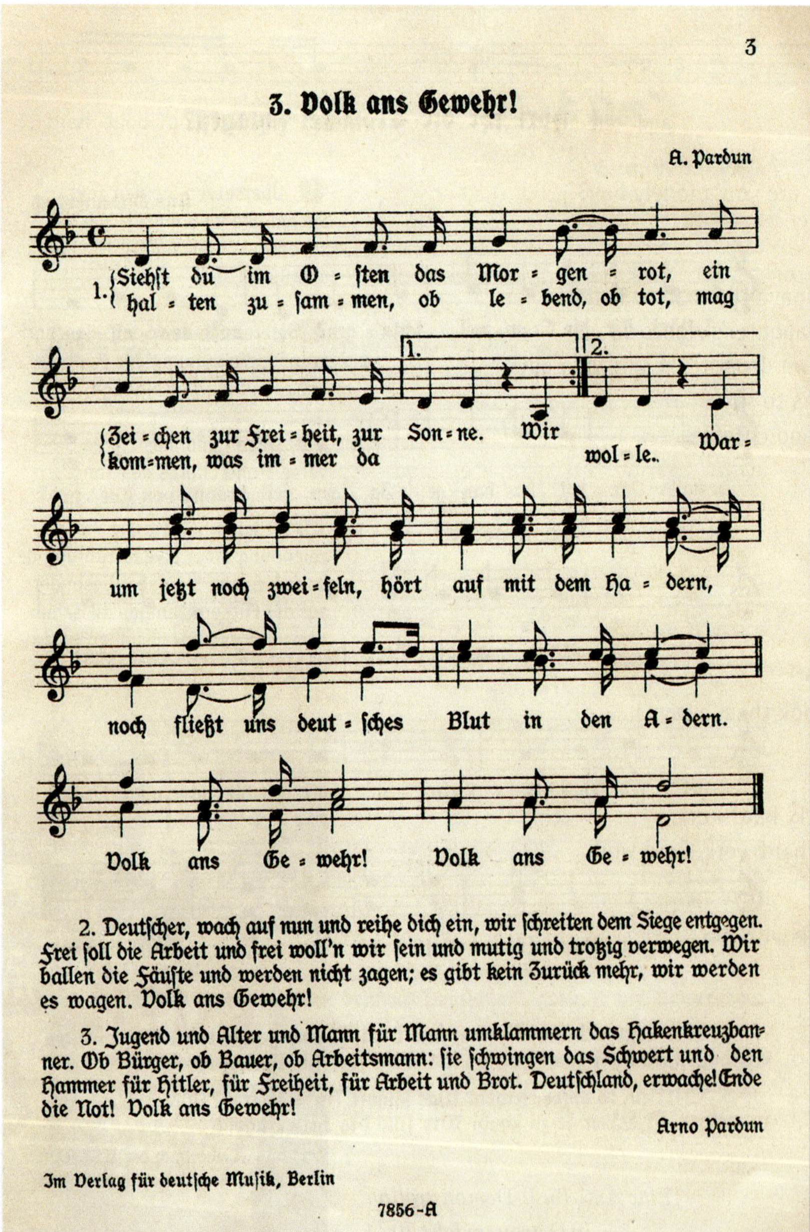

Arno Parduns „Volk ans Gewehr!" in dem Schulliederbuch „Unser Lied", 1938

Agitation im Schulliederbuch

Das gemeinsame Absingen von Liedern war fester Bestandteil nationalsozialistischer Feiern und Schulungen. Zu den bekanntesten dieser Lieder zählt „Volk ans Gewehr!" von Arno Pardun. Der Kaufmann und SA-Führer widmete es Joseph Goebbels. Es wurde in zahlreichen NS-Schulliederbüchern abgedruckt.

1926 Gründung der „Hitlerjugend" (HJ)
1930 Gründung des „Bundes Deutscher Mädchen" (BDM)
1933 „Gleichschaltung" aller deutschen Jugendverbände

Mechanik der Propaganda

Zum Erreichen ihrer Erziehungsziele bedienten sich die Nationalsozialisten der Musik in perfider Weise. Sie machten sich die Begeisterung der Jugendlichen für Abenteuerspiele und Fahrtenromantik zunutze. Die Jugendbewegung hatte den musikalischen Boden vorbereitet. Ihre Lieder, die Lieder vom „Rauschen der Wildgänse" und von „grauer Städte Mauern", von „blauen Dragonern" und „Geyers schwarzem Haufen" konnten bruchlos ins Repertoire der Hitlerjugend übernommen werden. Neue Lieder kamen hinzu; sie dienten umweglos der Propaganda und der Stärkung der Kampfbereitschaft. Zur Beschreibung der Textgestalt solcher Agitationslieder hat der Psychologe Vladimir Karbusitzky eine „Vier-Akte-Dramaturgie" entworfen:

1. Reduktion der Realität auf eine Kampfsituation
2. Erkenntnis von Not und Schwäche, Gruppierungsappell
3. Dramatisierung des Feindes, seiner Untaten, seiner letztlichen Ohnmacht
4. Richtlinien, Zukunft, Erlösungsversprechen

Plakat der HJ Ostsachsen (1942)

In der Vorstellung der Nationalsozialisten von einer musischen Erziehung fiel der Musik neben dem Text der Lieder eine wichtige Rolle zu. Bestimmte musikalische Eigenschaften unterstützen die beabsichtigte Wirkung in besonderer Weise. Lieder wie „Volk ans Gewehr!" wurden später als „Wir-Lieder" bezeichnet.

Bund Deutscher Mädchen und Hitlerjugend singen bei der Feier zum Jahrestag der Machtergreifung (1938)

2 Weisen Sie im Text von „Volk ans Gewehr!" die einzelnen Aspekte des Vier-Akte-Modells an Beispielen nach.

3 Gliedern Sie das Lied in drei Abschnitte. Beschreiben und vergleichen Sie diese Abschnitte in Bezug auf
- Melodik (Tonvorrat, Ambitus, melodische Gestaltung)
- Rhythmik (Taktart, rhythmische Motive)

4 Beschreiben und belegen Sie, wie diese musikalische Gestaltung in ihrem Ablauf die beabsichtigte Wirkung spiegelt.
Prüfen Sie, inwieweit die textliche und die musikalische Gestaltung dieses Liedes gleiche Muster aufweisen.

5 Stellen Sie Bezüge zwischen dem bisher Erarbeiteten und den beiden Abbildungen her.

Sie hat uns alles gegeben

Louis Fürnberg: Lied der Partei (1950)

Plakat zum 5. Parteitag der SED im Jahr 1958

»*Unsere Juristen müssen begreifen, dass der Staat und das von ihm geschaffene Recht dazu dienen, die Politik von Partei und Regierung durchzusetzen.*«
(Walter Ulbricht, 1958)

»*Wenn auch bei dem Angeklagten berücksichtigt wird, dass seine Erziehung eine faschistische war, so muss allerdings auch festgehalten werden, dass der Angeklagte in Westdeutschland selbst die gewaltige Arbeitslosigkeit kennenlernte und eindeutig die Errungenschaften der Arbeiter und Bauern in der DDR erkannte. [...] Statt seine Intelligenz nun für den demokratischen Staat und den friedlichen Aufbau einzusetzen, stellte er sich in den Dienst der prowestlichen Kriegstreiber. [...] Der Angeklagte braucht deshalb eine längere Zeit der Umerziehung zu einem demokratischen Bürger eines neuen Deutschland, sodass die Achtung vor der Gesellschaft und den Menschen anerzogen wird. Das Gericht hielt deshalb eine Zuchthausstrafe von 10 Jahren für erforderlich.*«
(Aus dem Urteil gegen einen Streikführer beim Aufstand am 17. Juni 1953)

Die Zitate lassen die Ziele und die Methoden bei dem Versuch erkennen, in Deutschland einen sozialistischen Staat aufzubauen.

Chronik der DDR

1945 Das spätere Staatsgebiet der DDR wird als eine der vier Besatzungszonen im besiegten Deutschland eingerichtet.

1946 Aus dem Zwangszusammenschluss von SPD und KPD geht die SED (Sozialistische Einheitspartei Deutschlands) hervor.

1950 Walter Ulbricht wird Generalsekretär der SED. Das Ministerium für Staatssicherheit („Stasi“) wird eingerichtet.

1953 Ein Streit um Arbeitsnormen führt zu einem Aufstand der Bevölkerung gegen die Staatsführung, der mithilfe sowjetischer Truppen brutal niedergeschlagen wird.

1961 Als Reaktion auf die stets zunehmende Republikflucht wird die Berliner Mauer errichtet. In den folgenden Jahren verlieren über 100 Menschen ihr Leben bei dem Versuch, die DDR zu verlassen.

1989 Nach einem Zerfallsprozess in allen kommunistischen Staaten und ständig sich ausweitenden friedlichen Protesten ihrer Bürger bricht die DDR zusammen. Deutschland wird vereinigt.

Volkspolizisten beaufsichtigen den Bau der Berliner Mauer.

1946
Nürnberger Prozess gegen Hauptkriegsverbrecher
1949
Konrad Adenauer wird erster Bundeskanzler der BRD
1954
Deutschland wird Fußballweltmeister

Singen als Erziehungsmaßnahme

Wie alle totalitären Systeme nutzte auch die DDR die Kunst als Mittel der „Erziehung" und Agitation. Neben der Nationalhymne gab es ein „Lied der Partei", das Louis Fürnberg (1909–1957) schrieb. Der Schriftsteller und Komponist stammte aus Mähren. Als Jude und Kommunist wurde er von den Nazis verfolgt, inhaftiert und gefoltert. Nach Flucht, Exil und einem Aufenthalt in seiner Heimat kam er 1954 nach Weimar und wirkte als stellvertretender Leiter der Forschungs- und Gedenkstätten der klassischen deutschen Literatur. Sein „Lied der Partei", ursprünglich in tschechischer Sprache verfasst, diente seit 1950 als offizielle Parteihymne der SED.

Ernst Busch
* 1900 Kiel
† 1980 Berlin

Der Schauspieler und Sänger wurde 1919 Mitglied der Kommunistischen Partei. Nach dem Krieg, den Busch zeitweise in Nazigefängnissen verbrachte, war er einer der wichtigsten Schauspieler im Kreis um Bertolt Brecht und ein bekannter Interpret von Arbeiterliedern.

Lied der Partei

1 Hören Sie das „Lied der Partei" in einer Aufnahme mit Ernst Busch und dem Chor der Staatsoper Berlin. Zeigen Sie an dem Lied die für ideologische Lieder typische „Vier-Akte-Dramaturgie" (s. S. 105) auf.

II, 20

2 Zeigen Sie musikalische Elemente (Rhythmik, Melodik, Aufbau) auf, die seine Funktion als „Kampflied" stützen.

3 Definieren Sie anhand von Textstellen die Rolle der Partei, wie sie das Lied darstellt.

4 Hören Sie den Refrain des Schlagers „Irgendwo auf der Welt" von Werner Richard Heymann (1932) in der Interpretation der *Comedian Harmonists*. Vergleichen Sie ihn mit dem Refrain des „Liedes der Partei". Ziehen Sie Schlussfolgerungen aus dem Vergleich.

II, 21

Dmitri Schostakowitsch

Dmitri Schostakowitsch
* 1906 St. Petersburg (Petrograd)
† 1975 Moskau

Mit seinem Schaffen in verschiedensten Gattungen (Sinfonik, Oper, Ballett, Filmmusik, Kammermusik) feierte Schostakowitsch frühe Erfolge. In den 1930er-Jahren geriet er zunehmend in Gegensatz zur offiziellen Parteipolitik.

Jubeln sollen wir

Sinfonien von Dmitri Schostakowitsch (1961 und 1937)

» *Gegenwärtig beschäftige ich mich in Gedanken immer stärker mit einem Werk über die unsterbliche Gestalt Wladimir Lenins.* « (Dmitri Schostakowitsch, 1959)

» *Es war mein Wunsch, dass die 12. Sinfonie zum 22. Parteitag der KPdSU[1] fertig werde. Und es ist mir gelungen. Es ist mir gelungen, die Sinfonie in den historischen Tagen unseres Vaterlandes zu beenden.* « (Dmitri Schostakowitsch, 1961)

» *Woran mag es liegen, dass ein Komponist, dem wir herrliche Werke voller menschlicher Wärme, Humor und geistvoller Ironie verdanken, uns heute eine so monumentale Trivialität darbietet.* «
(Kritik über die 12. Sinfonie, New York Times, 1962)

» *Er hat das „Lied von den Wäldern" für Stalin geschrieben, er hat eine Lenin gewidmete Sinfonie geschrieben und eine, die den Titel trägt „Das Jahr 1905"[2]. Allein sein Gewissen ließ es nicht zu, diese Werke so gut zu schreiben, dass sie in die Geschichte eingehen. Schade, dass sein Genie damit so viel Zeit vergeudete.* «
(Mstislav Rostropowitsch, Cellist und Freund Schostakowitschs, 1981)

1 Beschreiben Sie die Vorstellung, die Sie aus den Zitaten über die Lenin gewidmete 12. Sinfonie gewinnen.

Lenin geht nach Russland

Zu Beginn des Jahres 1917, im vierten Jahr des Ersten Weltkriegs, verschlechterte sich in Russland die wirtschaftliche Lage der Bevölkerung. Die Gutsbesitzer nutzten die allgemeine Lage zur Ausbeutung. Im Februar wurde aus Demonstrationen offene Revolution. Im April kehrte der Revolutionär Lenin aus dem Schweizer Exil zurück. Die berühmte Reise in einem plombierten Eisenbahnwagen wurde vom Oberkommando des deutschen Heeres organisiert; man hoffte auf die Revolution, die den Zaren schwächen sollte. Der Aufstand scheiterte zunächst; Lenin floh nach Finnland. Im November (nach russischem Kalender im Oktober) kehrte er zurück, führte die Revolution an und beendete gegen Jahresende mit einem Waffenstillstand den Ersten Weltkrieg an der Ostfront.

Arkadi Rusin (1926): Lenins Ankunft in Petrograd 1917*

1 KPdSU: Kommunistische Partei der Sowjetunion
2 1905 erschütterten heftige Proteste gegen Zar Nikolaus II. das russische Reich

1917	1922	1924	1935
Oktoberrevolution; Proklamierung der Russischen Sowjetrepublik	Gründung der UdSSR	† Lenin; Stalin wird Parteichef	Beginn der Schauprozesse und „Säuberungen"

12. Sinfonie, 1. Satz – Das revolutionäre Petrograd

Die Oktoberrevolution ist das Thema von Dmitri Schostakowitschs 12. Sinfonie. Er schrieb sie im Jahr 1961 zu Ehren des 22. Parteitags der Kommunistischen Partei der Sowjetunion.

Der erste der vier Sätze der 12. Sinfonie trägt die Überschrift „Revolutionäres Petrograd“. Der Satz ist von einer Reihe Themen geprägt, die deutlich programmatische Züge tragen.

2 Beschreiben Sie das Thema 1 und seine Abwandlung. Stellen Sie dabei Gemeinsamkeiten und Unterschiede dar.

3 Hören Sie den Beginn des Satzes. Versuchen Sie eine programmatische Deutung. II, 22

Thema 1

Thema 1 (Abwandlung)

Dieser ersten Themengruppe wird eine zweite gegenübergestellt.

Thema 2

Brüder, zur Sonne, zur Freiheit

Neben den beiden Themen und ihren Abwandlungen spielt in dem Satz ein Fanfarenmotiv eine wichtige Rolle. Es stammt aus einem Revolutionslied, dessen Text Leonid P. Radin 1897 während der Haft als politischer Gefangener schrieb. Mit der Melodie eines Studentenliedes wurde es in den beiden russischen Revolutionen 1905 und 1917 als Kampflied der Arbeiter bekannt.

Der deutsche Dirigent Hermann Scherchen lernte das Lied als Kriegsgefangener während der Oktoberrevolution kennen und erstellte eine Textübertragung. „Brüder, zur Sonne, zur Freiheit“ wurde als Lied der Arbeiterbewegung in Deutschland sehr bekannt. Bis heute wird es in Versammlungen der SPD und der Gewerkschaften als eine Art Hymne gesungen.

4 Beschreiben Sie die grundsätzlichen Unterschiede zwischen Thema 1 und 2 anhand des Notenbildes.

5 Hören Sie den Ausschnitt, in dem das zweite Thema eine große Steigerung erfährt. Beschreiben Sie die Elemente dieser Steigerung. II, 23

6 Singen Sie das Lied. Benennen Sie die charakteristischen Elemente der Melodie.

II, 24
7 Hören Sie das Lied in einer Interpretation des Chores der Berliner Arbeitervereinigung unter Leitung von Hermann Scherchen.

II, 25
8 Weisen Sie im Partiturausschnitt (Takt 297–301) nach, in welcher Weise Schostakowitsch das Arbeiterlied zitiert. Deuten Sie dabei auch die Veränderungen, die er vorgenommen hat.

Brüder, zur Sonne, zur Freiheit

2. Seht, wie der Zug von Millionen endlos aus Nächtigem quillt,
Bis eurer Sehnsucht Verlangen Himmel und Nacht überschwillt!

3. Brüder, in eins nun die Hände, Brüder, das Sterben verlacht!
Ewig, der Sklav'rei ein Ende, heilig die letzte Schlacht!

12. Sinfonie, 1. Satz (T. 297–302)

Von der freien Kunst zum sozialistischen Realismus

Ich offenbare euch mit Worten,
einfach wie ein Gemuhe,
unsre neuen Seelen,
welche tönen
wie die Kohlen der Bogenlampen.
Meine Fingerspitzen brauchen nur
euern Scheitel zu berühren –
und euch wachsen Lippen für
verschwenderische Küsse
und Zungen,
die euch zu allen Völkern führen.

(Wladimir Majakowski, 1913)

Kasimir Malewitsch: Dynamischer Suprematismus (1921)

Schon am Ende der Zarenzeit und noch mehr in den Jahren nach der Oktoberrevolution herrschte bei den russischen Künstlern eine allgemeine Aufbruchsstimmung, die zu kühnen Experimenten führte.

Nach Lenins Tod im Jahr 1924 und Stalins Machtgewinn gegen Ende der 1920er-Jahre änderte sich die sowjetische Kulturpolitik allerdings grundlegend. Nun wurde eine ästhetische Staatsdoktrin verkündet, die die Kunst in den Dienst des staatlich verordneten „Fortschritts“ stellte.

» *Der sozialistische Realismus als Hauptmethode der sowjetischen künstlerischen Literatur und Literaturkritik fordert vom Künstler wahrheitsgetreue, historisch konkrete Darstellung der Wirklichkeit in ihrer revolutionären Entwicklung. Wahrheitstreue und historische Konkretheit der künstlerischen Darstellung müssen mit den Aufgaben der ideologischen Umformung und Erziehung der Werktätigen im Geiste des Sozialismus abgestimmt werden.* «

(Beschluss des Allunionskongresses der sowjetischen Schriftsteller im Jahr 1934)

Iwan A. Wladimirow: In einer Mädchenschule (um 1935). Ein Bild an der Wand zeigt Lenin und Stalin. Im grünen Rahmen liest man Lenins Parole „Lernen, lernen, lernen!“.

Kasimir Malewitsch
* 1878 Kiew
† 1935 Leningrad

Malewitsch gilt als Begründer des Suprematismus; sein Werk und seine kunsttheoretischen Arbeiten beeinflussten wesentlich die Entwicklung der abstrakten Malerei.

Wladimir Majakowski
* 1893 Bagdadi (Georgien)
† 1930 Moskau

Majakowski war der führende Vertreter des russischen Futurismus. Mit seiner intensiven, oft provokanten Sprache stellte er sich gegen jegliche idealistische und romantische Kunstauffassung.

Sozialistischer Realismus
Politisch verpflichtete Stilrichtung der Künste, die die realistische Darstellung der Wirklichkeit mit Idealisierung und Überhöhung verbindet

Futurismus
s. S. 194–196

Josef Stalin

Iossif W. Dschugaschwili, gen. Stalin („Der Stählerne")
* 1878 Gori (Georgien)
† 1953 Kunzewo

Seit 1922 war Stalin Generalsekretär des Zentralkomitees der KPdSU. Später gewann er die Kontrolle über den gesamten Staatsapparat. Mit seinem Namen verbinden sich die brutale Verfolgung von Kritikern, aber auch der Sieg der UdSSR im „Großen Vaterländischen Krieg" (1941–1945) gegen das Deutsche Reich und die Nachkriegsordnung Europas in zwei Blöcke.

Sozialistischer Realismus in der Musik

» *Das Hauptaugenmerk der sowjetischen Komponisten muss auf die siegreichen fortschrittlichen Prinzipien der Realität gerichtet sein, auf alles Heroische, Strahlende und Schöne. Sie zeichnen die Geisteswelt des Sowjetmenschen aus und müssen mit schönen und kraftvollen Bildern erfasst werden. Sozialistischer Realismus verlangt unerbittlichen Kampf gegen volksfeindliche avantgardistische Richtungen, die typisch für die Fäulnis bürgerlicher Kunst sind.* «
(Aus den Richtlinien des Sowjetischen Komponistenverbandes)

Im Januar 1934 wurde Schostakowitschs Oper „Lady Macbeth von Mzensk" uraufgeführt. Zwei Jahre später besuchte Stalin eine Aufführung des Werkes in Moskau. Am nächsten Tag erschien in der Prawda, dem offiziellen Organ der KPdSU, eine Kritik.

» *Das Publikum wird von Anfang an mit absichtlich disharmonischen, chaotischen Klängen überschüttet. […] Die Kraft der Musik, die den Hörer mitreißen kann, wurde zugunsten kleinbürgerlicher und unfruchtbarer formalistischer Versuche und prätentiöser Bemühungen um Originalität mithilfe billigster Mittel verschleudert. Dieses Spiel kann aber böse enden.* « (Prawda, 1936)

» *Der Artikel auf der dritten Prawda-Seite veränderte ein für allemal meine ganze Existenz. Er trug keine Unterschrift. […] Das heißt, er verkündete die Meinung der Partei. In Wirklichkeit die Stalins, und das wog bedeutend mehr. […] Alle wandten sich von mir ab. Es gab in dem Artikel einen Satz, aus dem zu entnehmen war, „Dies alles könne sehr schlecht enden". Und nun warteten alle auf dieses schlechte Ende.* « (Dmitri Schostakowitsch in seiner Autobiografie, 1979)

Schostakowitsch sah sich zu einer Reaktion gezwungen. Seine 1937 uraufgeführte 5. Sinfonie kündigte er als „schöpferische Antwort eines sowjetischen Komponisten auf berechtigte Kritik" an. Der letzte Satz endet mit einer schmetternden triumphalen Geste.

» *Die elektrisierende Kraft der Musik führte schließlich dazu, dass alle aufstanden. Als der Beifallssturm die Säulen des Philharmoniesaales erzittern ließen, hob Mrawinski die Partitur hoch, um damit deutlich zu machen, dass diese Ovationen nicht ihm und nicht dem Orchester gebührten, sondern dem Schöpfer dieser Musik – Schostakowitsch.* « (Aleksandr Nikolajewitsch Glumov, russischer Dirigent, 1975)

» *Der Jubel ist erzwungen. So, als schlage man uns mit dem Knüppel und verlange dazu: „Jubeln sollt ihr, jubeln sollt ihr". Und der geschlagene Mensch erhebt sich, kann sich kaum auf den Beinen halten, marschiert, murmelt vor sich hin: „Jubeln sollen wir, jubeln sollen wir!" Man muss schon ein kompletter Trottel sein, um das nicht zu hören.* « (Dmitri Schostakowitsch in seiner Autobiografie, 1979)

9 Fassen Sie in einem Kurzreferat die Entwicklung der Kulturpolitik in der Sowjetunion zusammen. Gehen Sie dabei auf die Bilder und Texte (s. S. 111/112) ein.

II, 26

10 Beschreiben Sie die Gestaltung des Schlusses von Schostakowitschs 5. Sinfonie.
Urteilen Sie nach Ihrer Analyse und Ihrem Höreindruck über die Aussagen aus Glumovs Erinnerungen und Schostakowitschs Bemerkung über den letzten Satz der 5. Sinfonie.

5. Sinfonie, 4. Satz (Schluss)

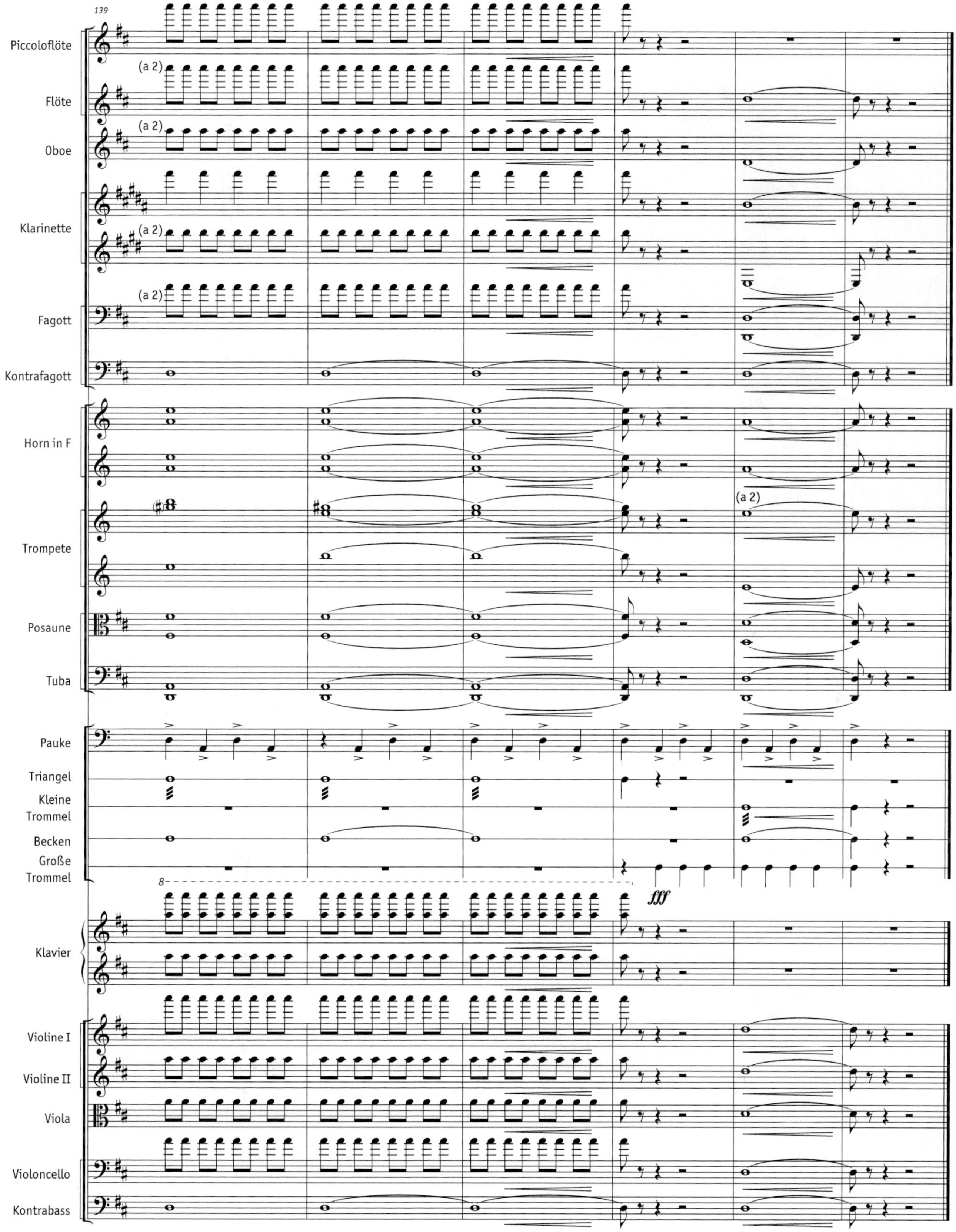

Als ob sie nie existiert hätten

Von der Nazidiktatur verfemte Werke

Titelblatt einer Broschüre zur Ausstellung „Entartete Musik"

» Diese Scharlatane täuschen sich, wenn sie meinen, die Schöpfer des neuen Reichs wären vielleicht albern oder ängstlich genug, sich von ihrem Geschwätz vernebeln oder gar einschüchtern zu lassen. Sie werden sehen, dass die vielleicht größte kulturelle und künstlerische Auftragserteilung aller Zeiten über sie so zur Tagesordnung hinweggehen wird, als ob sie nie existiert hätten. «

(Adolf Hitler am 5. September 1934 beim Reichsparteitag der NSDAP in Nürnberg)

Mit der politischen Revolution des Machtantritts der Nazis sollte zugleich eine „völkische" kulturelle Revolution Platz greifen. Erste Aktionen waren die öffentlichen Verbrennungen unerwünschter Literatur. Die Ausstellung „Entartete Kunst" im Münchner „Haus der deutschen Kunst" stellte im Jahr 1937 die Elite der deutschen Maler und Bildhauer an den Pranger. 1938 folgte (im Rahmen der ersten „Reichsmusiktage") die Ausstellung „Entartete Musik". Die Gründe für die Diffamierung von Werken waren vielfältig, das Vokabular der Verurteilung infam.

Der Primat der Rasse

» Die nationalsozialistische Schulung hat im deutschen Volk wieder den Geschmack und die Freude an der edlen deutschen Musik wachgerufen. Das deutsche Volk ekelt sich vor dem Schmutz jüdischer Musik. «

(Wochenzeitung „Der Stürmer", 1940)

Felix Mendelssohn Bartholdy
* 1809 Hamburg
† 1847 Leipzig

Mendelssohn stammt aus einer traditionsreichen jüdischen Familie, wurde jedoch getauft und christlich erzogen.
Der als Komponist, Dirigent und Pianist Frühvollendete war eine der herausragenden Musikergestalten der deutschen Romantik. Besondere Verdienste erwarb er sich um die Wiederentdeckung der Werke Bachs.

Werke jüdischer Komponisten verschwanden im Dritten Reich aus den Konzertprogrammen ebenso wie jüdische Musiker und Sänger von den Bühnen und Podien. Sie mussten (wie z. B. Kurt Weill, der Komponist der „Dreigroschenoper") auswandern, oder sie kamen (wie z. B. Viktor Ullmann) in den Konzentrationslagern ums Leben. Aber nicht nur die Lebenden wurden verfemt. Auch Stücke früherer Komponisten, die in der menschenverachtenden Vorstellungswelt der Nazis der falschen „Rasse" angehörten, durften nicht mehr aufgeführt werden. Dazu gehörten z. B. die Werke Gustav Mahlers (s. S. 220–224). Einer besonderen Rechtfertigung des Aufführungsverbotes bedurfte es bei den Werken Felix Mendelssohn Bartholdys. Seine Musik gehörte zum Standardrepertoire der deutschen Sinfonieorchester und war außerordentlich populär.

» Die Musik Mendelssohns ist im Dritten Reich mit den unumstößlich und kompromisslos gültigen Gesetzen vom Primat der Rasse und des Blutes nicht mehr zu verantworten. Diese Musik ist genialisch, aber unbeschadet ihrer musikalischen Werte ist sie für eine völkische Kulturbewegung untragbar. «

(Zeitschrift „Die Musik", 1934)

II, 27

1. Hören Sie das Nocturno aus Felix Mendelssohn Bartholdys Musik zu Shakespeares Komödie „Ein Sommernachtstraum". Benennen Sie stilprägende Elemente.

2. Erläutern Sie, inwiefern es der nationalsozialistischen Ideologie besonders schwer fallen musste, diese Musik als „undeutsch" zu brandmarken.

1933	1936	1937	1938
Bücherverbrennungen und erste Emigrationswellen	Schließung der Neuen Abteilung der Nationalgalerie Berlin	Ausstellung „Entartete Kunst" in München	Ausstellung „Entartete Musik" in Düsseldorf

Eine wundersame Melodei

Das Verbot „jüdischer“ Werke betraf nicht nur die Kunstmusik. 1938 wies der NS-Lehrerbund darauf hin, dass von Juden getextete oder komponierte Volkslieder in den Schulen nicht mehr gesungen werden durften. Das betraf auch das Lied von der Loreley. Die Melodie schrieb Friedrich Silcher im Jahr 1823. Der Text aber stammt von Heinrich Heine. Das Verbot ließ sich wegen der Beliebtheit des Liedes nicht durchsetzen. In den Liederbüchern stand deshalb nun bei den Autorenangaben: „Dichter unbekannt.“

Heinrich Heine
s. S. 97

Friedrich Silcher
* 1789 Schnait im Remstal
† 1860 Tübingen

Der Universitäts-Musikdirektor in Tübingen war ein überaus populärer Komponist der Romantik und Spezialist für gemütvolle Männerchorsätze.

Loreley

3 Singen Sie das Lied, wenn möglich im vierstimmigen Satz.

4 Hören Sie die Aufnahme des Liedes als Chorsatz. Bestimmen Sie die Zusammensetzung des Vokalensembles.

II, 28

5 Sammeln Sie aus dem Notentext und beim Hören der Aufnahme musikalische Merkmale, die die „gemütvolle“ Stimmung des Liedes prägen.

II, 28

Die schönste Jungfrau sitzet
Dort oben wunderbar,
Ihr goldnes Geschmeide blitzet,
Sie kämmt ihr goldenes Haar.

Sie kämmt es mit goldenem Kamme
Und singt ein Lied dabey;
Das hat eine wundersame,
Gewaltige Melodei.

Den Schiffer im kleinen Schiffe
Ergreift es mit wildem Weh;
Er schaut nicht die Felsenriffe,
Er schaut nur hinauf in die Höh’.

Ich glaube, die Wellen verschlingen
Am Ende Schiffer und Kahn;
Und das hat mit ihrem Singen
Die Loreley getan.

Philipp Foltz: Loreley (1850)

IV, 22

6 Informieren Sie sich über das Wesen atonaler und dodekaphoner Kompositionen (s. S. 204–209). Hören Sie Weberns 4. Bagatelle für Streichquartett. Erörtern Sie, in welchen Punkten Weberns Stück den „Erkenntnissen" Zieglers entspricht.

II, 29

7 Hören Sie den Beginn einer Originalaufnahme der „Olympischen Hymne" für gemischten Chor und großes Orchester, op. 119, von Richard Strauss (1936). Bestimmen Sie die musikalischen Elemente, die den Ansprüchen der Nazis an eine „gesunde" Musik entsprechen.

Richard Strauss
*1864 München
†1949 Garmisch-Partenkirchen

Strauss gehört mit Werken in verschiedenen Gattungen zu den wichtigsten Komponisten der Spätromantik und des Expressionismus. Bedeutend sind seine Opern („Salome", „Der Rosenkavalier" u. v. a.), seine programmatischen Orchesterwerke („Till Eulenspiegel", „Don Quichotte" u. v. a.) und seine Klavier- und Orchesterlieder.

Kulturbolschewismus

» Wenn die größten Meister der Musik in der Tonalität und aus dem ganz offenbar germanischen Element des Dreiklangs empfunden und mit ihrer unerschöpflichen Fantasiekraft geschaffen haben, dann haben wir ein Recht, […] diejenigen als Dilettanten und Scharlatane zu brandmarken, die diese Klanggrundsätze über den Haufen schmeißen und durch irgendwelche Klangkombinationen verbessern oder erweitern, in Wirklichkeit entwerten wollen. Ich bekenne mich mit einer Reihe führender musikalischer Fachmänner und Kulturpolitiker zu der Anschauung, dass die Atonalität als Ergebnis der Zerstörung der Tonalität Entartung und Kulturbolschewismus bedeutet. «

(Hans Severus Ziegler, Generalintendant des Weimarer Nationaltheaters, 1939)

Die abwertenden Begriffe im Sprachgebrauch des Dritten Reiches sind aus heutiger Sicht nicht schlüssig. Das gilt z. B. für den Begriff „Kulturbolschewismus". Er sollte wohl auf die avantgardistischen Elemente in den ersten Jahren nach der Oktoberrevolution in Russland verweisen. Inzwischen herrschte aber in Russland eine Kulturpolitik, die der der Nazis zwillingsgleich ähnelte. Mit anderen Begriffen (z. B. als „Formalismus"), in der Sache aber identisch, wurde dort alles abgestraft, was dem „gesunden Volksempfinden" widersprach.

Die Forderungen der Nationalsozialisten nach „gesunder" Kunst bedienten auch große deutsche Komponisten wie Richard Strauss. Strauss schrieb nicht nur feierliche Eröffnungsmusiken zu einem Parteitag der NSDAP und zur von den Nazis zelebrierten Olympiade 1936 in Berlin. Er ließ sich auch – als fast 70-Jähriger – zum Präsidenten der Reichsmusikkammer bestellen. Im Bestreben, der Sache der Musik zu dienen, unterstützte Strauss jedoch gleichzeitig das politische System. Denn diese Institution hatte, als Teil der Reichskulturkammer, für die „Gleichschaltung" und ideologische Ausrichtung der Musik zu sorgen. Die Mitgliedschaft in der Reichsmusikkammer war Voraussetzung für die Ausübung des Berufs.

Der Reichspropagandaminister Joseph Goebbels begrüßt Richard Strauss bei der Eröffnung der Reichsmusiktage 1938 in Düsseldorf. Zum Programm dieser Veranstaltung gehörte auch die Ausstellung „Entartete Musik".

Englische und amerikanische Filmhelden waren Vorbild für das Outfit der „Swing-Jugend".

8 Vergleichen Sie die „Swing-Jugend" mit musikalischen Subkulturen neuerer Zeit. Achten Sie dabei besonders auf den Grad der Politisierung solcher Gruppen.

Swing Heil

Die 30er-Jahre waren in der internationalen Popularmusik die Jahre des Swing. Diese unbeschwerte, zum Tanz einladende Stilrichtung des Jazz war auch in Deutschland überaus beliebt. Für die Machthaber des Dritten Reiches ergab sich eine problematische Situation. Nach ihrer Ideologie handelte es sich um Musik einer minderwertigen „Rasse". Deshalb sprach der Reichssendeleiter Eugen Hadamovsky schon im Oktober 1935 ein „endgültiges Verbot des Nigger-Jazz für den gesamten deutschen Rundfunk" aus. Aber das Publikum wollte weiter Swing hören. Zur populärsten derjenigen Bands, die amerikanische Swing-Nummern spielten, wurde das Orchester des Schweizer Saxofonisten Teddy Stauffer. Noch bei der Olympiade 1936 wurden seine Auftritte geduldet; seine Musik diente als Beweis der Weltoffenheit des Deutschen Reiches.

Geduldet wurde zunächst auch die „Swing-Jugend" (auch „Swing-Heinis" oder „Hotler"), eine großstädtische Subkultur, die sich nicht nur durch ihre musikalische Vorlieben, sondern auch durch bewusst modische, dandyhafte Kleidung von den Uniformträgern absetzte. Nach Kriegsbeginn wurden die Repressalien stärker. Seit 1940 war der Besuch „öffentlicher Tanzlustbarkeiten" durch eine „Polizeiverordnung zum Schutze der Jugend" verboten. Und auch das Hören „undeutscher" Musik wurde nun energischer bekämpft. Diese Entwicklung sorgte dafür, dass die zunächst unpolitischen „Swing-Heinis" eine bewusste Oppositionshaltung einnahmen. Sie grüßten sich mit „Heil Hotler" oder „Swing Heil", und Spitzel berichteten über Spottverse.

» *Swingend wollen wir marschieren in die Zwangs-HJ.*
Teddy Stauffer soll uns führen mit dem neuesten Hot! «

Die Machthaber reagierten hart:

» *Alle Rädelsführer, und zwar die Rädelsführer männlicher und weiblicher Art, unter den Lehrern diejenigen, die feindlich eingestellt sind und die Swing-Jugend unterstützen, sind in ein Konzentrationslager einzuweisen. Dort muss die Jugend zunächst einmal Prügel bekommen […]. Der Aufenthalt im Konzentrationslager für diese Jugend muss ein längerer, 2–3 Jahre, sein.* «

(Der Reichsführer der SS Heinrich Himmler, 1942)

9 Hören Sie den Jazzstandard „Chattanooga Choo Choo" in Aufnahmen der Bigbands von Glenn Miller und Teddy Stauffer. Vergleichen Sie die Spielweisen der beiden Bands. II, 30/31

Teddy Stauffer
* 1909 Murten (Schweiz)
† 1991 Acapulco (Mexiko)

Stauffer kam 1929 nach Berlin und gründete eine bis 1939 überaus erfolgreiche Bigband. Danach verließ er Deutschland, spielte zwei Jahre in der Schweiz und emigrierte schließlich 1941 nach Mexiko.

Teddy Stauffer im Jahr 1939

Jetzt wein ich nicht mehr

Fred Raymond: Es geht alles vorüber (1942)

Fred Raymond
* 1900 Wien
† 1954 Überlingen

Komponist sehr populärer Operetten und Schlager in der ersten Hälfte des 20. Jh.

„Das ist die beste Propaganda, die sozusagen unsichtbar wirkt, das ganze öffentliche Leben durchdringt, ohne dass das öffentliche Leben überhaupt von der Initiative der Propaganda irgendeine Kenntnis hat.“

(NS-Propagandaminister Joseph Goebbels, 1941)

III, 1

❶ Hören Sie den Schlager. Analysieren Sie musikalische Merkmale (Form, instrumentale und vokale Besetzung, Melodik, Rhythmik, Harmonik).

❷ Singen Sie das Lied und begleiten Sie sich dabei mithilfe der angegebenen Harmonien auf geeigneten Instrumenten (Klavier, Gitarre, Kontrabass u. a.). Schreiben Sie ggf. weitere begleitende Stimmen für Melodieinstrumente.

Es geht alles vorüber

Text: Kurt Feltz, Max Wallner; Musik: Fred Raymond

Und als sie voll Sehnsucht ihn rief,
Da schrieb er ihr gleich einen Brief:
Liebe Hanne, bleib mir gut,
Und verliere nicht den Mut!
Denn gibt es auch Zunder und Dreck,
Das alles, das geht wieder weg;
Und vom Schützen bis zum Leutenant,
Da ist die Parole bekannt:

Es geht alles vorüber …

Doch endlich kommt auch mal die Zeit,
Auf die sich der Landser schon freut,
Denn beim Spieß, da liegt schon sein
Unterschrieb'ner Urlaubsschein.
Dann ruht er bei Hannen zu Haus
Im Federbett gründlich sich aus,
Darum fällt der Abschied doppelt schwer,
Doch sie sagt: Jetzt wein ich nicht mehr!

Es geht alles vorüber …

Nicht nur Schlager, sondern auch glanzvolle Operettenaufführungen sollten die Stimmung in der Heimat verbessern. Besonders erfolgreich war Fred Raymonds „Maske in Blau“.

1939 Deutscher Angriff auf Polen; Beginn des Zweiten Weltkriegs
1940 Kapitulation Frankreichs; Bau des KZ Auschwitz
1941 Angriff auf die Sowjetunion

Unsichtbare Propaganda

Leistungsstarke Rundfunksender wie der „Soldatensender Belgrad“ konnten ab 1941 ganz Deutschland und Truppen an allen Fronten erreichen. 50% der Deutschen hörten zu, wenn beim sonntäglichen „Wunschkonzert der Wehrmacht“ Unterhaltungsmusik und Grüße über den Äther gingen. Diese Form akustischer Truppenbetreuung sollte die Gemeinschaft zwischen Front und „Heimatfront“ fördern. „Durchhalteschlager“, in aufwendigen Filmproduktionen verbreitet, waren durchzogen von verharmlosenden („Davon geht die Welt nicht unter“, 1942) und appellativen Parolen („Ich weiß, es wird einmal ein Wunder gescheh'n“, 1942). In diesem Zusammenhang kann auch das Walzerlied „Es geht alles vorüber“ gesehen werden, das Fred Raymond im Frühjahr 1942 schrieb; in der Interpretation der Sängerin Lale Andersen wurde es schnell zu einem beliebten Schlager. Allerdings wird über seine Einschätzung noch heute diskutiert:

Kontrafaktur
s. S. 96

3 Zeigen Sie auf, inwiefern die musikalischen Mittel, die Sie analysiert haben, die Funktion des Liedes unterstützen.

» *Häufig wird es als typischer nazistischer „Durchhalteschlager“ bewertet, genau besehen ist das Lied aber eher ein Credo privatistischen Durchkommen-Wollens. Seine politischen Dimensionen bleiben dagegen diffus, sie oszillieren zwischen potenziell opportunistisch und aufmüpfig zugleich.* « (Eckhard John, 2007)

4 Erläutern Sie Eckhard Johns Einschätzung des Liedes und nehmen Sie dazu vor dem Hintergrund der Informationen Stellung.

5 Hören Sie eine antifaschistische Variante des Schlagers, gesungen von Lucie Mannheim (1943). Benennen Sie Gemeinsamkeiten und Unterschiede zum Original.

III, 2

Ein halbes Jahr nach der Entstehung des Walzerliedes war im Kriegsverlauf eine Wende eingetreten. Ende November 1942 wurde in der Schlacht um Stalingrad die 6. Armee unter General Paulus von der sowjetischen Armee eingekesselt. 150 000 Soldaten fanden in Stalingrad den Tod, über 90 000 gerieten in Kriegsgefangenschaft. Nur 6 000 kehrten bis 1956 in ihre Heimat zurück.

Die Entwicklung an den Fronten berührte auch Raymonds Walzerlied. Es verbreiteten sich karikierende Textvarianten, die den vermeintlich unpolitischen Anstrich des Walzerlieds ins Gegenteil verkehren: „Es geht alles vorüber, es geht alles vorbei, zuerst Adolf Hitler, dann seine Partei“; „… im Monat Dezember gibt's wieder ein Ei“, „… mein Mann ist in Russland, ein Bett ist noch frei“. BBC London brachte in Propagandasendungen eine Kontrafaktur des Liedes. Vor diesem Hintergrund war der Schlager in NS-Kreisen keineswegs unumstritten. Zu einem Verbot kam es allerdings nie.

Nach der Kapitulation der 6. Armee in Stalingrad: Deutsche Soldaten auf dem Weg in die sibirischen Gefangenenlager

Analyse 5: Harmonische Aspekte

Die Vorstellung vom Zusammenklang der Töne hängt in besonderem Maße von der Ästhetik der jeweiligen Epoche ab. Vor allem das Empfinden von Konsonanz und Dissonanz hat sich im Laufe der Zeit gewandelt. Melodik und Harmonik sind im mehrstimmigen Satz nicht zu trennen.

Aspekte der Harmonik

- Tongeschlecht und Tonart: Dur, Moll, Kirchentonarten, Atonalität, Freitonalität
- Konsonanz-Dissonanz-Verhältnis, Spannungsreichtum (Vorhalte, Septakkorde, Jazzharmonik)
- Modulationen (diatonisch, enharmonisch, chromatisch)
- kadenzierende Abschnitte, Schlussbildungen (Ganzschluss auf I, Halbschluss auf V, authentischer Schluss V–I, plagaler Schluss IV–I)
- unerwartete Harmoniewechsel (Trugschluss, Rückungen)

Franz Schubert (1797–1828): Streichquartett a-Moll, D 804, 1. Satz

1 Vergleichen Sie die drei Abschnitte hinsichtlich des Tongeschlechtes und der Melodiegestaltung (Vl. 1).

2 Fassen Sie die kompositorischen Mittel zusammen, mit denen Schubert eine Spannungssteigerung dieser Themenfassungen erreicht. Überprüfen Sie Ihre Ergebnisse, indem Sie nach Möglichkeit die drei Abschnitte musizieren und auch in anderer Reihenfolge anordnen.

John Lennon/Paul McCartney: I'll Be Back Again

❸ Bestimmen Sie die Dreiklänge (Tonart/Tongeschlecht, Dreiklangsform) an den markierten Stellen.

❹ Finden Sie anhand der Markierungen den Harmonieverlauf heraus.

❺ Der Harmonieverlauf lässt sich auf eine einfache Dreiklangsfolge reduzieren. Finden Sie die Dreiklänge und ihre Anordnung. Stellen Sie fest, mit welchen Mitteln die Dreiklangsfolge variiert wird.

Queen: The Show Must Go On

❻ In der Popmusik bedeutet der Begriff *cliché line*, dass die gleiche einfache Melodiefloskel über verschiedenen Akkorden gespielt wird. Dabei kommt es wechselweise zu Konsonanzen und Dissonanzen zwischen Melodie und Akkord. Finden Sie die Melodiefloskel und beschreiben Sie das Verhältnis der Melodietöne zur unterlegten Harmonie, ggf. nach eigener musikalischer Umsetzung.

❼ Bestimmen Sie die Art und Funktion der Schlussbildung des Intros an der markierten Stelle.

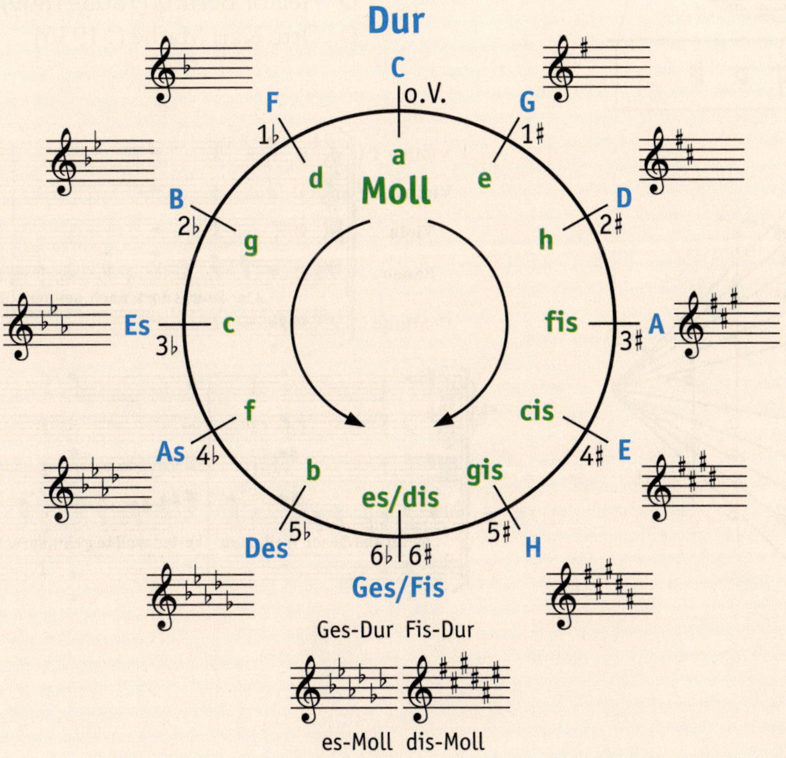

Analyse 6: Besetzung

Je nach Epoche und Genre ist die Besetzung eines Werkes vom Komponisten mehr oder weniger festgeschrieben. Die elektronische Musik verzichtet meist ganz auf einen Interpreten; in früher mehrstimmiger Instrumentalmusik ist oft nur die (Stimm-)Lage festgelegt, aber nicht die Wahl der Instrumente.

Aspekte der Besetzung

- Instrumentengruppen je nach Material und Spielweise (z. B. Streicher, Blech- und Holzbläser, Tasten-, Schlag- und Zupfinstrumente, Rockband)
- Auswahl der Stimmlage (hohe, tiefe Instrumente, z. B. Kontrafagott, Piccoloflöte)
- Kombination der Instrumente oder Koppelung mit Stimmen (colla parte)
- gattungstypische Besetzung (sinfonisch, kammermusikalisch, solistisch, vokal, instrumental)
- elektronische Mittel
- Freiräume in der Besetzung (z. B. bei grafischen Notationen)

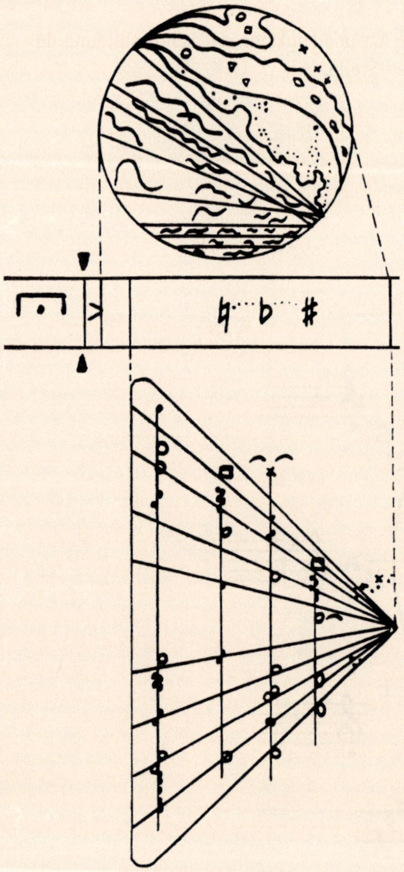

Partiturausschnitte vom Barock bis zur Moderne

Die Partiturausschnitte stammen aus Werken folgender Komponisten:

- Joseph Haydn (1732–1809)
- Johann Sebastian Bach (1685–1750)
- Hector Berlioz (1803–1869)
- Otto Karl Mathé (* 1936)

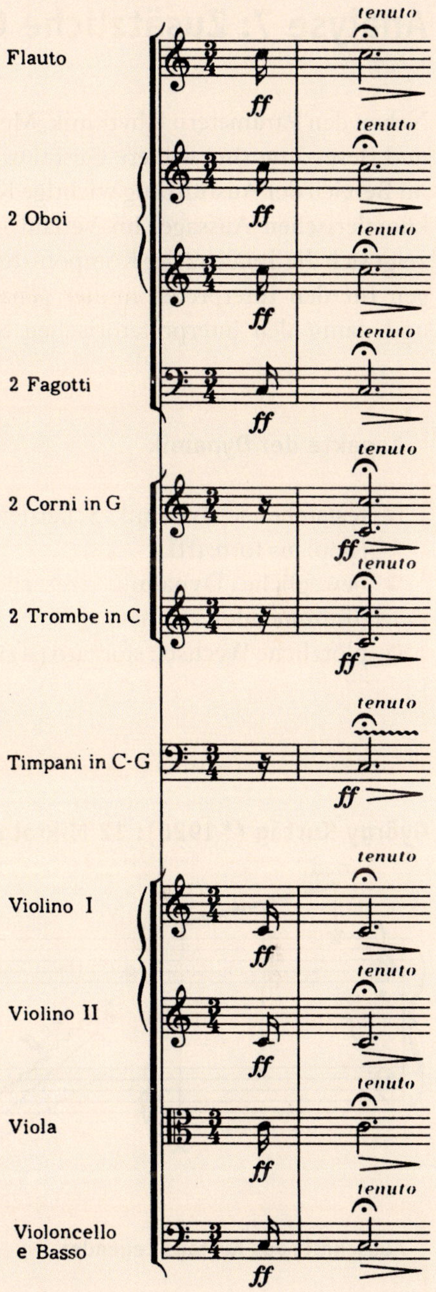

❶ Ordnen Sie die vier Partiturausschnitte mit entsprechender Begründung den Komponisten zu.

❷ Schließen Sie von der Besetzung der Werke und dem Notenbild auf die Gattung.

Analyse 7: Zusätzliche Gestaltungsmittel

Neben den Parametern Rhythmik, Melodik, Harmonik und Besetzung sind weitere Gestaltungsmöglichkeiten im Bereich der Ausführung wichtige Komponenten der künstlerischen Aussage. Im Verlauf der Jahrhunderte zeigt sich die Tendenz der Komponisten, die Anweisungen für den Interpreten immer genauer festzusetzen und damit den interpretatorischen Spielraum einzuschränken. Zu diesen Gestaltungsmöglichkeiten gehören

- die Dynamik, die Gestaltung des Lautstärkeverlaufs der Musik, die auch in Abhängigkeit von Instrumentierung und Spielweise zu sehen ist, und
- die Artikulation, die differenzierte Gestaltung der Tonerzeugung.

Aspekte der Dynamik

- feststehende Dynamik: Schattierungen von piano (ppp) bis forte (fff)
- bewegliche Dynamik: crescendo, decrescendo (diminuendo)
- plötzliche Wechsel: sforzato (sfz), fortepiano (fp)

Aspekte der Artikulation

- staccato (kurz), legato (gebunden), portato (getragen)
- akzentuiert (betont)
- pizzicato (gezupft), col legno (mit dem Bogenholz), arco (gestrichen)
- differenzierte, abwechslungsreiche, gleichbleibende Artikulation

György Kurtág (* 1926): 12 Mikroludien, Nummer 7

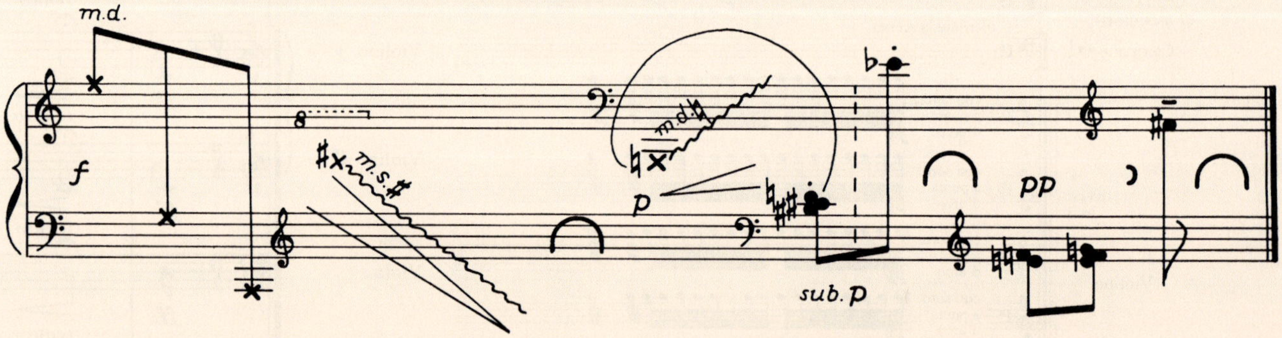

Ausschnitt aus Kurtágs Legende:

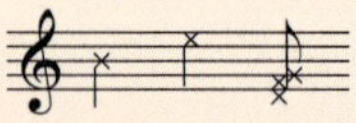 = Töne von ungefährer Höhe

m. s. = mano sinistra (mit der linken Hand)
m. d. = mano destra (mit der rechten Hand)

 = Glissandi (♯ auf den schwarzen Tasten, ♮ auf den weißen Tasten)

Die Bögen bezeichnen die zusammengehörigen Einheiten beim Spiel mit wechselnden Händen.

 = lange Pause

) = Zäsur

1 Erschließen Sie alle Spielanweisungen dieses Stückes anhand der Legende des Komponisten.

2 Analysieren Sie das Stück unter Einbindung der dynamischen und agogischen Zeichen.

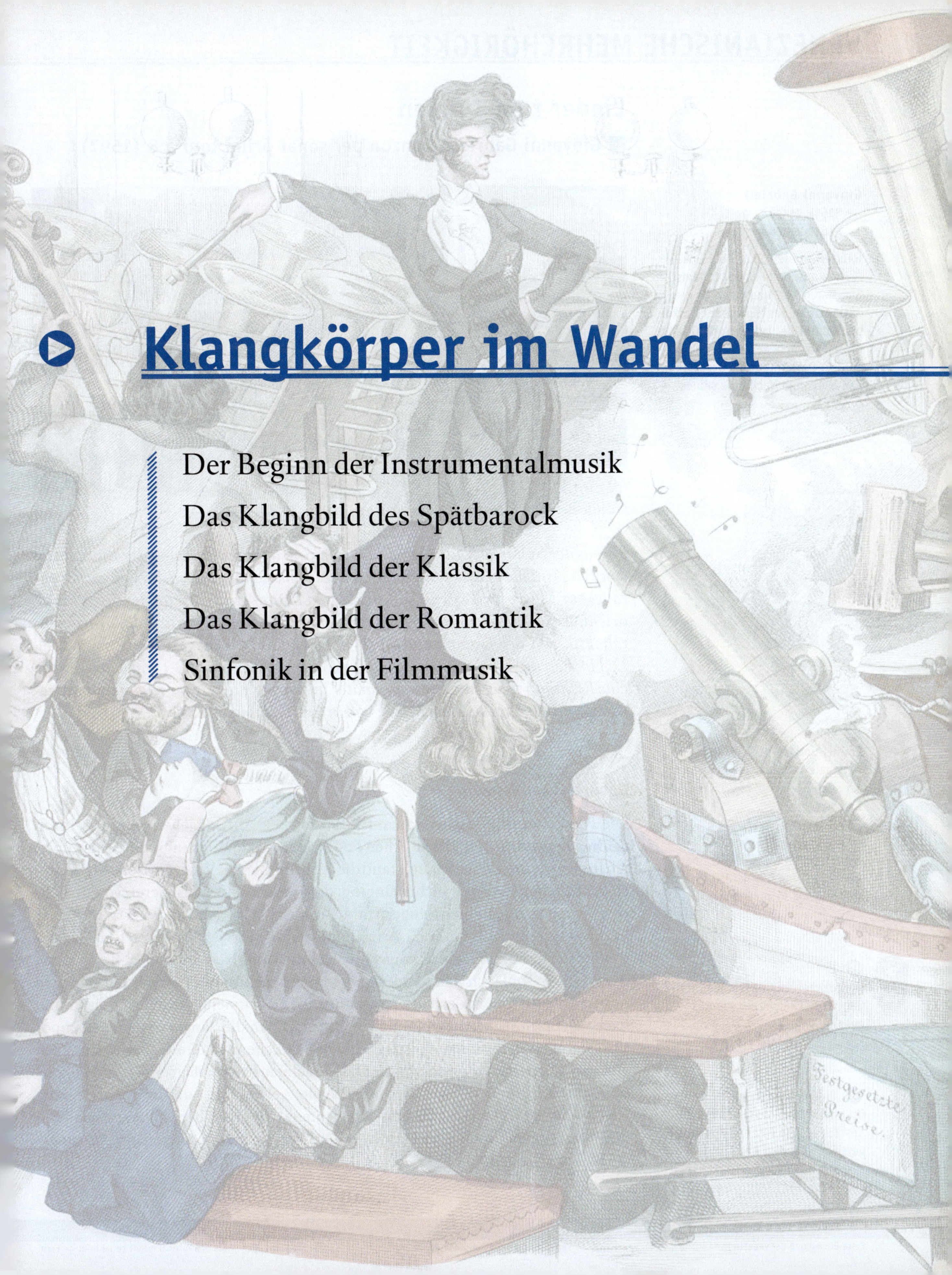

Klangkörper im Wandel

Lieder zum Spielen

Giovanni Gabrieli: Canzon per sonar primi toni à 8 (1597)

Giovanni Gabrieli
* 1557 Venedig
† 1612 Venedig

Gabrieli wurde von seinem Onkel Andrea ausgebildet, der Organist in San Marco war. Nach vierjähriger Tätigkeit an der Münchener Hofkapelle unter der Leitung von Orlando di Lasso kehrte er nach Venedig zurück. Dort trat er als Organist in San Marco die Nachfolge seines Onkels an.

Gentile Bellini: Prozession auf der Piazza S. Marco (1496)

» Aus der Sphäre der Liedbegleitung, der Spielmannsmusik und der Bindung an den Tanz trat die instrumentale Ensemblemusik heraus, indem auch sie sich – parallel zur Musik für Tasteninstrumente und Laute – zunächst an der Vokalmusik orientierte. [...] Indem sie sich immer mehr ausbreitete, löste sich die Instrumentalmusik von der Gesangsmusik; sie entdeckte ihr eigenes spielerisches Wesen. [...] In diesem Sinn gewann sie ein Moment der Autonomie [...] und begann sie in eine Richtung zu weisen, die dann später in dem auf die Wiener Klassiker bezogenen Begriff der autonomen Musik voll in Erscheinung trat. «

(Hans Heinrich Eggebrecht, 1991)

III, 3

1 Untersuchen Sie Notenausschnitt und Hörbeispiel auf die Merkmale von Gabrielis „Canzoni per sonar".

2 Erstellen Sie mithilfe einer Taktleiste eine Grafik, die das mehrchörige Prinzip verdeutlicht.

III, 4

3 Bestimmen Sie anhand des Hörbeispiels die Besetzung, in der Gabrielis „Canzon per sonar" gespielt wird.

4 Finden Sie verschiedene Gründe, warum sich gerade Ende des 16. Jh. die Instrumentalmusik verselbstständigt hat.

Geburtsstadt Venedig

Die Handelsstadt Venedig war mit ihren reichen Auftraggebern und mit ihren zahlreichen sakralen und weltlichen Festen eine ideale Wirkungsstätte für Künstler. In den Kirchen Venedigs entstand die Technik, die als „Venezianische Mehrchörigkeit" in die Musikgeschichte einging: das gemeinsame Musizieren von in mehrere Gruppen aufgeteilten Sängern und Musikern. Als wichtigster Vertreter dieser Praxis war Giovanni Gabrieli Anziehungspunkt für viele Musiker Europas. Er weitete die bisher üblichen Klangräume deutlich aus. Nun konnten z. B. Passagen in extremen Tonlagen von Sängern allein nicht mehr bewältigt werden, sondern bedurften instrumentaler Unterstützung. Die Instrumente lösten sich nach und nach von ihrer begleitenden Funktion und ersetzten die Sänger in vielen Kompositionen ganz. Die neuen akustischen Möglichkeiten wandte Gabrieli nun auch auf rein instrumentale Musik an. Die einzelnen Ensemblegruppen waren verschieden stark und verschieden besetzt, sie zielten also auf Kontrastwirkung, Farbigkeit und Klangschattierung. Bezeichnend für den Übergang zur eigenständigen Instrumentalmusik ist Gabrielis Werktitel „Canzoni per sonar": „Gesangsstücke zum Spielen".

Musik für San Marco

Mehrchörige Sakralmusik wurde in Venedig nicht nur im Markusdom gespielt. Trotzdem verbindet sie sich in der Vorstellung vor allem mit der Palastkirche der Dogen, der Stadtfürsten von Venedig. Die mächtige Basilika wurde in wesentlichen Teilen gegen Ende des 11. Jahrhunderts vollendet. Die Kathedrale in Form eines Kreuzes erinnert an byzantinische Vorbilder: Sowohl die Vierung im Schnittpunkt von Haupt- und Querschiff als auch die Kreuzarme sind mit Kuppeln überwölbt. Einander gegenüberliegende Orgelemporen boten ideale Voraussetzungen für das mehrchörige Musizieren.

Blick auf die Vierung und zwei Emporen im Markusdom

Canzon per sonar primi toni à 8 (in due cori) (T. 48–85)

63
71
79

Analyse 8: Erschließung historischer Texte

Briefe, Tagebücher, historische Zeitungsartikel, Kritiken, Bücher, Berichte oder andere zeitgenössische Dokumente sind Primärquellen, aus denen wir wichtige Erkenntnisse für unser Verständnis von Musik gewinnen können. Fragen nach Aufführungspraxis, Interpretation, Entstehungsgeschichte, Zeitgeist und Bedeutung eines Werkes sind ohne historische Dokumente nicht zu beantworten. Um einen historischen Text zu erschließen, bedarf es allerdings eines methodischen Vorgehens sowie einiger „Werkzeuge" wie z.B. Nachschlagewerke und Fachliteratur.

Ausgangslage

1. Machen Sie sich über Urheber und Entstehungszeit des Dokuments kundig.
2. Klären Sie möglichst den historischen Kontext, in dem es entstand: politisch, gesellschaftlich, privat.
3. Bestimmen Sie die Art der Quelle: Brief (privat, beruflich), Tagebucheintrag, Rede(-konzept), Rechnung, Urkunde usw.
4. Prüfen Sie, aus welchen Elementen das Dokument besteht (Fußnoten, angefügte Zeichnungen/Fotos, Pläne, statistisches Material).

Analyse des Dokuments

Inhalt:

1. Klären Sie Begriffe. Achten Sie auf eventuellen Bedeutungswandel.
2. Stellen Sie fest, wovon der Text handelt und welche die zentralen Aspekte sind: konkrete, private oder/ und berufliche Lebenssituation; Beschreibung eines Zustands; zukünftige Absichten; theoretische Überlegungen; Werkbericht.
3. Notieren Sie, was man erfährt, was nicht.

Intention:

4. An wen richtet sich das Dokument?
5. Welche Intention hat der Verfasser?
6. Wie glaubwürdig ist der Text? Welchen Einfluss haben Adressat und Wirkungsabsicht auf Form, Stil und Inhalt?

Bedeutung

Entscheiden Sie,

1. ob und inwiefern der Text zum tieferen Verständnis eines Themas beiträgt.
2. welchen Stellenwert Sie den Aussagen/Erkenntnissen beimessen.
3. wie wichtig die Quelle für den thematischen Zusammenhang erscheint.
4. ob nach der Analyse noch weiterer/neuer Informationsbedarf besteht.

1 Erschließen Sie mit den angeführten Mitteln Auszüge aus einem Brief Mozarts an seinen Vater in Salzburg über die Arbeit am Singspiel „Die Entführung aus dem Serail".

Der zorn des Osmin wird dadurch in das komische gebracht, weil die türkische Musick dabey angebracht ist. [...] das *drum beym Barte des Propheten etc.* ist zwar im nämlichen Tempo, aber mit geschwinden noten – und da sein zorn immer wächst, so muß – da man glaubt, die aria sey schon zu Ende – das allegro aßai – ganz in einem andern zeitmaas, und in einem andern Ton – eben den besten effekt machen; denn, ein Mensch der sich in einem so heftigen zorn befindet, überschreitet alle ordnung, Maas und Ziel, er kennt sich nicht – so muß sich auch die Musick nicht mehr kennen – weil aber die leidenschaften, heftig oder nicht, niemal bis zum Eckel ausgedrückt seyn müssen, und die Musick, auch in der schaudervollsten lage, das ohr niemalen beleidigen, sondern doch dabey vergnügt seyn muß, folglich allezeit Musick bleyben Muß, so habe ich keinen fremden ton zum f (zum ton der aria) sondern einen befreundeten dazu, aber nicht den Nächsten, D minor, sondern den weiteren, A minor, gewählt. [...]

Der Janitscharen Chor ist für einen Janitscharen Chor alles was man verlangen kann. – kurz und lustig; – und ganz für die Wiener geschrieben. – die aria von der Konstanze habe ich ein wenig der geläufigen gurgel der Mademoiselle Cavallieri aufgeopfert. [...] das *hui* – habe ich in *schnell* verändert. [...] ich weis nicht was sich unsere teutsche dichter denken; – wenn sie schon das theater nicht verstehen, was die opern anbelangt – so sollen sie doch wenigstens die leute nicht reden lassen, als wenn Schweine vor ihnen stünden. – hui Sau; – (W. A. Mozart, 26.9.1781)

Miteinander scharmützeln

Georg Friedrich Händel: Wassermusik (verm. 1717)

Georg Friedrich Händel
s. S. 175

Suite
Seit dem 16. Jh. eine Bezeichnung für eine Folge von Tanzsätzen. Die teilweise geregelte Abfolge der Tänze wird oft durch den Einschub von Ouvertüren und konzertierenden Sätzen erweitert.

Michael Praetorius
* 1571 Creuzburg (bei Eisenach)
† 1621 Wolfenbüttel

Der Komponist von Hofmusik und Kirchenmusik hinterließ mit seiner Lehrschrift „Syntagma Musicum" (1615–1619) eines der wichtigsten Zeugnisse über die Kompositions- und Aufführungspraxis seiner Zeit.

> Wenn man unter einer gantzen Gesellschaft der Musicorum etzliche, und vorab die besten und fürnembsten Gesellen heraus sucht, dass sie [...] eine nach dem andern chorweise umbwechseln, und gleich gegeneinander streiten, also, dass es immer einer dem andern zuvor thun, und sich besser hören lassen will. Daher auch das Wort Concerti sich ansehen leßt als wenn es vom Lateinischen verbo Concertare, welches miteinander scharmützeln heißt, seinen Ursprung habe.
> (Michael Praetorius, 1619)

Nachdem das instrumentale Musizieren unter Verzicht auf Gesangsstimmen in Italien in Mode gekommen war, setzte es sich bald überall durch. Das Prinzip prägte zugleich eine Gattung: das Konzert. Diese Art des Musizierens, die Praetorius schon 1619 beschrieben hatte, wurde schnell überaus beliebt. Nahezu alle Komponisten des Barock schrieben Konzerte verschiedener Art. Später wurden neue Spielarten des Konzertes gefunden (s. S. 165). Konzertierendes Musizieren fand sich aber auch in anderen Gattungen wieder, z. B. in Händels „Wassermusik", einer Suite.

Musik auf der Themse

III, 5

1 Hören Sie den Satz und untersuchen Sie den Partiturausschnitt in Bezug auf das Prinzip des Konzertierens. Stellen Sie die Kombinationen von Instrumenten und die Verwendung musikalischen Materials in einer Grafik dar.

» *Am Mittwochabend um 8 unternahm der König bei Whitehall eine Bootsfahrt in einer offenen Barke [...]. Sie fuhren den Fluss aufwärts nach Chelsea. Viele andere Barken mit Personen von Stand an Bord begleiteten sie, und die Zahl der Boote war so groß, dass gewissermaßen der ganz Fluss bedeckt war; eine Barke der City Company wurde für die Musik benutzt, worin 50 Instrumente aller Art waren, die den ganzen Weg von Lambeth (während die Barken mit der Flut ohne zu rudern bis Chelsea fuhren) die schönsten Symphonien[1] spielten, die Mr. Hendel für diesen Anlass komponiert hatte; Seiner Majestät gefielen sie so sehr, dass sie dreimal auf der Hin- und Rückfahrt gespielt wurden.* « (Daily Courant, 1717)

Georg Friedrich Händel in einer Gondel auf der Themse (1733)

1 „Symphonie" meint hier „Klangstück" und entspricht nicht der Definition der Werksgattung in Klassik und Romantik

1708
Vollendung der St. Paul's Cathedral in London

1718
Einführung der Pockenschutzimpfung in England

Wassermusik, Suite D-Dur, 1. Satz (T. 1–47)

Aus dem blossen Basse extrahiret

Die Praxis des Generalbass-Spiels

Generalbass-Spieler auf dem Titelblatt eines Werkes von Georg Friedrich Händel (1734)

Der General-Baß, so auch Bassus continuus genannt wird, ist das Fundament der gantzen Music, und bestehet in einer von Ludovico Viadana [...] ums Jahr Christi 1605 erfundenen und zu Verstärckung der Music sehr nöthigen und nützlichen Wissenschaft, vermöge welcher einer die contenta der Harmonie, nach Anleitung richtiger und mit der Composition übereinstimmenden Grund-Sätze, aus dem blossen Basse extrahiret, und also unterschiedliche Stimmen, so mit den dazu gemachten Partien vollkommen accordiren, augenblicklich auf seinem hiezu dienlichen Instrument mitspielet. Derselbe aber wird gespielet auf viel- oder vollstimmigen Instrumenten, als da sind Clavir[1], Laute, Theorbe [...], auch wohl Viola di gamba; ja man tractiret ihn gar auf der Guitarre, so gut sichs thun läßt. Indessen ist das Clavir doch das Haupt-Instrument zum General-Baß, in Betrachtung, daß man bey den andern sehr viele difficultäten findet.

(David Kellner, Komponist, Organist und angesehener Theorielehrer, 1737)

1 Erstellen Sie aus dem Text von Kellner eine Definition des Begriffes „Generalbass" für ein Lexikon.

2 Überlegen Sie, welchen Arten von „difficultäten" andere Akkordinstrumente als die Klaviere beim Spiel des Generalbasses begegnen könnten.

3 Beschreiben Sie Kurzschriften, die in der heutigen Musik verwendet werden. Untersuchen Sie die Vor- und Nachteile, die solche verkürzten Schreibweisen haben.

Die Bedeutung des Basso continuo

Bis zum Ende des 16. Jahrhunderts war die mehrstimmige Vokalpolyphonie (s. S. 64) die vorherrschende Form des Singens in der Kunstmusik. Das änderte sich, als am Ende des 16. Jahrhunderts in Florenz die Oper entstand. Hier trat nun der Sologesang (die sogenannte Monodie; griech. für „Einzelgesang") in den Vordergrund. Die Gründe sind einleuchtend: Der Text musste deutlich zu verstehen sein, und die Musik sollte den jeweiligen Affekt stützen und tragen. Die Begleitung der Stimme übernahm ein „Basso continuo". Von Italien aus breitete sich dieser „Generalbass" zunächst in Deutschland, dann in den anderen Ländern aus. Der Basso continuo wurde ein so bestimmendes Merkmal, dass man die Barockmusik auch als „Musik des Generalbasszeitalters" bezeichnet.

Lange Zeit war eine vollstimmige Begleitung die Regel. Seit der Mitte des 18. Jahrhunderts forderten die Komponisten aber zunehmend eine sehr differenzierte klangliche Gestaltung. Das führte schließlich dazu, die Begleitstimmen (das „obligate Akkompagnement") auszuschreiben und damit eindeutig festzulegen.

1 Clavir: im Barock alle Instrumente mit Klaviaturen (s. S. 178)

Instrumente des Generalbasses

Zu Beginn der Generalbasszeit wurde eine bunte Vielfalt an Generalbassinstrumenten eingesetzt, darunter manche, die man heute nur noch bei Aufführungen mit historischen Instrumenten hört. Im Laufe des 17. Jahrhunderts ergab sich dann eine Tendenz zur Vereinheitlichung der Continuogruppen. In der Kirchenmusik wurde z. B. meist eine Orgel verwendet, die von Bassinstrumenten unterstützt wurde. In der Kammermusik oder bei Liedern erwarteten die Komponisten oft nur ein Cembalo oder eine Laute. In der Oper blieb eine große Bandbreite an Instrumenten die Regel. Häufig wurden tiefe Saiten- oder Blasinstrumente wie Kontrabass oder Fagott mit Akkordinstrumenten (z. B. Tasteninstrumenten, Laute oder Harfe) kombiniert.

Antiveduto Gramatica: Der Theorbenspieler (1615)

Das Ausführen der Kurzschrift

Die Generalbass-Schrift vermittelte als eine Art Kurzschrift durch den notierten Basston und Bezifferung dem Musiker auf einen Blick, welche Akkorde er zu spielen hatte. Zusätzlich musste er eine Reihe von Vorgaben für die Verbindung der Akkorde und für die Stimmführung einhalten. Allerdings war dies nur das Gerüst für eine lebendige und sprechende Interpretation. Durch seine Ausführung, z. B. durch Verzierungen und Akkordbrechungen, musste der Part dem Charakter des jeweiligen Stückes angepasst werden. Dabei bewiesen die Spieler der Akkordinstrumente, die den Basso continuo in aller Regel improvisierend ausführten, Geschmack und Einfühlungsvermögen. Diese Kunst ging verloren, nachdem die Komponisten die Begleitstimmen exakt notierten. Heutige Notenausgaben enthalten meist einen „ausgesetzten" Generalbass, d. h. einen Vorschlag für alle zu spielenden Töne.

4 Untersuchen Sie die Notenbeispiele auf S. 131–133 (Händel: „Wassermusik") und S. 75–79 (Schütz: „Freue dich des Weibes deiner Jugend") im Hinblick auf die Art der Notation und machen Sie Vorschläge für eine sinnvolle Besetzung des Basso continuo.

Das Fundamentum

In der Musikästhetik des Barock wurde die umfassende Bedeutung der tiefsten Stimme im musikalischen Satz vielfach über die Musik hinaus gedeutet.

5 Erörtern Sie die ästhetische Bedeutung, die Johann Sebastian Bach dem Generalbass zuordnet.

> Der General Bass ist das vollkommste *Fundament der Music* welcher mit beyden Händen gespielet wird dergestalt das die lincke Hand die vorgeschriebenen Noten spielet die rechte aber Con- und Dissonantien darzu greift damit dieses eine wohlklingende *Harmonie* gebe zur Ehre Gottes und zulässiger Ergötzung des Gemüths und soll wie aller *Music*, also auch des General Basses *Finis* und End Uhrsache anders nicht, als nur zu Gottes Ehre und *Recreation* des Gemüths seyn. Wo dieses nicht in Acht genommen wird, da ists keine eigentliche Music sondern ein Teuflisches Geplerr und Geleyer. (Johann Sebastian Bach, 1738)

6 Hören Sie einen Ausschnitt aus Bachs Johannespassion (s. S. 85–87). Verfolgen Sie dabei die Ausführung des Basso continuo in den verschiedenen Abschnitten.

II, 9–11

1801	1912	um 1960
Als letztes Werk mit beziffertem Bass erscheint Beethovens 1. Klavierkonzert	Das Barock wird „Generalbasszeitalter" genannt	Musikhochschulen führen Generalbassunterricht ein

Valentin Daniel Preisler: Georg Philipp Telemann (1756)

Georg Philipp Telemann
* 1681 Magdeburg
† 1767 Hamburg

Nach Anstellungen als Hofkapellmeister in Eisenach und als Kirchenmusikdirektor in Frankfurt/Main wurde Telemann 1721 städtischer Musikdirektor in Hamburg. Eine Berufung zum Thomaskantor in Leipzig lehnte er ab, sodass an seiner Stelle 1723 Bach (als zweite Wahl) in das Amt berufen wurde. Der ungewöhnlich vielseitige und außerordentlich produktive Komponist von Werken aller Art, u. a. Opern, Kantaten, Suiten und Konzerten, war in allen musikalischen Stilen Europas gleichermaßen zu Hause.

Generalbass als Kompositionslehre

Die Beherrschung des Generalbasses wurde im Sinne der umfassenden Aneignung eines harmonischen Systems als Einstieg in die Kompositionslehre angesehen. Dies bezeugen zahlreiche Theorie-Lehrwerke des 18. Jahrhunderts. Sie stammten oft von angesehenen Musikern der Zeit. Eine eigene Art der Generalbasslehre schrieb Georg Philipp Telemann.

» Telemanns „Singe-, Spiel- und Generalbass-Übungen" sind in vielerlei Hinsicht bemerkenswert. Es handelt sich um eine sehr am Praktischen orientierte Anweisung im Generalbass-Spiel, die – und das ist nicht selbstverständlich – auf überaus vergnüglichen Exempeln basiert. […] Die Auswahl der Texte vermag einen Einblick in die Dichtung der Zeit zu geben, zugleich ist sie ein Abbild der aufgeklärten bürgerlichen Gedankenwelt um 1735. Musikgeschichtlich betrachtet setzt Telemann mit seiner ersten Liedersammlung […] das Initium für die überaus große Liedproduktion der nachfolgenden Jahrzehnte. «
(Ralph-Jürgen Reipsch, 2005)

Wichtige Regeln

1) Der Generalbass wird meist als vierstimmiger Satz ausgesetzt. Dabei wird bei Dreiklängen einer der Akkordtöne verdoppelt; bei Vierklängen muss kein Ton verdoppelt werden.
2) Wenn keine Angaben vorhanden sind, wird über dem Basston ein leitereigener Dreiklang gebildet (Bsp. a).
3) Zahlen geben immer leitereigene Töne im entsprechenden Intervall zum Basston an (Bsp. e); Terzen („3") und Quinten („5") werden nur in bestimmten Ausnahmefällen notiert (Bsp. d, f–j).
4) Die Vorzeichen ♯ und ♭, ggf. auch das Auflösungszeichen ♮ ohne weitere Zahl beziehen sich auf die Terz des Akkords (Bsp. b).
5) Stehen ♯, ♭ und ♮ nach einer Zahl, so wird der entsprechende Akkordton erhöht bzw. erniedrigt (Bsp. c).

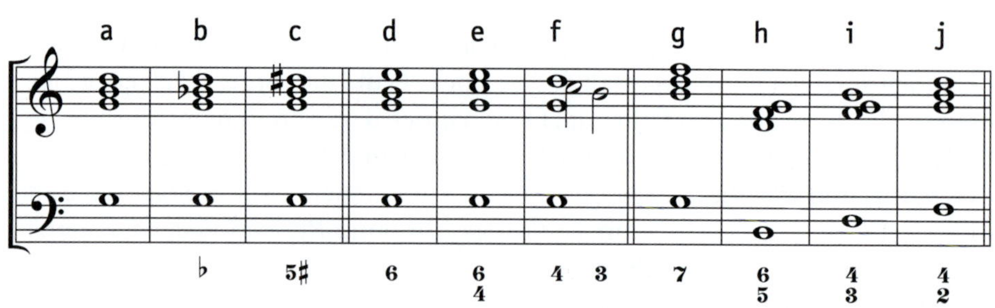

❼ Studieren Sie die nebenstehenden Beispiele und notieren Sie die jeweiligen Akkorde von anderen Basstönen aus.

❽ Kontrollieren Sie Ihre Ergebnisse auf einem Tasteninstrument.

Georg Philipp Telemann: Seltenes Glück (Generalbassübung Nr. 4)

9 Singen Sie Telemanns Lied „Seltenes Glück".

10 Ergänzen Sie die fehlenden Akkorde bzw. Bezifferungen im Lied an den mit Fragezeichen gekennzeichneten Stellen.

11 Hören Sie eine Aufnahme dieses Liedes und erläutern Sie anhand Ihres Höreindrucks, wie der Generalbass hier gestaltet wird.

III, 6

Sein Forte ist ein Donner

Johann Stamitz: Sinfonia à 8 (um 1750)

Johann Stamitz um 1800 (das „G" steht für Giovanni, die italienische Form des Vornamens)

Kein Orchester der Welt hat es je in der *Ausführung* dem Manheimer zuvorgethan. Sein Forte ist ein Donner, sein Crescendo ein Catarakt[1], sein Diminuendo – ein in die Ferne hin plätschernder Krystallfluss, sein Piano ein Frühlingshauch. (Christian Friedrich Daniel Schubart, 1806)

Mannheimer Virtuosen, Mannheimer Komponisten

Carl Theodors (1724–1799) kurpfälzischer Hof zu Mannheim orientierte sich sehr am Versailler Vorbild. Er war in der Zeit nach 1750 wohl der glänzendste in Deutschland. Ein prächtiges Schloss, französisches Hoftheater, italienische Oper, Gemäldegalerie und Naturalienkabinett, aber auch die 1763 gegründete Akademie der Wissenschaften zeugten von der Bandbreite des Kulturlebens. Ganz besonders war Carl Theodor, der selbst Flöte und Violoncello spielte, an seiner Hofkapelle gelegen.

Nicht nur die außerordentliche Qualität, auch die Größe des Orchesters fiel aus dem Rahmen. Zugleich belegt seine Geschichte einen Stilwandel in der Orchestermusik. Die Orchesterliste von 1723 erinnert noch an barocke Generalbassmusik: Akkordinstrumente wie Orgel und Laute sowie die dazugehörigen Violoncelli rangieren vor den restlichen Streichern und den Bläsern. Etwa ab der Jahrhundertmitte kamen z. B. paarweise eingesetzte Klarinetten hinzu. Für die Zeit zwischen 1756 und 1770 umfasste die Liste dann insgesamt etwa 54 Instrumentalisten. Von Zeitgenossen wurde immer wieder die Virtuosität und die unerhörte Spieldisziplin der Musiker gerühmt. Die Leiter der Streichergruppe (Konzertmeister) waren Geiger von höchstem Rang. Zu den Streichern kamen die Bläser, die in Mannheim sehr stark besetzt waren: 3 Flöten, 3 Oboen, 3 Klarinetten, 4 Fagotte, 4 Hörner, 2 Trompeten. Viele der Musiker waren zudem geschickte Komponisten.

Johann Georg Ziesenis: Kurfürst Carl Theodor von der Pfalz beim Flötenspiel in seinem Kabinett (1757)

Es sind wirklich mehr Solospieler und gute Komponisten in diesem, als vielleicht in irgend einem Orchester in Europa. Es ist eine Armee von Generälen, gleich geschickt einen Plan zu einer Schlacht zu entwerfen, als darin zu fechten.
(Charles Burney, 1773)

Johann Stamitz
* 1717 Německý Brod (heute Havlíčkův Brod)
† 1757 Mannheim

Stamitz stammte aus Böhmen und war Geigenvirtuose und Komponist. Mutmaßlich 1741 kam er an den Mannheimer Hof, dem er bis zu seinem Tod treu blieb (ab 1743 als Konzertmeister, ab 1750 als Instrumentalmusikdirektor). Er gilt als Begründer der Mannheimer Schule.

Mannheimer Schule
Die Komponisten, die an der Mannheimer Hofkapelle angestellt waren, bilden einen wesentlichen Teil der frühklassischen Meister: Johann und Carl Stamitz, Christian Cannabich, Franz Xaver Richter, Ignaz Holzbauer u. a. m.
Zu ihren Errungenschaften gehören der Ausbau der sinfonischen Form und wesentliche Entwicklungen in der Orchesterbehandlung wie Dynamik und Phrasierung.

1 Catarakt: Stromschnelle, herabstürzender Wasserfall

Mannheimer Manieren

Nicht nur die Größe des Orchesters oder die Erweiterung des Bläsersatzes verblüffte die Konzertbesucher in Mannheim. Ebenso staunten sie über die Disziplin der Musiker, etwa den einheitlichen Bogenstrich der Streicher, sowie ihre stilistischen Neuerungen. Für manche der neuen Effekte, die durch die Mannheimer Schule bekannt wurden, erfand man zu Beginn des 20. Jahrhunderts sogar eigene Namen. So wird z. B. ein rasch aufsteigender Lauf mit einem großen Crescendo als „Mannheimer Rakete" bezeichnet.

> Hier ist der Geburtsort des Crescendo und Diminuendo, und hier war es, wo man bemerkte, daß das Piano, (welches vorher hauptsächlich als ein Echo gebraucht wurde, und gemeiniglich gleich bedeutend genommen wurde,) sowohl als das Forte musikalische Farben sind, die so gut ihre Schattierungen haben, als Roth oder Blau in der Mahlerey. (Charles Burney, 1773)

> Hier fand ich […] ein Orchester, das, wie ein wohl exerciertes Bataillon, gemessenen Schritt hielt. Es war eine Freude, zu sehen, wie ein Bogenstrich mit dem andern auf und niedergieng; eine Freude zu hören, wie kein Vorschlag im ganzen Orchester von mehr als funfzig Personen unbemerkt blieb, oder gegen den Sinn des Komponisten unrichtig vorgetragen ward, wie forte und piano in geschwisterlicher Eintracht vorgetragen wurden, wie das gleichförmige ausgeführte Steigen des Crescendo und Fallen des Diminuendo dem fühlenden Zuhörer das Herz aufschwellte. (Allgemeine musikalische Zeitung, 1799)

> Sie glauben nicht was eine sinfonie mit flauten, oboen und clarinetten einen herrlichen Effect macht. (Wolfgang Amadé Mozart, Mannheim 1778)

1 Fassen Sie anhand der Zitate wesentliche Kennzeichen des Orchesterstils der Mannheimer Schule zusammen.

2 Hören Sie den ersten Satz einer Sinfonie von Johann Stamitz. Zeigen Sie im Notentext (s. S. 140–142) Belege für die Aussagen in den Zitaten auf. III, 7

3 Gliedern Sie den Notentext (s. S. 140–142) in sinnvolle Abschnitte und beschreiben Sie deren kompositorische und klangliche Anlage.

Germanische Sinfonien

Die Mannheimer Schule spielte eine nicht unerhebliche Rolle bei der Entstehung der Sinfonie. Ihre Wurzel hat diese repräsentative Gattung der Instrumentalmusik im Einleitungsstück *(sinfonia)* der neapolitanischen Oper, das dreiteilig (schnell – langsam – schnell) angelegt war. Mit der Ausbreitung des privaten und öffentlichen Konzertwesens fand die von ihrer ursprünglichen Bestimmung losgelöste Opern-Sinfonia ab etwa 1730 Eingang in die Konzertprogramme. Neue Kompositionen, die nicht mehr für die Oper gedacht waren, behielten deren Satzfolge bei. Dabei wurden die Rolle der einzelnen Instrumente sowie die motivische und formale Anlage neu definiert. Häufig wurde nach dem langsamen Satz und vor dem Finale als dritter Satz ein Menuett eingefügt.

Das Titelblatt eines Sammeldruckes von verschiedenen Sinfonien zeigt die führende Stellung der Mannheimer Komponisten als Vertreter eines deutschen Stils der Sinfonie. In der Einschätzung des Verlegers war die Titulierung als „La Melodia Germanica" offensichtlich verkaufsfördernd.

VI SINFONIE, A Piu Istrumenti INTITOLATE La Melodia Germanica COMPOSTE DA VARI AUTORI

1º Del Sig.r STAMITZ. 4º Del Sig.r WAGENSEIL.
2º Del Sig.r RICHTER. 5º Del Sig.r STAMITZ.
3º Del Sig.r STAMITZ. 6º Del Sig.r KOHAUT.

OPERA XI.

Titelblatt eines Pariser Sammeldruckes von Sinfonien verschiedener Komponisten aus dem Jahr 1758

Sinfonia à 8, „La Melodia Germanica", 1. Satz (T. 1–66)

23
cresc.
30
37

45
Soli
52
60

Der Rittersaal des Kurfürstlichen Schlosses zu Mannheim

4 Recherchieren Sie, was man unter Reflexion und Absorption des Schalls sowie unter Nachhall versteht.

5 Besprechen Sie, von welchen Faktoren die Akustik des Rittersaales bestimmt sein dürfte, und stellen Sie Überlegungen hinsichtlich der Nachhallzeit an. Vergleichen Sie ggf. mit Ihnen bekannten Räumen.

6 Vergleichen Sie das Aussehen des Redoutensaals im 19. Jh. (s. S. 145) mit der heutigen Gestaltung und beschreiben Sie mögliche Unterschiede in der Akustik.

7 Betrachten Sie Abbildungen verschiedener Konzertsäle, z. B. im Internet, und vergleichen Sie deren Vor- und Nachteile für den Zuhörer.

Konzerte in Mannheim

Zur Zeit der Mannheimer Schule entstanden Kompositionen meist in enger Wechselbeziehung zum jeweiligen Aufführungsort. Der Komponist bezog die akustischen Merkmale des für Konzerte vorgesehenen Raumes in seine Werke ein. Im 1730 vollendeten Festsaal des Mannheimer Schlosses, dem Rittersaal, spielten die Musiker auf einem Podium an einer der Schmalseiten. Ein Komponist wie Johann Stamitz berücksichtigte einerseits die akustischen Gegebenheiten, ließ sich andererseits aber auch von ihnen inspirieren.

Seit dem 19. Jahrhundert wurden dann für ein viel zahlreicheres Publikum große neue Konzertsäle gebaut. Die enge Beziehung zwischen Komponisten und Aufführungsorten ging verloren. Musik von der Barockzeit bis zur Gegenwart erklingt heute oft im selben Saal. Dabei bleibt unberücksichtigt, dass nicht jeder Raum für jede Art von Musik in gleicher Weise geeignet ist.

Der Raum als kompositorisches Element

Die Wahrnehmung von Musik hängt neben vielen anderen auch von akustischen Faktoren ab. So wird beim Hören einer CD das räumliche Erleben wesentlich vom Wiedergabegerät und von der Art der Aufnahme beeinflusst. Dabei spielt der (natürliche oder mit technischen Mitteln hinzugefügte) Nachhall eine wichtige Rolle.

Außer der Nachhallzeit beeinflusst die Klangfarbe eines Raumes die Musik. So absorbieren z. B. Holzvertäfelungen die tiefen Frequenzen und schaffen oft ein angenehmes Klanggefühl. Dagegen klingt Musik dumpf, wenn der Saal die hohen Frequenzen aufsaugt (z. B. durch schwere Vorhänge).

Auch die Größe eines Raumes hat Einfluss auf seine Akustik und die Wahrnehmung von Musik. Zur Zeit Beethovens wurden Sinfonien mit einer wesentlich größeren Zahl an Musikern in viel größeren Konzertsälen aufgeführt als in Mannheim. Durch die Distanz zwischen einzelnen Orchestergruppen entstand für den Zuhörer noch eine andere Art von Räumlichkeit: Es ergab sich ein „Stereoeffekt“, weil die Hörer die Klänge aus verschiedenen Richtungen erlebten.

Der große Redoutensaal in Wien dient nach seiner Modernisierung 1992 auch weiterhin als Konzert- und Veranstaltungssaal.

Der Geist der Originalität

Ludwig van Beethoven: Sinfonie Nr. 8 in F-Dur, op. 93 (1812)

Ludwig van Beethoven im Jahr 1814. Stich von Blasius Höfel nach einer Zeichnung von Louis Letronne.

Klassik

Der Begriff des „Klassischen" wird in prinzipiell zweierlei Bedeutung verwendet:
- allgemein für „zeitlos gültig, vollendet" in den verschiedensten Zusammenhängen
- für bestimmte, als zusammengehörig betrachtete Epochen der Literatur-, Kunst- und Musikgeschichte, z. B. die klassische Antike (Kunst und Literatur im Mittelmeerraum), die Weimarer Klassik (Literatur) und die Wiener Klassik

In allen seinen Bedeutungen ist der Begriff kaum exakt definierbar und hängt auch vom Blickwinkel ab: So wird etwa Beethoven in der französischen Musikwissenschaft meist der Romantik zugeordnet.

1 Nennen Sie Beispiele für „klassische" Produkte im Sinne der ersten Bedeutung und begründen Sie diese Einordnung.

2 Erörtern Sie, in welcher Bedeutung der Begriff „classisch" im Zitat aus der Zeitschrift von 1818 verwendet wird.

Solche classische Werke zu beurtheilen, sind die schönsten Momente in dem übrigens nicht sonderlich erfreulichen Leben eines kritischen Recensenten; mit Herzenslust schreitet er zu Werke; jeden Augenblick entdeckt er neue Schönheiten [...]; er schwelgt beym Eindringen ins Heiligthum, und ein erhöhter Wiedergenuss wird ihm zu Theil, indem er den Schleyer lüftet, und es ihm vergönnt ist, die Blicke der Welt auf eine Riesenarbeit zu leiten, die – der Stolz der Gegenwart – das Erstaunen und den Neid unserer Nachkommen erwecken muss.

(Allgemeine Musikalische Zeitung, 1818)

Eine Sinfonie wird uraufgeführt

Im Frühjahr 1812 begann Beethoven mit der Komposition seiner 8. Sinfonie. Während des Sommers, den Beethoven in verschiedenen böhmischen Kurbädern verbrachte, entstand der größte Teil dieses Werks, sodass er die Arbeit vielleicht schon Ende 1812, sicher jedoch im März 1813 beendet hat. Zunächst wurde die Sinfonie im privaten Kreis in den Räumen des Erzherzogs Rudolph in der Wiener Hofburg geprobt und danach noch einmal in Details umgearbeitet. Die eigentliche Uraufführung fand 1814 im Redoutensaal der kaiserlichen Hofburg statt.

Die grösste Aufmerksamkeit der Zuhörer schien auf dies neueste Product der B.schen Muse gerichtet zu seyn, und alles war in gespanntester Erwartung [...]. Auch hier, wie in allen B.schen Werken dieser Gattung, athmet jener eigenthümliche Geist, wodurch sich seine Originalität stets behauptet.

(Allgemeine Musikalische Zeitung, 1814)

Skizze Beethovens zur 8. Sinfonie

1804 † Immanuel Kant, Philosoph der Aufklärung
1805 † Friedrich Schiller
1806 Johann Wolfgang von Goethe: „Faust, der Tragödie erster Teil"
1809 † Joseph Haydn

Große Orchester für große Säle

Die Institution Orchester befand sich zu Ende des 18. Jahrhunderts in einer Phase des Umbruchs. Immer mehr Konzerte verzeichneten eine immer höhere Zahl an Besuchern (s. S. 164 und 176) und benötigten dafür größere Konzertsäle mit entsprechend größerer Orchesterbesetzung.

Die Komponisten schrieben nun meist nicht mehr wie bisher für ein bestimmtes Orchester mit seinen spezifischen Aufführungsmöglichkeiten, sondern für eine mehr oder weniger standardisierte Orchesterbesetzung, die sich allmählich überall durchsetzte: das „klassische" Orchester. Die gegenüber der durchschnittlichen Besetzung früherer Musik große Zahl von Musikern ließ sich kaum mehr vom Cembalo oder vom Geigenpult aus leiten; ein Dirigent wurde notwendig.

Im Redoutensaal der kaiserlichen Hofburg fanden nicht nur Bälle, sondern – zum Beispiel während des Wiener Kongresses 1815 – auch große Konzerte statt.

Infolge der Vereinheitlichung der Orchesterbesetzung entwickelte sich nun auch eine weitgehend festgelegte Sitzordnung. Sie gilt im Wesentlichen bis heute. Durch einzelne Abweichungen z. B. bei den Streichergruppen unterscheiden sich allerdings amerikanische von europäischen Orchestern, und manche Dirigenten bevorzugen „ihre" Aufstellung.

3 Beschreiben Sie die Prinzipien der klassischen Orchesteraufstellung. Nennen Sie Gründe, die zu dieser Anordnung geführt haben könnten.

4 Schlagen Sie eine andere Aufstellung vor und begründen Sie sie mit einer beabsichtigten klanglichen Wirkung.

5 Vergleichen Sie die Anordnung der Instrumente in der Partitur (s. S. 146) mit der Aufstellung.

6 Beschreiben Sie die Aufstellung, die Sie in dem Filmausschnitt erkennen können.

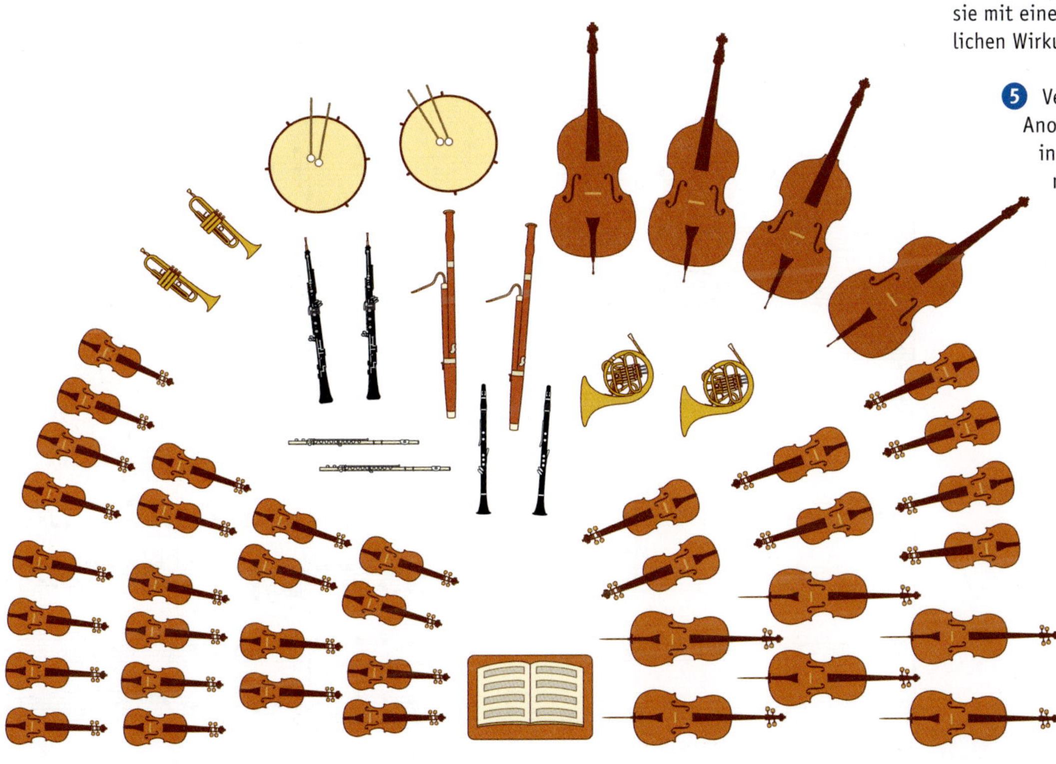

Ein klassisches Orchester in „amerikanischer" Aufstellung

Ludwig van Beethoven
*1770 Bonn
†1827 Wien

Beethoven, Sohn eines Musikers, wurde bereits mit 13 Jahren Mitglied der kurkölnischen Hofkapelle. Ab 1792 war er Schüler von Haydn in Wien und begegnete hier vielen wichtigen Musikern der Zeit. Ein sich ständig verschlimmerndes Gehörleiden, das schließlich zur Taubheit führte, beendete seine Karriere als Pianist und trug dazu bei, dass Beethoven zusehends vereinsamte.

7 Bringen Sie in Erfahrung bzw. wiederholen Sie, wie ein klassischer Sonatensatz sehr häufig aufgebaut ist.

III, 8

8 Hören Sie den Beginn der Exposition des 1. Satzes aus Beethovens 8. Sinfonie. Beschreiben Sie das Thema und seine Motive. Gehen Sie dabei ausführlich auf die Instrumentation ein.

Konstruktionsmerkmale einer Sinfonie

8. Sinfonie, 1. Satz, Beginn der Exposition

8. Sinfonie, 1. Satz, Beginn der Durchführung (T. 105–111)

Orchestrale Wirkung

Das gegenüber dem barocken Instrumentalensemble größere und farbenreichere klassische Orchester bot dem Komponisten reizvolle neue Möglichkeiten: Klangkombinationen, Gegensatzbildungen, Verteilung einer melodischen Phrase auf verschiedene, oft räumlich weit voneinander entfernte Instrumente, die vom Dirigenten geführt werden, u. v. m.

9 Erläutern Sie, wie Beethoven zu Beginn der Durchführung mit den Motiven umgeht.

10 Hören Sie die Durchführung und beschreiben Sie deren Verlauf.

III, 9

Jean Crotti: Orchestration (1924)

11 Betrachten Sie das Gemälde Jean Crottis. Arbeiten Sie heraus, wie der Maler die Möglichkeiten des „Orchestrierens" (Instrumentierens) im Bild umsetzt.

III, 10

⓬ Überlegen Sie, welche Wirkung der folgende Ausschnitt aus dem 1. Satz in größeren Sälen entwickeln kann, und hören Sie den entsprechenden Ausschnitt.

III, 8/9

⓭ Verfolgen Sie beim Hören des ganzen 1. Satzes der Sinfonie den Aufbau. Achten Sie besonders auf die Verwendung der in der Klassik neuen orchestralen Möglichkeiten.

⓮ Fassen Sie das Lessing-Zitat zu einer These zusammen. Diskutieren Sie diese These im Hinblick auf die Schaffensweise eines Komponisten. Berücksichtigen Sie dabei auch das musikalische Schaffen unserer Zeit.

> Die Absichten des Tonkünstlers merken, heißt ihm zugestehen, dass er sie erreicht hat. Sein Werk soll kein Rätsel sein, dessen Deutung ebenso mühsam wie schwankend ist. Was ein gesundes Ohr am geschwindesten in ihm vernimmt, das und nichts anders hat er sagen wollen; sein Lob wächst mit seiner Verständlichkeit; je leichter, je allgemeiner diese, desto verdienter jenes.
>
> (Gotthold E. Lessing, 1767)

Gotthold Ephraim Lessing
* 1729 Kamenz
† 1781 Braunschweig

Der bedeutende Dramatiker („Nathan der Weise“, „Minna von Barnhelm“) schrieb auch wegweisende Essays zur Theorie der Kunst.

8. Sinfonie, 1. Satz, Übergang zur Reprise (T. 182–196)

Analyse 9: Formen und Gattungen

Musikalische Formen können auf abstrakte Modelle reduziert werden, die Aufbau und Gliederung von Kompositionen widerspiegeln, z. B. Sonatensatz. Kleingliedrige Formen lassen sich aber auch innerhalb dieser Modelle feststellen. Gattungen sind Werktypen, die sich durch Gemeinsamkeiten definieren, z. B. in Besetzung, Funktion, Form, Satzstruktur, Text. Formprinzipien und Gattungsbegriffe überschneiden sich oft (z. B. Fuge).

Aspekte der Form

- Motive, Themen, Gliederungen (z. B. Periode mit Vorder- und Nachsatz)
- Wiederholungen, Entsprechungen, Varianten, Kontrast
- Entwicklungen und Abläufe (z. B. Reduktion)
- großformale Anlage (z. B. Liedformen, Strophenform, Rondo, Sonatensatz, Variationen)

Wolfgang Amadé Mozart (1756–1791): Klaviersonate c-Moll, KV 457, 1. Satz

1. Thema

2. Thema

Durchführung

1 Vergleichen Sie die beiden Themen des Kopfsatzes der Klaviersonate von Mozart hinsichtlich Aufbau, Dynamik, Melodik, Rhythmik, Tonart und Artikulation.

2 Erstellen Sie anhand dieser Themen einen Überblick über die klassischen Gestaltungsprinzipien „Symmetrie", „Kontrast", „Ausgewogenheit" .

3 Untersuchen Sie den Durchführungsteil dieser Sonate hinsichtlich der Verarbeitung der beiden Themen und der Tonartenfelder.

Analyse 10: Verfassen einer Musikkritik

Georg Kreisler: Der Musikkritiker

Ich hab' zwar ka Ahnung, was Musik ist,
Denn ich bin beruflich Pharmazeut,
Aber ich weiß sehr gut, was Kritik ist:
Je schlechter, umso mehr freu'n sich die Leut'!

Es gehört zu meinen Pflichten,
Schönes zu vernichten als Musikkritiker.
Sollt' ich etwas Schönes finden,
Muss ich's unterbinden als Musikkritiker.

Musikkritiken sind ein Produkt der bürgerlichen Musikkultur des 19. Jahrhunderts. Im Geist der Aufklärung war es für Konzertbesucher wichtig, „objektive" Maßstäbe der Beurteilung von Kunstwerken zu gewinnen. Kritische Besprechungen wurden zum unverzichtbaren Bestandteil des Kulturlebens. Zunächst – etwa in der von Robert Schumann 1834 gegründeten „Neuen Zeitschrift für Musik" – waren vor allem Kompositionen Gegenstand der Betrachtung. Mit der Ausbreitung des öffentlichen Konzertlebens rückten zunehmend die Interpreten in den Mittelpunkt des Interesses. Dabei ist es geblieben: Auch heute noch lassen Konzert- und Opernkritiken eine breite Öffentlichkeit an der Diskussion um Qualität, Quantität und die Veränderungsprozesse in der Aufführungspraxis teilhaben.

Das Chanson „Der Musikkritiker" des Wiener Kabarettisten Georg Kreisler enthält den Kern einer Wahrheit über Musikkritiken: Es ist viel leichter, eine negative Kritik (einen „Verriss") zu schreiben als eine positive. Abschätzige Bemerkungen wirken stärker als lobende Aussagen. Und sie erregen beim Leser stärkere Reaktionen. Auch deshalb sollte ein Kritiker nicht einen „missglückten" Aspekt in den Vordergrund stellen und darüber Gelungenes vernachlässigen.

1. Vor dem Hören

Damit eine Kritik gelingt, sind schon vor dem Hören der Interpretation einige Vorbereitungen günstig:

- Man sollte das Werk kennen, entweder über Hörvergleiche oder durch den Notentext.
- Informationen über die Entstehungsgeschichte (und ggf. die Interpretations- und Rezeptionsgeschichte) des Werkes sind überaus hilfreich.
- Beschaffen wesentlicher Daten und Fakten über die Interpreten sind selbstverständlich.

2. Während des Hörens/vor dem Schreiben der Kritik

- Sinnvoll ist das Anfertigen von Stichpunkten während des Hörens.
- Dabei erleichtert die Trennung in positive und weniger gelungene Aspekte das spätere Schreiben.
- Eine knappe Skizze des Aufbaus (Gliederung) verhindert Irrwege und Abschweifungen.

3. Beim Schreiben

- Adressaten (Zielgruppe) bedenken: Inhalt und Sprache können in einer Boulevardzeitung und in einer Fachpublikation nicht gleich sein. Kritiken wenden sich (anders als wissenschaftliche Arbeiten) meist an einen breiteren Leserkreis.
- Ein allzu „trockener", sachlicher Stil spricht den Durchschnittsleser kaum an.
- Eine allzu saloppe (Umgangs-)Sprache ist der Sache (meist) nicht angemessen.
- Fachbegriffe („Insiderwissen") so sparsam wie möglich verwenden.
- Erkennbares, gar wörtliches Übernehmen von Passagen aus Programmheften, Konzertführern o. Ä. beweist mangelnde Kompetenz.
- Auf Einstieg und Ende der Kritik sollte man (wie bei jedem journalistischen Text) besonderes Augenmerk legen.

4. Titelfindung

Die Überschrift eines Artikels ist (vor allem bei Publikumszeitungen) oft entscheidend für das Interesse der Leser.

- Nüchterne, nur Fakten nennende Titel schrecken vom Lesen ab („Tatjana Iwanowa spielt Tschaikowskis Klavierkonzert").
- Feuilletonistische Titel erwecken Neugier („Tatjanas Tastenturnier").

Sinnlich aufblühender Purpurklang

Richard Wagner: Ouvertüre zu „Tannhäuser“ (1845)

Richard Wagner
* 1813 Leipzig
† 1883 Venedig

In seinen Lehr- und Wanderjahren war Wagner als Chordirektor bzw. Kapellmeister u. a. in Würzburg, Königsberg und Riga tätig. 1843 wurde er Hofkapellmeister in Dresden, wo 1845 „Tannhäuser“ uraufgeführt wurde.
Nach seiner Teilnahme am revolutionären Aufstand im Mai 1849 floh Wagner in die Schweiz. Dort entwickelte er seine Konzeption eines neuen „Musikdramas“. 1864 rief ihn Ludwig II. nach München.
In Bayreuth verwirklichte er seine Vorstellung von einem Gesamtkunstwerk: die Vernetzung von Handlungsidee, Bühnengeschehen und Musik in einem eigens dafür geschaffenen Raum.

> Die charakteristische und zarte Sonorität des Orchesters erfreute mich selbst sehr und bestärkte mich in dem Vorsatz, von der äußersten Sparsamkeit in der Anwendung der Orchestermittel auszugehen und so die Möglichkeit der Fülle von Kombinationen zu gewinnen, deren ich in meinen späteren Werken bedurfte. (Richard Wagner über die Komposition der Ouvertüre zu „Tannhäuser“, 1865)

Die „Fülle der Kombinationen“ in seiner Orchestersprache ist in Wagners frühem Musikdrama „Tannhäuser“ schon deutlich zu beobachten. In seinen späteren Werken steigerte er sie durch eine Ausweitung und eine stärkere Differenzierung des Instrumentariums. Auf Wagners Kunst des Orchestrierens bauten die Komponisten der Spätromantik auf, z. B. Anton Bruckner, Gustav Mahler, Richard Strauss.

Tannhäusers Reue

Wagner hat den Text des „Tannhäuser“ – wie den aller seiner Musikdramen – selbst geschrieben. Der Stoff folgt verschiedenen spätmittelalterlichen Sagen: Der Ritter und Minnesänger Tannhäuser hat den Hof des Landgrafen und dessen Nichte Elisabeth verlassen. Er ist der heidnischen Liebesgöttin Venus verfallen. Hin- und hergerissen zwischen ihrer Welt und der Sehnsucht nach der reinen irdischen Liebe Elisabeths verlässt er schließlich das Reich der Venus und pilgert nach Rom, um die Vergebung seiner Sünden zu erlangen. Erlösung findet er jedoch erst im Tod.

In der Themengestaltung der Ouvertüre findet sich die innere Zerrissenheit Tannhäusers zwischen „sündiger“ und „reiner“ Liebe wieder. Im Zusammenspiel mit der kompositorischen Anlage der Themen strebt Wagner hier eine Ausdrucksebene an, die über die Illustration dramatischen Geschehens und die Charakterisierung von Personen hinausgeht. Die Musik wird Mittlerin von Gedanken, die die Erfahrung übersteigen, und führt über die Grenzen hinaus, an denen die Sprache endet.

Wagners Musikdrama
Obwohl Wagner den Begriff ablehnte, hat er sich für sein späteres Werk eingebürgert, in dem Dichtung, Musik und szenische Darstellung eine untrennbare Einheit bilden sollen. Die Musik gliedert sich nicht mehr in Arien, Rezitative und Ensembles, sie bildet vielmehr eine formale und inhaltliche Einheit mit dem Text.

Richard Wagner. Daguerreotypie aus dem Jahr 1842

1067 Bau der Wartburg bei Eisenach — 1200 Erste Dichtungen zum „Sängerkrieg auf der Wartburg“ — 1265 Der Minnesänger Tannhäuser stirbt

Klangfarben und Tonsymbole

Der Dirigent Kurt Overhoff (1902–1986) geht in einer Analyse der „Tannhäuser"-Ouvertüre auf die Klangfarben und Tonsymbole der romantischen Orchestersprache ein:

» In der asketischen Klangfarbe tiefliegender Klarinetten und Fagotte hebt das Thema des Pilgerchorals an: es drückt mit seinen sinkenden Intervallschritten Resignation aus. [...] Aus dem im Rhythmus regelmäßiger Viertelnotenwerte dahinschreitenden Choralthema erhebt sich dann [...] im sinnlich aufglühenden Purpurklang der Celli eines der bedeutsamsten Tonsymbole des Meisters [...]. Es ist die in einem scharf punktierten Sechzehntelrhythmus aufzuckende melodische Spaltung des Tones in einem sich jäh aufbäumenden Oktavsprung, der nach leidenschaftlicher Aufwallung in der Chromatik kleiner Sekundintervalle sich schmerzlich wieder in die Tiefe senkt, getragen von einer sehrenden[1] harmonischen Chromatik: Dieses im punktierten Rhythmus sich aufbäumende Intervall der Oktav drückt heiße Reue aus. [...]
Das Ritornell des Anfangs-Chorals wird dann von feierlich prunkenden Posaunen intoniert, um den das Flimmern stechenden Sonnenlichts in den hitzigen Sechzehntelfiguren der Violinen ausgegossen ist: dadurch gewinnt der anfangs asketische Choral bei seiner Wiederkehr den Charakter der hieratischen Pracht des Papsttums und wird zur Brücke in die Welt des ewigen Lichts, in der er am Schluss des ganzen Rondos die Flammen des Heiligen Geistes symbolisiert. «

(Kurt Overhoff, 1967)

Paul Tischbein: Venus und Tannhäuser (1859)

Leitmotiv, Tonsymbol
Tonsymbole spielen in Wagners Musikdramen eine zentrale Rolle; bekannt sind sie als „Leitmotive", obwohl Wagner selbst den Begriff nicht verwendete. Dabei handelt es sich um charakteristische Tongebilde, die z. B. eine Person, eine Idee oder ein Gefühl symbolisieren. Varianten und Verflechtungen der Leitmotive deuten in Wagners Werken psychologische Zusammenhänge an, die weit über den Text hinausgehen.

1 Lesen Sie die Analyse von Kurt Overhoff. Stellen Sie mithilfe der Notenbeispiele (s. S. 154) in einer Übersicht die jeweiligen Instrumente, deren Klangcharakteristik und symbolische Bedeutung in diesem Teil der „Tannhäuser"-Ouvertüre zusammen.

2 Hören Sie mithilfe der Notenbeispiele (s. S. 154) den Beginn der Ouvertüre. Erläutern Sie dann am Beispiel des Pilgerchorals Wagners Vorstellungen von der Funktion des Orchesters in der Ouvertüre.

III, 11

3 Beschreiben Sie Tischbeins Zeichnung in Bezug auf die äußere Handlung und das innere Geschehen.

1 sehrend: verletzend, schmerzlich

Ouvertüre zu „Tannhäuser“

Pilgerchoral

Reuemotiv

Wiederkehr des Pilgerchorals

Friedrich Stahl: Tannhäuser im Venusberg (um 1895)

Im Reich der Venus

Der Mittelteil der Ouvertüre ist Venus gewidmet und den Faunen, Satyrn und Najaden der heidnischen Götterwelt. Die Motive, darunter das Motiv der Faune, das Motiv der tanzenden Irrlichter und das Sehnsuchtsmotiv, werden zu einer großen Steigerung verdichtet und münden in den krönenden Hymnus der Venus.

Motiv der Faune

4 Beschreiben Sie die vier musikalischen Gestalten der Venusberg-Episode.

Motiv der tanzenden Irrlichter

5 Erstellen Sie einen Vorschlag für die Instrumentierung der zentralen Motive der Venusberg-Episode (Motiv der Faune, Irrlichter, Sehnsuchtsmotiv, Hymnus).

Sehnsuchtsmotiv

6 Hören Sie den Ausschnitt. Verfolgen Sie die Motive und vergleichen Sie Ihre Instrumentierung mit der Wagners.

III, 12

Hymnus auf die Göttin Venus

Als Herr über ein Massenorchester zeigt diese Karikatur aus dem Jahr 1846 den französischen Komponisten Hector Berlioz.

Wagnertuben und Altoboen

Über Richard Wagners Arbeit an der Instrumentation seines letzten Werkes „Parsifal" schreibt seine Frau Cosima im Dezember 1881 in ihr Tagebuch:

> R. kommt darauf zurück, dass die Frage der Instrumentation des Schlusses des Werkes ihn so beschäftige, er müsste vielmehr Instrumente haben, wie er sich eine Alt-Oboe habe bauen lassen, müssten alle Bläser bereichert werden, da er verschiedene Gruppen bedürfte – ich könne mir vorstellen, wie ihn das quäle.

Auf der Suche nach neuen Klangfarben integrierte Wagner im „Ring des Nibelungen" sogenannte Wagnertuben in sein Orchester, Tuben mit Waldhorn-Mundstücken, die den edlen Klang der Hörner ins tiefere Register ausweiten. Aber nicht nur nach neuen Klängen, sondern auch nach immer größeren Orchestern strebten die Komponisten. Für den „Ring des Nibelungen" benötigte Wagner neben einer großen Streicherbesetzung 4 Flöten, 3 Oboen, 1 Altoboe, 3 Klarinetten, 1 Bassklarinette, 3 Fagotte, 3 Trompeten, 1 Basstrompete, 3 Posaunen, 1 Kontrabassposaune, 2 Tenortuben, 2 Basstuben, 1 Kontrabasstuba, 8 Hörner, 8 Harfen und im Schlagwerk 8 eigens gebaute Ambosse. Schon im Jahr 1844 träumte Hector Berlioz von einem Massenorchester mit 471 Instrumentalisten. Später nannte man die 8. Sinfonie Gustav Mahlers wegen ihrer riesigen Besetzung „Sinfonie der Tausend".

Hector Berlioz
* 1803 La-Côte-Saint-André
† 1869 Paris

Der Komponist und Musikkritiker gilt als einer der Väter der Programmmusik. Mit seinem Lehrwerk „Grand Traité d'Instrumentation et d'Orchestration Moderne" (1844) prägte er die Orchestersprache in der 2. Hälfte des 19. Jh.

III, 13 — **7** Hören Sie einen Ausschnitt aus dem 2. Satz der 7. Sinfonie von Anton Bruckner, in dem Wagnertuben solistisch hervortreten.

III, 14 — **8** Hören Sie das Vorspiel zu Wagners Oper „Rheingold", dem ersten Teil der „Ring"-Tetralogie. Schildern Sie die Entwicklung, indem Sie die Veränderung der musikalischen Parameter im Einzelnen beschreiben.

Besetzungsliste des Leipziger Gewandhausorchesters

Jahr	1. Violine	2. Violine	Violen	Violoncelli	Kontrabässe	Flöten	Oboen	Klarinetten	Fagotte	Hörner	Trompeten	Posaunen	Pauken	Schlagzeug	Harfen	Tuba	Gesamtzahl
1781	6	6	3	4		2	2		3	2	2		1				**31**
1831	8	8	4	3	3	2	2	2	2	2	2		x	x			**ca. 40**
1839	9	8	5	5	4	2	2	2	2	2	2		x	x			**ca. 45**
1865	16	14	8	9	5	2	2	2	2	4	2	3	1				**70**
1929	18	15	9	10	8	5	5	5	5	8	5	5	2	2	2	1	**105**

Der mystische Abgrund

Es war ein Anliegen Wagners, sein Werk vom allgemeinen Opernbetrieb abzusetzen; dazu schien ihm auch ein nach eigenen Plänen gebautes Opernhaus unerlässlich. Bei der Verwirklichung dieses Vorhabens sollte zunächst der bayerische König Ludwig II. helfen. Er hatte Wagners Werke „Lohengrin“ und „Tannhäuser“ gesehen und war dem Komponisten in geradezu schwärmerischer Zuneigung verfallen. 1864, im Jahr seines Regierungsantrittes, holte er ihn nach München. Noch im selben Jahr ließ er Wagner wissen:

> Ich habe den Entschluss gefasst, ein großes steinernes Theater bauen zu lassen, damit die Aufführung des „Ringes des Nibelungen“ eine vollkommene werde; dieses unvergleichliche Werk muss einen würdigen Raum für seine Darstellung finden.

Die Postkarte aus der Zeit um 1910 zeigt Ludwig II. in der Rolle des Schwanenritters aus Wagners Oper „Lohengrin“.

Dazu kam es nicht. Widerstände der Staatsregierung und der Bürger zwangen den König, Wagner zu entlassen. Dennoch wurde im Mai 1872 der Grundstein für das Festspielhaus in Bayreuth gelegt – Wagner hatte die Mittel selbst gesammelt. Im August 1896 wurde das Haus mit „Rheingold“ eröffnet, dem ersten der vier Musikdramen des „Ring des Nibelungen“. Seitdem finden in diesem Theater jährlich die Bayreuther Festspiele statt, bei denen ausschließlich Werke Wagners gespielt werden.

In seiner Abhandlung „Das Bühnenfestspielhaus zu Bayreuth“ schildert Wagner die wichtigsten Merkmale der Architektur: Zwischen der Bühne und dem Zuschauerraum sollte ein „mystischer Graben“ entstehen, der der „Unsichtbarmachung des Orchesters“ dienen sollte. In einem Vorbericht zu den ersten Bayreuther Festspielen war dann im April 1876 in der Leipziger „Illustrirten Zeitung“ zu lesen:

> Vor allem fällt eine Neuerung ins Gewicht, über welche seit Jahren viel gesprochen und geschrieben worden, die Vorrichtung nämlich, vermöge welcher das Orchester dem Zuschauer unsichtbar gemacht wird. […] Unter dem vordersten Theil der Bühne zum Theil in einer großen Nische, so zwar, dass letztere nach dem Zuschauerraum hin sich öffnet und die Schallwellen dorthin wirft. Die Plätze der Zuschauer bestehen in einer Reihe von Sitzen, die gleichmäßig aufsteigen, und deren Höhe einzig durch die Möglichkeit, von hier aus das scenische Bild noch deutlich wahrnehmen zu können, seine Bestimmung erhält.

Ludwig II. von Bayern
* 1845 München
† 1886 im Starnberger See

Ludwig wandelte sich während seiner Regierungszeit vom „romantischen“ Jüngling zum weltfremd Vereinsamten. Sein politisches Wirken blieb ohne Bedeutung. Beeindruckend sind dagegen seine historisierenden Schlossbauten.
Sein geheimnisvoller Tod im Starnberger See ist bis heute Thema vieler Spekulationen.

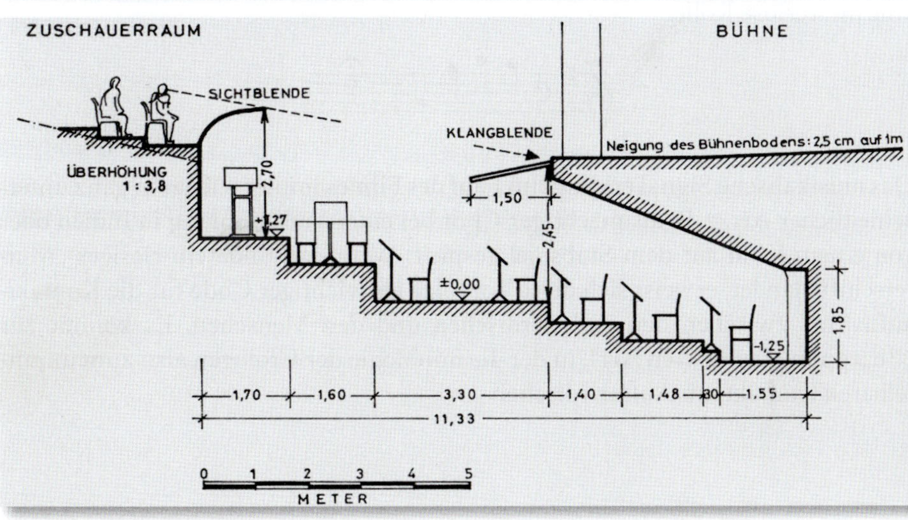

Schnitt durch den Orchesterraum des Bayreuther Festspielhauses

9 Fassen Sie die Neuerungen zusammen, die das Klangideal des spätromantischen Orchesters prägen. Greifen Sie dabei sowohl auf die Textquellen als auch auf die Abbildungen zurück.

Opernhafte Streicher, massiver Blecheinsatz

John Williams: Musik zu „Close Encounters of the Third Kind" (1978)

❶ Zeigen Sie auf, welch grundsätzlich unterschiedliche Beziehungen zwischen einer Filmszene und ihrem Soundtrack bestehen können.

» *Die Grundforderung der musikalischen Konzeption im Film ist, dass die spezifische Beschaffenheit der Sequenz die spezifische Beschaffenheit der Musik [...] bestimme. Das präzise Hinzuerfinden von Musik ist der eigentliche „Einfall" des Filmkomponisten; Beziehungslosigkeit die Kardinalsünde.* «

(Theodor W. Adorno / Hanns Eisler, 1944)

John Williams
*1932 New York

Seit den 1970er-Jahren gehört Williams zu den wichtigsten Komponisten von Filmmusik. Er schrieb fast alle Soundtracks zu Steven Spielbergs Filmen („Der weiße Hai", „Jurassic Park", „Schindlers Liste") und die Musik zu „Star Wars", aber ebenso die Fanfaren zu vier Olympischen Spielen. Williams Arbeiten wurden mit fünf Oscars ausgezeichnet.

Theodor W. Adorno
*1903 Frankfurt a. M.
†1969 Visp (Schweiz)

Philosoph, Soziologe und Musiktheoretiker

Hanns Eisler
*1898 Leipzig
†1962 Berlin

Der Komponist und Musiktheoretiker lebte nach vielen Jahren im Exil seit 1948 in der DDR, deren Nationalhymne er schrieb.

Steven Spielberg
*1946 Cincinnatti

Nach großen Erfolgen mit Abenteuer-, Fantasy- und Action-Filmen (wie der „Indiana Jones"-Trilogie) wandte sich der Regisseur auch historischen und politischen Themen zu („Schindlers Liste", „Der Soldat James Ryan", „Amistad", „München").

Schon in den Stummfilmtagen, als in der Regel noch Pianisten das Geschehen auf der Leinwand musikalisch kommentierten, wurden manchmal große Partituren geschrieben, mit denen ein Orchester die Vorführung begleitete. Seit dem Beginn des Tonfilms nahm die Filmmusik eine rasante Entwicklung, und bekannte Komponisten begriffen das Genre als Herausforderung. Aber auch die Spezialisten, deren Arbeitsschwerpunkt bei der Filmmusik lag, hatten ihr kompositorisches Handwerk gründlich gelernt. Mit Vorliebe bedienten sie sich mancher kompositorischer Mittel der späten Romantik: einer spannungsreichen Harmonik mit vielen Reizklängen, Leit- und Erinnerungsmotiven und eines farbenreichen, groß besetzten Orchesters.

Auch im späten 20. Jahrhundert, als digitale Synthesizer und Computer den Klang vieler Soundtracks prägten, blieben diese Elemente als wesentliche Gestaltungsmittel erhalten. John Williams „sinfonische Orchesterpartituren", so beschreibt es ein Kritiker, charakterisieren „opernhafte Streicher und massiver Blecheinsatz".

Fünf Töne der Begegnung

Steven Spielbergs „Unheimliche Begegnung der dritten Art" traf in einer Zeit, in der – vor allem in den USA – eine geradezu hysterische UFO-Manie herrschte, auf überwältigende Resonanz. Der Film zeigt zunächst eine Reihe von Szenen, in denen Menschen in vielen Regionen der Welt rätselhafte Dinge erleben, die mit unbekannten Flugobjekten in Verbindung stehen. Dabei spielt ein fünftöniges Motiv eine mysteriöse Rolle.

Das musikalische Signal erklingt im Lauf des Filmes immer wieder in ganz unterschiedlicher Art, z. B. als mächtiger Chor bei einer Versammlung in Indien oder von einem Kind auf dem Stabspiel gespielt. Wenn am Ende ein riesiges „Mutterschiff" landet, erweist sich diese Tonfolge als wichtiger Code für die Kontaktaufnahme zwischen den Außerirdischen und den Menschen. Es kommt zur „Begegnung der dritten Art", in der Terminologie der Ufologen also zum unmittelbaren Kontakt mit Außerirdischen.

1898
Herbert George Wells: „Der Krieg der Welten"

1938
Das Hörspiel „Der Krieg der Welten" löst in den USA eine Massenpanik aus

1947
Angeblicher Absturz eines UFO bei Roswell/New Mexico

Die erste Begegnung mit den Außerirdischen

The Mothership, Auszug aus dem Soundtrack zu „Close Encounters of the Third Kind" (Particell)

Particell
Eine in wenigen Notensystemen notierte Zusammenfassung einer Partitur mit den wichtigsten Stimmen und Instrumentationsangaben

❷ Beschreiben Sie die musikalischen Ereignisse, die Sie aus dem Particell ablesen können (z. B. das Leitmotiv, Fanfarenklänge).

❸ Schildern Sie den Klangeindruck, den das Particell erwarten lässt.

❹ Überprüfen Sie Ihre Ergebnisse anhand des Hörbeispiels.

III, 15

1968
Bücher von Erich v. Däniken über UFO-Landungen werden Bestseller

1972
Die Pioneer-Sonde mit einem Dokument der Menschheit startet ins All

1974
US-Präsident Reagan berichtet von einer UFO-Sichtung

5 Beurteilen Sie, inwieweit Williams der Forderung Adornos und Eislers gerecht wird. Gehen Sie dabei besonders auf die Verwendung des sinfonischen Apparates ein.

6 Erfinden Sie ein aus wenigen Tönen bestehendes Motiv, das eine von Ihnen gewählte Filmsituation leitmotivhaft charakterisieren könnte.

Die Landung des Mutterschiffes

Interpreten und Interpretationen

- Konzertierende Musiker
- Aufführungspraxis
- Interpreten in Jazz und Popmusik

Mehr Freude als Arbeit

Beglückung und Belastung

Ricardo Muti probt mit den Berliner Philharmonikern.

» Wenn Mahler- oder Bruckner-Symphonien auf dem Programm stehen, schlägt mein Herz höher! «
(Joseph Bastian, Posaunist, 2008)

» Zum Dienst zu gehen, ist für mich mehr Freude als Arbeit. « (Yi Li, Geigerin, 2008)

» Natürlich kämpft der Kontrabassist mit den Schwierigkeiten seines Instruments [...]. Es ist alles größer und schwerer, [...] aber das Gefühl der tiefen Bass-Schwingungen und wie sich Klänge auf einem schönen Basston aufbauen, macht das alles wett. « (Teja Andresen, Kontrabassist, 2007)

» Wir haben ja gelernt, uns immer ausdrücken zu wollen. [...] Ich genieße diese Herausforderung sehr, mir kann der Druck gar nicht hoch genug sein, denn erst diese Anspannung bewirkt, dass wir musikalisch dranbleiben. «
(Hanno Simons, Cellist, 2008)

Glück durch Musizieren

Berufsorchester
In Deutschland gibt es etwa 140 Berufsorchester mit insgesamt etwa 10300 Musikerplanstellen. Das ist weltweit die mit Abstand höchste Zahl.

Musizieren hat viele positive Auswirkungen auf Körper und Seele. So kann beispielsweise das Spielen im Orchester intensive Glücksmomente erzeugen. Diese werden z. B. als „Gänsehautgefühle" bei besonders schönen Stellen in der Musik erlebt oder als tiefe Befriedigung, wenn eine schwere Passage gut gelungen ist und das Publikum begeistert klatscht. Derartige starke emotionale Erlebnisse sind mit der Ausschüttung von Glückshormonen im Gehirn verbunden und aktivieren hirnphysiologisch das Belohnungssystem und die Gedächtnisbildung. So prägen sich Musik und die damit verbundenen Erlebnisse besser in das Langzeitgedächtnis ein – es entstehen die „unvergesslichen Momente". Dabei stärkt die Musik, hormonell bedingt, auch den Gruppenzusammenhalt, denn beim Musizieren im Ensemble wird im Gehirn das Hormon Oxytocin ausgeschüttet, ein Hormon, das der Gruppenbindung dient. Man nimmt heute an, dass diese Eigenschaft von Musik als „sozialer Klebstoff" in der frühen Menschheitsgeschichte wichtig war, um das Sozialleben zu organisieren und gemeinsame Arbeitsaktionen zu synchronisieren.

Wer regelmäßig Musik macht, übt zugleich weitere Fertigkeiten: Die Feinmotorik wird allgemein gefördert, Gedächtnisleistungen und strategisches Denken profitieren, und auch die visuelle Mustererkennung ist bei Musikern besonders gut entwickelt.

210 v. Chr.
In China wird ein kaiserliches Musikamt eingerichtet

1. Jh. v. Chr.
Zwei der 193 Centurien des römischen Heeres bestehen aus Militärmusikern

1288
In Wien wird eine Bruderschaft der Spielleute gegründet

Musik wird oft als laut empfunden

» Das Symphonieorchester des Bayerischen Rundfunks hat die Komposition „Halat Hisar" („Belagerungszustand") des Schweden Dror Feiler wegen zu hoher Lautstärke vom Konzertplan genommen. Grund waren akute „gesundheitliche Beeinträchtigungen" der Musiker. […] Ein Orchestermusiker habe nach der Probe des Stückes drei Stunden lang permanente Ohrgeräusche (Tinnitus) gehabt. Einige Stellen der Komposition seien zudem unspielbar gewesen. « (Die Welt, 2008)

Blechbläser im Sinfonieorchester

Die EU-Richtlinie „zum Schutz von Sicherheit und Gesundheit der Arbeitnehmer vor der Gefährdung durch physikalische Einwirkungen" aus dem Jahr 2008 schreibt für Dauerbelastungen des Gehörs eine Obergrenze von 87 Dezibel (dB) vor. Höhere Belastungen können irreparable Hörschäden verursachen, weil sie Haarzellen im Innenohr absterben lassen. Eine Lautstärke von 120 db wird allgemein als Schmerzgrenze angesehen (Presslufthammer, Kettensäge). In einem Satz von Sergej Rachmaninoffs 2. Sinfonie maß man bei den tiefen Streichern des Orchester 115 db, bei den Blechbläsern 128 db. Mit solchen Grenzwerten haben Orchestermusiker oft zu kämpfen. Als besonders quälend werden hohe Lautstärken dann empfunden, wenn sie – wie in zeitgenössischen Werken häufig – mit dissonanten Klängen verbunden sind.

1 Hören Sie vergleichend Fortissimo-Stellen aus Rachmaninoffs 2. Sinfonie und einer Komposition von Hans Werner Henze. III, 16/17

2 Recherchieren Sie die Lärmbelastung in anderen Berufen und in Alltagssituationen.

Beim Solo Herzrasen

Umfassende Studien zu beruflichen Belastungen ergaben, dass Orchestermusiker als Auswirkung der tätigkeitsspezifischen Belastungen eine gegenüber anderen Berufen erhebliche Anhäufung von Stress-Symptomen wie Kopfschmerzen und Nervosität aufwiesen. Diese ergeben sich aus den unregelmäßigen Arbeitszeiten bei gleichzeitig hohen Anforderungen an die Konzentration.

Als größte psychische Belastung gilt die Daueranspannung und die Furcht vor Fehlleistungen in der Öffentlichkeit. Besonders davon betroffen sind exponierte Musiker, neben Konzertmeistern z. B. Paukisten und viele Bläser, die in sinfonischen Werken häufig Solostellen zu spielen haben: Bei der Interpretation der Englischhorn-Melodie in Dvořáks Sinfonie „Aus der Neuen Welt" muss der Musiker unter höchster psychischer Anspannung ruhig und tief einatmen und dann die Luft mit hohem Binnendruck in das Mundstück pressen. Messungen ergaben an dieser Stelle Pulsfrequenzen von über 180 Schlägen pro Minute.

Konzertmeister
Der Stimmführer der 1. Geigen. Er spielt Solostellen und hat eine herausragende Stellung im Sinfonieorchester inne.

3 Legen Sie in der Englischhorn-Melodie des 2. Satzes aus Dvořáks 9. Sinfonie musikalisch sinnvolle Atemstellen fest. Vergleichen Sie diese mit denen in der Aufnahme. III, 18

Englischhorn
Das Altinstrument der Oboenfamilie klingt eine Quinte tiefer als die Oboe.

Antonín Dvořák: Sinfonie Nr. 9, op. 95, „Aus der Neuen Welt", 2. Satz (Largo), Solo des Englischhorns

Mit Andacht zuhören

Die Entwicklung des Konzertwesens

Wilhelm Heinrich Wackenroder
* 1773 Berlin
† 1798 Berlin

Wackenroder prägte mit seinem schmalen Werk, in dem er gegen die Aufklärung Stellung bezog und die Verschmelzung von Kunst und Religion forderte, die romantische Kunstauffassung.

> Wenn Joseph in einem großen Konzerte war, so setzte er sich [...] in einen Winkel, und hörte mit eben der Andacht zu, als wenn er in der Kirche wäre – ebenso still und unbeweglich, und mit so vor sich auf den Boden sehenden Augen.
> (Wilhelm Heinrich Wackenroder, 1797)

Hörhaltungen

„Große Konzerte", von denen der deutsche romantische Dichter Wilhelm Heinrich Wackenroder berichtet, sind im Wesentlichen nur in der abendländischen Kulturgeschichte vorstellbar. Andere Musikkulturen kennen kaum musikalische Veranstaltungen, deren Besucher „nur zum Zuhören" kommen und Eintritt bezahlen. Fast überall ist die Musik mit Funktionen verbunden. Aber auch im abendländischen Raum beschränkt sich das „Hören mit Andacht" auf einen begrenzten Ausschnitt aus dem musikalischen Gesamtgeschehen, auf Sinfonie- oder Kammermusikkonzerte mit „klassischer" Musik. Völlig anderen Gesetzen unterliegen z.B. Popkonzerte.

Die Entwicklung des Konzertwesens im Bereich der „klassischen" Musik ging einher mit der allmählichen Verlagerung der kulturellen Führungsrolle vom Adel zum Bürgertum und war am Ende des 19. Jahrhunderts in wesentlichen Aspekten abgeschlossen. An einigen Daten lässt sich der Prozess verfolgen:

Emil Limmer: Konzert im Neuen Gewandhaus zu Leipzig (1891)

1675 Erstes ständiges Konzertunternehmen in London
1743 Das „Große Konzert der Herren Kaufleute" in Leipzig veranstaltet Abonnementkonzerte. Ausführende sind Laien und Berufsmusiker. Aus diesem Ensemble ging später das Gewandhausorchester hervor.
1761 Der erste deutsche Konzertsaal wird in Hamburg eröffnet.
1783 „Professional concerts" in London, Konzerte mit Berufsmusikern in Berlin und Wien
1802 Die St. Petersburger Philharmonie wird gegründet; weitere Berufsorchester in europäischen Hauptstädten und in New York (1842) folgen.

1 Beschreiben Sie verschiedene andere Arten des öffentlichen Musikhörens und nennen Sie Funktionen von Musik außerhalb des „Kunst"-Verständnisses. Beziehen Sie dabei außereuropäische Musiken ein.

2 Stellen Sie aus den Angaben zur Entwicklung des Konzertwesens wesentliche Merkmale eines Konzerts mit „klassischer" Musik zusammen. Ziehen Sie dazu auch das Bild eines Konzertes im Neuen Gewandhaus zu Leipzig heran.

seit 582 v. Chr. In Delphi finden regelmäßig musikalische Wettkämpfe statt
65 n. Chr. Kaiser Nero tritt bei Festspielen in Rom als Kithara-Sänger auf
15. Jh. Private Hauskonzerte in italienischen Bürger- und Adelshäusern

Konzertwesen in der Diskussion

Das öffentliche Konzertwesen im Bereich der „klassischen“ Musik ist – ebenso wie der Opernbetrieb – in Deutschland weitgehend auf Zuschüsse der öffentlichen Hand angewiesen. Die großen Sinfonieorchester werden von Kommunen und Rundfunkanstalten finanziert; Eintrittspreise tragen oft nur einen geringen Teil der Kosten. So werden auch dieses Konzertwesen und sein Publikum durchaus kritisch betrachtet.

Hanns Eisler
s. S. 158

» *Dass ein Besitzloser Musikkenner wird, ist ausgeschlossen, weil die Musikerziehung schon von Kindheit an intensiv einsetzen muss. Der Genuss von komplizierten Musikstücken ist also dem größten Teil der Menschheit heute verschlossen.* «
(Hanns Eisler, 1927)

3 Erläutern Sie den kritischen Ansatzpunkt des Komponisten Hanns Eisler. Sammeln Sie, von seiner Aussage ausgehend, Argumente für und gegen die Subventionierung des öffentlichen Konzertwesens.

4 Hören Sie Ausschnitte aus zwei Werken, deren Titel den Konzertbegriff enthalten. Ordnen Sie die Werke verschiedenen Ausprägungen des „Konzertes“ zu. Begründen Sie Ihre Zuordnung.

III, 19/20

5 Erläutern Sie das Bild der drei Musizierenden im Zusammenhang mit dem Konzertbegriff.

Ein vieldeutiger Begriff

Unter dem Begriff Konzert versteht man zunächst musikalische Veranstaltungen verschiedenster Art. Daneben ist „Konzert“ aber auch die Bezeichnung für eine musikalische Gattung. Zu Beginn des 16. Jahrhunderts tauchte das italienische Wort „concerto“ (für „Übereinstimmung“, „Zusammenwirken“) in einem solchen Zusammenhang auf. Es wurde zuerst für vokale, später auch für instrumentale und gemischte Ensembles verschiedener Art und für ihre Musik verwendet. Erst seit dem Ende des 16. Jahrhunderts beschreibt das Wort (angelehnt an das lat. „concertare“ für „wettstreiten“) Werke, in denen sich alternierende Klangkörper gegenüberstehen (s. S. 130–133).

Die wichtigsten Konzertgattungen sind:

Concerto grosso
Mehrsätzige Komposition, in der eine Solistengruppe *(Concertino)* dem vollen Orchester (*Tutti* oder *Ripieno*) gegenübersteht. Blüte in Italien, 1650–1750; Vertreter u. a. Arcangelo Corelli und Antonio Vivaldi.

Solokonzert
Meist dreisätzige Komposition für ein Soloinstrument (z. B. Klavier oder Violine) und Orchester. Blüte 1750–1900; wichtige Werke von nahezu allen Komponisten in diesem Zeitraum.

Daneben wird der Begriff für andere, weniger exakt definierte Gattungen verwendet, z. B.

Konzertante Sinfonie, Doppel-, Tripelkonzert
Meist dreisätzige Kompositionen für mehrere Soloinstrumente und Orchester.

Konzert für Orchester
Im 20. Jahrhundert ein sinfonisches Werk mit besonders differenziertem Einsatz der Orchesterinstrumente.

Meister der weiblichen Halbfiguren: Konzert (um 1530)

1872
Johann Strauß dirigiert in Boston 800 Musiker vor 30000 Zuhörer

1920
Erste Live-Konzertübertragung im dt. Rundfunk

1990
Die drei Tenöre treten in Fußballstadien auf

Bertolt Brecht
* 1898 Augsburg
† 1956 Berlin

Der bedeutende Lyriker und Dramatiker befasste sich in zahlreichen Schriften mit der Theorie der Künste.

Programme im Wandel

Die Programmgestaltung der Konzerte hat sich im Lauf der letzten zwei Jahrhunderte grundlegend geändert. Das zeigt ein Vergleich dreier, jeweils für ihre Epoche typischer Konzerte.

15. Oktober 1790

Eine seiner letzten Reisen führte Mozart zur Krönung Kaiser Leopolds II. nach Frankfurt. Dort gab er im Schauspielhaus „ein großes musikalisches Konzert zu seinem Vortheil". Das Programm ist charakteristisch für die musikalischen „Akademien" jener Zeit. Komponisten organisierten die Veranstaltung, sorgten für Programm und Mitwirkende und luden das Publikum zur „Subskription" – d. h. zum Kauf von Eintrittskarten – ein. Die Einnahmen aus solchen Konzerten stellten z. B. für Mozart zeitweise einen nicht geringen Teil seines Einkommens dar.

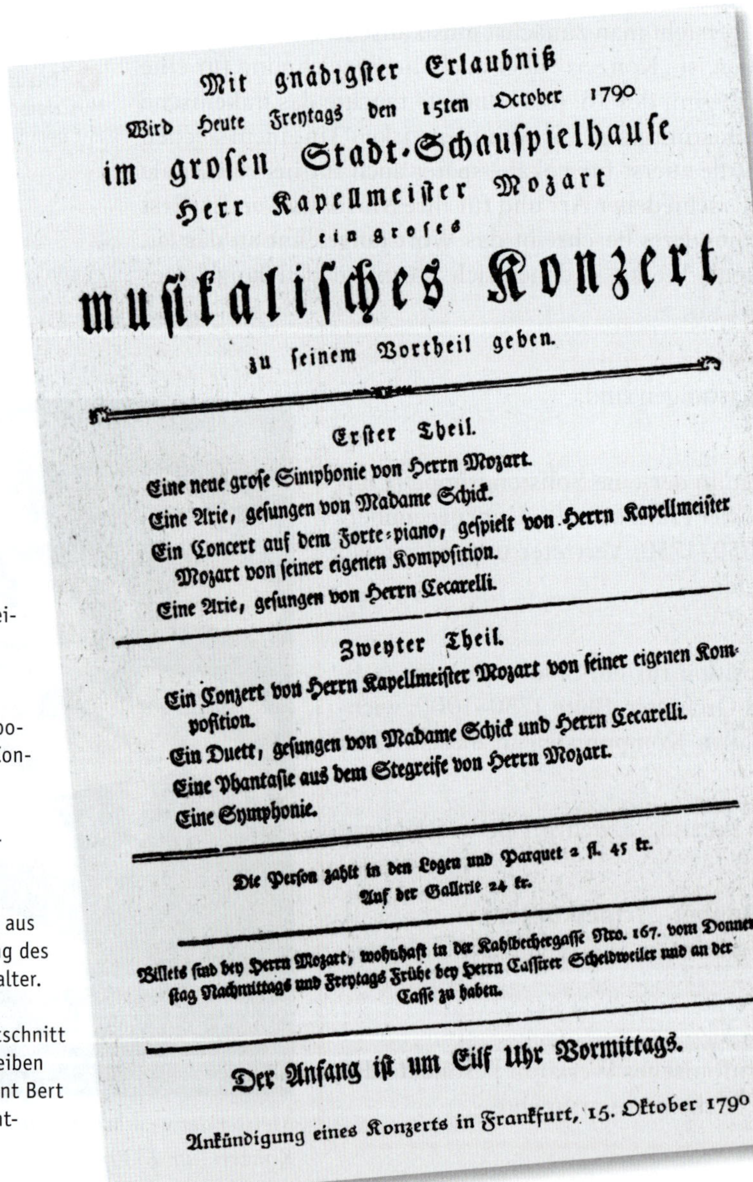
Mit gnädigster Erlaubniß
Wird Heute Freytags den 15ten October 1790
im grosen Stadt-Schauspielhause
Herr Kapellmeister Mozart
ein groses
musikalisches Konzert
zu seinem Vortheil geben.

Erster Theil.
Eine neue grose Simphonie von Herrn Mozart.
Eine Arie, gesungen von Madame Schick.
Ein Concert auf dem Forte=piano, gespielt von Herrn Kapellmeister Mozart von seiner eigenen Komposition.
Eine Arie, gesungen von Herrn Cecarelli.

Zweyter Theil.
Ein Konzert von Herrn Kapellmeister Mozart von seiner eigenen Komposition.
Ein Duett, gesungen von Madame Schick und Herrn Cecarelli.
Eine Phantasie aus dem Stegreife von Herrn Mozart.
Eine Symphonie.

Die Person zahlt in den Logen und Parquet 2 fl. 45 kr.
Auf der Gallerie 24 kr.

Billets sind bey Herrn Mozart, wohnhaft in der Kahlbechergasse Nro. 167. vom Donnerstag Nachmittags und Freytags Frühe bey Herrn Cassirer Scheidweiler und an der Casse zu haben.

Der Anfang ist um Eilf Uhr Vormittags.

Ankündigung eines Konzerts in Frankfurt, 15. Oktober 1790

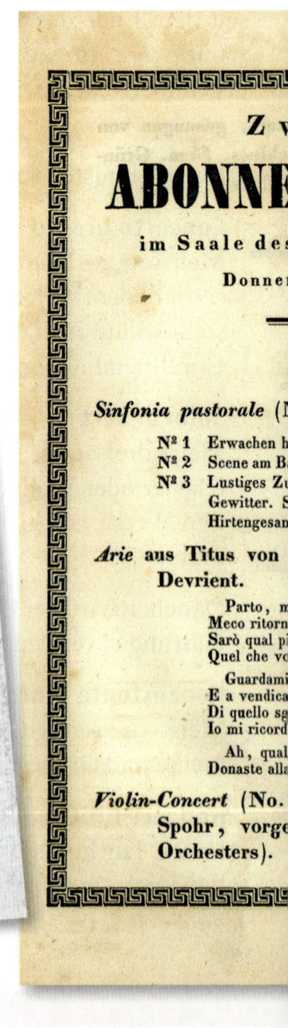
Z w
ABONNE
im Saale des
Donner
Sinfonia pastorale (
Nº 1 Erwachen h
Nº 2 Scene am B
Nº 3 Lustiges Zu
Gewitter. S
Hirtengesan
Arie aus Titus von
Devrient.
Parto, m
Meco ritorn
Sarò qual pi
Quel che vo
Guardami
E a vendica
Di quello sg
Io mi ricord
Ah, qual
Donaste all
Violin-Concert (No.
Spohr, vorge
Orchesters).

6 Vergleichen Sie die drei Programme. Beschreiben Sie die Entwicklung anhand der folgenden Aspekte:
- Lebensdaten der Komponisten in Bezug zum Konzertdatum
- Dauer des Konzertes
- Stückauswahl des Programms

7 Ziehen Sie Schlüsse aus der grafischen Gestaltung des Programms mit Bruno Walter.

8 Sehen Sie einen Mitschnitt eines Konzertes. Beschreiben Sie, inwiefern der Dirigent Bert Brechts Beschreibung entspricht.

18. März 1841

Das Programm zeigt die Werke, die im ersten Teil dieses Konzertes gespielt wurden. Dass es von Felix Mendelssohn Bartholdy geleitet wurde, wird nicht erwähnt. Im zweiten Teil des Konzertes, das um 18.00 Uhr begann, waren weitere Kompositionen zu hören:

- F. Mendelssohn Bartholdy: Ouvertüre „Meeresstille und glückliche Fahrt“
- H. Schmitt: Duett und Terzett aus der Oper „Heinrich und Fleurette“
- F. Prume: Variationen für Violine („la mélancholie“)
- F. Schubert: „Am Meer“
- F. Mendelssohn Bartholdy: „Suleika“
- C. M. v. Weber: „Schottisches Lied“

8. Dezember 1930

Bruno Walter (1876–1962) war einer der bedeutendsten Dirigenten seiner Zeit. Der Programmablauf seines Konzertes entspricht einem auch heute noch sehr verbreiteten Muster (s. Abb.).

> Die völlige Entaktivierung unseres Konzertpublikums zeigt sich in der Glorifizierung des Kapellmeisters. Hier kann das Publikum auch noch die Art und Weise konsumieren, wie die Musik hervorgebracht wird. Der Produktionsakt wird konsumabel. Außerdem spielt dieser Zauberer aber vor, welche Wirkung er beabsichtigt, er stellt sich selber schockiert, begeistert, feinfühlig, erwartungsvoll, heiter, von Zweifeln gepackt, seelisch geläutert und so weiter.
>
> (Bertolt Brecht, um 1935)

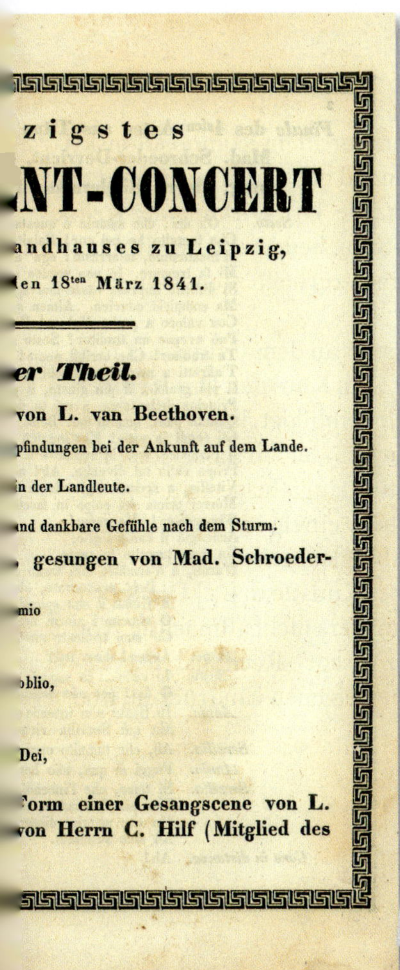

zigstes
NT-CONCERT
andhauses zu Leipzig,
den 18ten März 1841.

er Theil.
von L. van Beethoven.
pfindungen bei der Ankunft auf dem Lande.
n der Landleute.
nd dankbare Gefühle nach dem Sturm.
gesungen von Mad. Schroeder-
mio
blio,
Dei,
Form einer Gesangscene von L.
von Herrn C. Hilf (Mitglied des

Vertretung: Konzert-Direktion Hermann Wolff und Jules Sachs G. m. b. H.

Bernburger Str. 22 PHILHARMONIE Bernburger Str. 22

Montag, den 8. Dezember 1930, abends 7½ Uhr

3.
BRUNO WALTER
Konzert mit dem Philharmonischen Orchester
Solist: RACHMANINOFF

I.
Ouvertüre „Sommernachtstraum“ .... F. Mendelssohn

II.
Klavierkonzert Nr. IV .... Rachmaninoff
Allegro vivace
Largo
Allegro vivace
(Erstaufführung)

— Pause —

III.
Symphonie phantastique, op. 14 .... H. Berlioz
Träumereien. Leidenschaften
Auf dem Balle
Szene auf dem Lande
Der Gang zum Richtplatz
Walpurgisnacht

Konzertflügel: Steinway & Sons,
aus dem Verkaufslager Berlin W, Friedrich-Ebert-Str. 6.

Philharmonie / Montag, den 12. Januar 1931, abds. 7½ Uhr
4. BRUNO WALTER
Konzert mit dem Philharmonischen Orchester
Solist: Adolf Busch
MOZART-ABEND
u. a.: Violinkonzert A-dur

Der leichteste Beruf in der Welt

Interpreten und Interpretationen im Spiegel der Musikkritik

Eduard Hanslick
* 1925 Prag
† 1914 Baden bei Wien

Hanslick gehörte zu den Begründern der Musikwissenschaft als eigenständige universitäre Disziplin. Als Kritiker nahm er in überaus pointierten Aufsätzen Stellung für die klassische Tradition (Johannes Brahms) und gegen die „neudeutsche Schule" (Richard Wagner, Franz Liszt, Anton Bruckner).

Richard Wagner
s. S. 152

1 Erläutern Sie die Aussagen der beiden Karikaturen.

2 Fassen Sie die im Zitat von Newman und im Abschnitt „Die Macht der Kritiker" enthaltenen Aussagen über Einfluss und Berechtigung der Musikkritik zusammen.

Otto Böhler: Richard Wagner vor dem Thron des Kritikers Eduard Hanslick (um 1870)

Mein lieber Joseph – mit gemischten Gefühlen habe ich Deinen Brief erhalten, in welchem Du mir mitteilst, dass Du von der „Manchingham Gazette" als Musikkritiker bestellt worden bist. Ich schätze Dich außerordentlich als Menschen, aber ich zweifle, ob Du die richtigen Voraussetzungen zum Beruf des Musikkritikers besitzest. [...] Bist Du sicher, dass Du die unnatürliche Gabe und den unmoralischen Mut hast, um dem Ideal der Niederträchtigkeit leben zu können, die man von Dir von dem Augenblick an erwartet, an dem Du Kritiker wirst? Ein Punkt kann Dich allerdings beruhigen. Der Beruf des Musikkritikers ist der leichteste in der Welt.

(Ernest Newman, 1868–1959, englischer Musikkritiker)

Die Macht der Kritiker

Nachdem die Musikkritik im 17. und 18. Jahrhundert vor allem Kompositionskritik war, wandte sie sich im 19. Jahrhundert zunehmend der Aufführung und der Fragestellung zu, was eine gute Interpretation ausmache. Die Wirkung der Kritik auf die Interpretationen und auf die Künstler schätzte der bedeutendste Musikkritiker des 19. Jahrhunderts, Eduard Hanslick, allerdings zurückhaltend ein:

Dieser Einfluss ist mehr als zweifelhaft. Ich habe stets an dem Grundsatz festgehalten, nur zu dem Publikum zu sprechen, nicht zum Künstler. Der Kritiker, der sich einen erziehenden Einfluss auf die Künstler einbildet, lebt in einer angenehmen Täuschung. In der Regel achtet der Sänger oder Virtuose doch nur das Lob für richtig, niemals den Tadel. [...] Hat meine langjährige kritische Tätigkeit wirklich einigen Nutzen gestiftet, so besteht er einzig in ihrem allmählich bildenden Einfluss auf das Publikum. Ein Aberglaube ist auch der „entscheidende Einfluss" der Kritik auf den Erfolg eines Künstlers. [...] Die Kritik ist gegen den wirklichen Wert oder Unwert des Künstlers nicht allmächtig. Von tatsächlichem Einfluss ist sie bloß, wenn sie – kurz gesagt – Recht hat. Das Publikum lässt sich nichts weismachen. Es folgt seinen eigenen Eindrücken, und diese sind meistens – nicht immer – richtig.

Otto Böhler: Richard Wagner und seine Kritiker (um 1870)

Werktreue

Im Rahmen der Kritik von Interpreten und Interpretationen spielt die „Werktreue“ eine außerordentlich wichtige und durchaus kontrovers gesehene Rolle. Der Münchner Musikkritiker Joachim Kaiser (* 1928), der zu den einflussreichsten Kritikern im deutschsprachigen Raum gehört, hat den Interpretationen der Klaviersonaten von Ludwig van Beethoven ein ganzes Buch gewidmet. Am Beispiel des ersten Satzes der Sonate op. 57 („Appassionata“[1]) vergleicht er mehrere Interpretationsansätze.

Glenn Gould

Gould bietet die Sonate in der humorlos karikierenden Form einer langatmig-klebrigen Verfremdung.

Obwohl er absurd unangemessene Tempi wählt – statt des Allegro assai ein asthmatisches Andante amoroso –, fördert er keinerlei neue Interpretationseinsichten zutage […]. Tranig langsam, langweilig und gelangweilt, die Triller während des *pp* im Schneckentempo, während der Fortissimo-Stellen etwas rascher, quält sich die Musik vorbei. Man meint, der Pianist imitiere ein Kind, das mit erfrorenen Fingern die Appassionata vom Blatt spielt.

Artur Schnabel

Artur Schnabel stellt die Sicherheit und […] Selbstverständlichkeit dieser Musik von vorneherein infrage. Schnabels Appassionata ist die aufregendste, fahlste, intelligenteste aller Interpretationen. Sie gleicht einer psychologischen Horrorgeschichte. Eine Gestalt nach der anderen wird nicht nur durchgeführt, sondern zerstört, nämlich zur äußersten Steigerung und dürrsten Leere gebracht.

Ludwig van Beethoven
s. S. 146

Glenn Gould
* 1932 Toronto
† 1982 Toronto

Der brillante Pianist war wegen seiner radikalen Interpretationen und seiner exzentrischen Tempowahl umstritten. Nach 1964 trat er nicht mehr öffentlich auf, sondern beschränkte sich auf ausgefeilte Studioaufnahmen.

Artur Schnabel
* 1882 Lipník (Galizien)
† 1951 Axenstein (Schweiz)

Schnabel war ein entschiedener Vertreter absoluter Werktreue. Seine Interpretation der Klaviersonaten Beethovens galt als maßstabsetzend.

3 Erörtern Sie anhand von Inhalt und Sprache der beiden Texte Absicht und Zielgruppe.

4 Beschreiben Sie anhand der beiden Texte und des Notentextes (s. S. 170) Ihre Vorstellungen von den jeweiligen Interpretationen.

5 Hören Sie den Beginn der Sonate in den Interpretationen von Gould und Schnabel. Erläutern Sie anhand des Notentextes (s. S. 170) Aussagen Joachim Kaisers, die Sie nachvollziehen können. Gehen Sie dabei auf den Begriff der Werktreue ein.

III, 21/22

1 Der Beiname der Sonate „Appassionata“ (ital. für „die Leidenschaftliche“) stammt nicht von Beethoven, sondern von einem Verleger, der 1838 eine Fassung des Werkes für vier Hände herausgab.

Ludwig van Beethoven: Klaviersonate f-Moll, op. 57 (verm. 1805), 1. Satz

dimin.
dolce
cresc.
li. Hd.
re. Hd.

Joe Cocker
*1944 Sheffield

Der Brite mit der an den Blues erinnernden rauen Stimme gehört seit den 1960er-Jahren zu den erfolgreichsten Sängern der Rock-/Pop-Szene.

III, 23

6 Machen Sie sich nach den beiden Beschreibungen von Cockers „No Ordinary World" eine Klangvorstellung von dem Song. Überprüfen Sie Ihre Vorstellung anhand des Hörbeispiels. Diskutieren Sie die Berechtigung der Kritiken.

7 Suchen Sie in den Kritiken (hier und S. 169) nach sachgerechten und unangemessenen Aussagen.

8 Diskutieren Sie die Angemessenheit des Verfassungsgerichtsurteils zur Schmähkritik.

Schmähkritik und Lobeshymne

» *Es gehört Mut dazu, ein Künstler zu sein. Er muss darauf gefasst sein, auch von den unberufensten und bedenklichsten Schwätzern jede Schmähung, jede Verunglimpfung zu ertragen.* « (Peter Cornelius, 1824–1874, deutscher Komponist)

» *Auch eine überzogene und selbst eine ausfällige Kritik macht für sich genommen eine Äußerung noch nicht zur Schmähung. Eine herabsetzende Äußerung nimmt vielmehr erst dann den Charakter der Schmähung an, wenn in ihr nicht mehr die Auseinandersetzung in der Sache, sondern die Diffamierung der Person im Vordergrund steht.* « (Aus einem Urteil des Bundesverfassungsgerichts, 1991)

Dass Kritiken von Künstlern als beleidigende Schmähung empfunden werden, kehrt in der Geschichte immer wieder. Dem steht häufig eine Berichterstattung gegenüber, die aus wenig sachlichen Gründen die Leistung eines Künstlers in den Himmel hebt.

» *„No Ordinary World" ist, wie nicht anders zu erwarten, extrem ordinär. Cocker mag schlechtere und gewiss schlockigere[1] Platten gemacht haben, selten aber eine so mediokre, so ereignislose. […] Ein Sound wie Seife. Zu Songs, die mehrheitlich im Spülwaschgang in der Studiotrommel rotieren, während Cocker seine Töne dazugibt wie Megaperls. Gefühle, wohldosiert. Das Rauchen hat sich Cocker mittels Nikotinpflaster abgewöhnt. Wenn es doch nur eine Kur gäbe gegen chronischen Kreativitätsmangel.* « (Oliver Hüttman, 1999)

» *Joe Cocker gehört zu den ganz großen Sängern unserer Zeit. Seine Stimme ist pure Naturgewalt, kraftvoll, exzessiv und mit Sicherheit eine der eigenwilligsten im weiten Rund der populären Musik. Ob Balladen, bluesiges Urgestein, Soul-Stomper oder geradlinig strukturierte Popsongs, seine Gabe, Lieder anderer Interpreten in neue Dimensionen zu heben, macht ihn zur dauerhaft strahlenden Lichtgestalt im Rockbusiness. Mit dem Album „No Ordinary World", das sein zeitloses Talent auf sehr zeitgemäße Art offenbarte, bestätigte Joe Cocker, dass er immer noch so unvergleichlich und umwerfend ist wie vor 32 Jahren, als er […] zum ersten Mal weltweit die Spitze der Charts erklomm.* «

(Kunst- und Ausstellungshalle der Bundesrepublik Deutschland, 2002)

Joe Cocker auf seiner No-Ordinary-World-Tour im Jahr 2000

1 schlockig (von engl. „shlocky"): ein aus dem Jiddischen stammendes Lehnwort für „billig", „schäbig"

Joe Cocker: No Ordinary World

Text u. Musik: Lars Gustaf Anderson, Stephen Allen Davis

Auf der Suche nach dem Original

Die Edition musikalischer Werke

Ludwig van Beethoven
s. S. 146

> Nimmt man Beethoven'sche Manuskripte zur Hand, […] findet sich bald einer, bald zwei, vier und noch mehr Takte durchgestrichen, inmitten der Systeme, oder ganz oben noch Anmerkungen, z. B. „aus" oder wieder „gut – bleibt".
> (Anton Schindler, Beethovens Sekretär, 1860)

Urtext und „praktische Einrichtung"

Edition (lat. für „Herausgabe") Die Einrichtung und Herstellung von Druckwerken, meist durch Verlage. Bücher werden in aller Regel vor dem Erscheinen im Lektorat des Verlages bearbeitet. Es säubert das Manuskript von Fehlern, passt es an aktuelle Schreib- und Lesegewohnheiten an und bereitet es für den Druck vor.

Herausgeber musikalischer Werke treffen nicht selten schon zu Beginn ihrer Tätigkeit auf eine Schwierigkeit: Die Handschrift mancher Komponisten gibt ihnen knifflige Rätsel auf, kaum lesbare Autografe müssen entziffert werden. Zu den unleserlichsten Handschriften der Musikgeschichte gehört die von Ludwig van Beethoven. Die Übertragung des Originals ist der erste Schritt bei allen Werken, deren Handschriften noch vorhanden sind. Bei der weiteren Arbeit aber gibt es sehr unterschiedliche Herangehensweisen. Oft werden – wenn das Manuskript verloren gegangen ist – alte Abschriften und historische Ausgaben verglichen und als Grundlage benützt.

1 Versuchen Sie, Noten und Schrift in Beethovens Manuskript zu entziffern. Übertragen Sie die unterste Zeile in korrekte Notenschrift.

Kadenz zum Klavierkonzert Nr. 1, C-Dur, op. 15 in Beethovens Handschrift

Bis in die Mitte des 20. Jahrhunderts waren bei der Herausgabe von Musikwerken „praktische Einrichtungen" die Regel, Ausgaben also, die Fingersätze, Interpretationsanweisungen oder andere Hilfen für den ausführenden Musiker enthielten. Nach 1950 wurden mehr und mehr „Urtext"-Ausgaben veröffentlicht, die sich weitgehend auf die lesbare Wiedergabe der Manuskripte oder zeitgenössischer, möglichst vom Komponisten autorisierter Abschriften oder Drucke beschränkten.

Georg Friedrich Händel: Suite Nr. 4 in d-Moll, 3. Satz

A) Wiener Urtext. Nach Autografen, Abschriften und Drucken herausgegeben von Peter William (Beratung in Quellenfragen: Terence Best)

Sarabande

B) Aus: 12 leichte Klavierstücke, zusammengestellt von Hans Bülow, neu herausgegeben von Robert Teichmüller

Georg Friedrich Händel

*1685 Halle
†1759 London

Nach Anfangsjahren als Geiger, dann als leitender Cembalist in Hamburg errang Händel nach 1706 in Italien erste Opernerfolge. 1710 wurde er Hofkapellmeister beim Kurfürsten von Hannover. Als dieser zum König von England gekrönt wurde, folgte ihm Händel nach London. Im königlichen Auftrag eröffnete er 1720 ein Opernhaus.
Nach dem Scheitern des zunächst überaus erfolgreichen Unternehmens widmete sich Händel ab 1740 der Komposition von Oratorien (z. B. „Der Messias"). Händel gilt den Engländern als ihr größter Komponist und wurde wie viele der englischen Nationalhelden in der Westminster Abbey beigesetzt.

Sarabande

Seit 1650 gravitätischer höfischer Tanz im langsamen Dreiertakt mit charakteristischer Betonung (z. B. durch Punktierung) der zweiten Zählzeit.

2 Vergleichen Sie die beiden Ausgaben. Berücksichtigen Sie dabei neben dem Notentext auch alle zusätzlichen Angaben.

3 Diskutieren Sie Argumente für und gegen Urtext- und bearbeitete Ausgaben.

4 Hören Sie zwei Aufnahmen der Sarabande. Stellen Sie die Unterschiede (Besetzung, Tempo, Nähe zum Urtext) tabellarisch zusammen. Wählen Sie die Aufnahme aus, die Ihnen besser gefällt, und begründen Sie Ihre Wahl.

III, 24/25

Clarinregister und Drehbüchsenventile

Instrumente und ihre Zeit

Johann Christoph Weigel: Viola da gamba (um 1720)

»Ja, Döbereiner, wie kann man nur so herunterkommen und wieder Gambe spielen?«

(Cellisten des Bayerischen Staatsorchesters zu ihrem Kollegen Christian Döbereiner, der in einem Werk Bachs einen Part mit dem vorgesehenen Originalinstrument spielte, um 1910)

»Jede Zeit hat ein Instrumentarium, das ihrer Musik am meisten gerecht wird. In der Vorstellung der Komponisten klangen die Instrumente ihrer Zeit.«

(Nikolaus Harnoncourt, 1954)

Anders als auf vielen Gebieten der Technik kann man die Baugeschichte der Musikinstrumente keinesfalls als eine fortgesetzte Entwicklung zur Perfektion sehen. So gibt es z. B. keine vollkommeneren Streichinstrumente als die der großen italienischen Meister wie Antonio Stradivari und Giuseppe Guarneri, die in den Jahrzehnten um 1700 gebaut wurden. Dennoch genügten diese Instrumente später den Anforderungen nicht mehr. Kulturgeschichtliche Entwicklungen veränderten die Erwartungen der Spieler und des Publikums. Ihnen hatten sich die Instrumentenbauer anzupassen.

1 Erläutern Sie die Entwicklung im Bereich der Musikinterpretation, die die beiden Zitate belegen.

2 Fassen Sie die Ursachen für den Wandel im Instrumentenbau und seine generellen Merkmale zusammen.

3 Stellen Sie eine Liste der technischen Entwicklungen zusammen, die in den Jahrzehnten zwischen 1750 und 1830 stattfanden.

4 Erklären Sie, inwiefern die karikierende Darstellung eines Liszt-Konzertes (s. S. 179) die Aussagen im Abschnitt „Andere Hörer, andere Instrumente" illustriert.

Andere Hörer, andere Instrumente

In der Folge der von der Französischen Revolution verursachten Umwälzungen suchte das aufstrebende Bürgertum seine Rolle im kulturellen Leben. Hatte sich das weltliche Musikleben bisher vor allem auf die Adelshöfe konzentriert, so fand es nun ein viel breiteres Publikum. Konzerte fanden jetzt öffentlich und in großen Sälen statt. Das führte auch im Instrumentenbau zu einschneidenden Veränderungen. Aber nicht nur die neuen akustischen Verhältnisse spielten eine Rolle. An die Stelle der musikalisch oft hochgebildeten adligen Mäzene war eine Hörerschaft mit anderen Ansprüchen getreten. Für das Publikum, das tagsüber mit viel profaneren Dingen beschäftigt war, wurden die Künstler zu Leitsternen, die ihnen den Weg in eine „höhere Welt" wiesen. Besonders bewundernswert erschien dieser neuen Hörerschaft die Brillanz der virtuosen Interpreten – eine Parallele zu der wachsenden Perfektion auf allen Gebieten der Technik.

Vor diesem Hintergrund sind die Anforderungen an die Instrumente zu sehen: Sie mussten lauter werden, brillanter klingen, Hilfen zur Bewältigung spieltechnischer Schwierigkeiten bieten; ihr Tonumfang sollte so groß wie möglich sein. Auch die Komponisten waren an der Entwicklung beteiligt: Sie griffen neue Möglichkeiten dankbar auf und stellten in ihren Kompositionen aufs Neue höhere Anforderungen.

Von den Veränderungen im frühen 19. Jahrhundert fallen äußerlich vor allem die Spielhilfen (Klappen, Pedale, Ventile) ins Auge, die das Aussehen der Instrumente prägen. Eine Fülle weiterer Neuerungen kann man kaum sehen, z. B. Änderungen an der Bohrung bei Holzblasinstrumenten, am Mundstück bei Blechblasinstrumenten, Bauteile im Inneren der Streichinstrumente (Stimmstöcke und Bassbalken).

Instrumente in neuer Gestalt

Streichinstrumente

Die äußere Gestalt der Streichinstrumente blieb im Wesentlichen unverändert; sie hatten ihre ideale Form schon um 1700 gefunden. Aber die Geigenbauer passten ihre Instrumente den neuen Erfordernissen an, und auch die älteren, bereits vollkommenen Instrumente wurden umgebaut, mit anderen Saiten bezogen und mit schwereren Bögen gespielt. Die originalen Hälse wurden durch längere, schlankere ersetzt, die in einem schrägen Winkel an den Korpus angesetzt wurden und das Greifen der Saiten erleichterten. So ist selbst von den wertvollsten Instrumenten kaum eines im Originalzustand erhalten.

Violine von Antonio Stradivari im Originalzustand des Jahres 1693

5 Vergleichen Sie die Abbildungen mit modernen Instrumenten. Überprüfen Sie dabei die Aussagen über Veränderungen im Instrumentenbau.

6 Hören Sie einen Ausschnitt aus dem Brandenburgischen Konzert Nr. 1 von Johann Sebastian Bach in zwei Versionen. Versuchen Sie eine begründete Zuordnung zu historischem bzw. modernem Instrumentarium.

III, 26/27

Holzblasinstrumente (am Beispiel der Flöte)

Barocke Traversflöten kennzeichnet ihr leiser und schwebender Klang. Eine Vergrößerung der Innenbohrung und der Grifflöcher sorgte später für einen durchsetzungsfähigeren Ton, der allerdings vom Spieler einen anderen Ansatz und sehr viel mehr Luft erforderte. 1832 entwickelte Theobald Böhm ein Klappensystem, das komplizierte Gabelgriffe überflüssig machte und neue Möglichkeiten des virtuosen Spiels eröffnete. Ähnliche Systeme fanden auch bei anderen Holzblasinstrumenten Anwendung. Nach Mitte des 19. Jahrhunderts traten dann Metalle (Gold, Silber u. a.) an die Stelle des Baumaterials Holz.

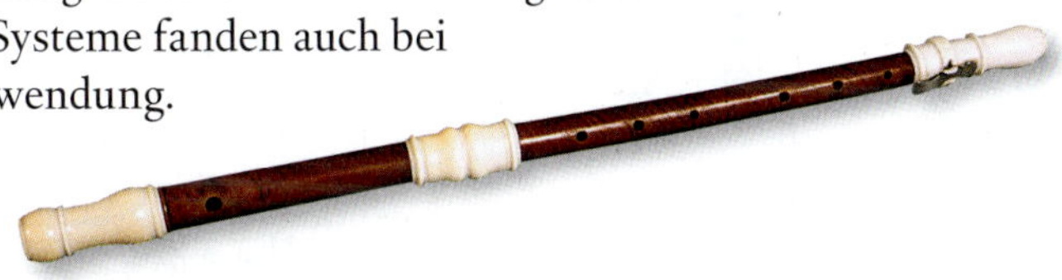

Traversflöte, um 1760

Blechblasinstrumente (am Beispiel der Trompete)

Seit dem ausgehenden Mittelalter repräsentierten Trompeten Macht; ihre Spieler waren die Könige unter den Instrumentalisten. Die äußere Form der Instrumente, die einmal gewundene Langtrompete, veränderte sich bis in die Barockzeit kaum. Ihre Spielmöglichkeiten beschränkten sich auf die Naturtonreihe; nur durch Veränderung der Lippenspannung konnten verschiedene Töne erzeugt werden. Erst in der vierten Oktave der Naturtonreihe stand eine vollständige Tonleiter zur Verfügung. Das Anblasen dieser Töne, die hohe Kunst des Spiels im „Clarinregister", war außerordentlich anstrengend. Nach vielen Versuchen, das Spiel der Trompete zu erleichtern und ihm auch in tieferen Registern alle Töne zur Verfügung zu stellen, gelang im Jahr 1813 der entscheidende Fortschritt: die Erfindung der Drehbüchsenventile (Ventile, die sich auf Fingerdruck drehen und so den Luftstrom umleiten). Damit wurde für die Trompete und für das prinzipiell ähnliche Horn das Spiel chromatischer Tonleitern möglich.

7 Beschreiben Sie das Verhältnis zwischen musikalischer Funktion und dem Bau der Querflöte von der Renaissance bis zur Romantik mithilfe des Instrumenten-Videos.

Langtrompete eines Nürnberger Instrumentenbauers (1697)

Jan Vermeer van Delft: Frau am Virginal (1659)

Vom Virginal zum Imperial

Die moderne Geschichte der Saitenklaviere beginnt mit der Einführung des Prinzips, jeder Taste eine Saite oder mehrere Saiten mit der gleichen Tonhöhe (Saitenchöre) zuzuordnen. Die Saiten wurden beim Anschlagen der Taste mit einem Plektrum (z.B. aus einem Rabenfederkiel) gezupft. Dieses Prinzip galt für Virginal, Spinett (mit zur Tastatur senkrecht stehenden Saiten) und alle Cembali wie Clavicymbel, Clavecin und Harpsichord (mit zur Tastatur gleichgerichteten Saiten). Zum Teil wurden diese Instrumente mit mehreren Manualen versehen, die jeweils für Saitenzüge in verschiedenen Oktavlagen zuständig waren. Für solche Instrumente komponierte z.B. J.S. Bach. Aus seinen Angaben wird allerdings oft nicht deutlich, an welche der vielen Ausformungen er dachte, und mit „Klavier“ konnte durchaus auch eine Orgel gemeint sein. Im „zweyten Teil der Clavier Übung“ aus dem Jahr 1734 gab er jedoch eine eindeutige Besetzungsangabe: „Concerto nach Italiaenischem Gusto vor ein Clavicimbel mit zweyen Manualen“.

Jan Vermeer van Delft
* 1632 Delft
† 1675 Delft

Der Barockmaler ist besonders für seine Genrebilder des Alltagslebens im „Goldenen Zeitalter“ der Niederlande (17. Jh.) bekannt.

Johann Sebastian Bach: Italienisches Konzert, 2. Satz (Anfang)

III, 28/29

8 Hören Sie einen Ausschnitt aus Johann Sebastian Bachs „Italienischem Konzert“, zuerst auf einem Cembalo, dann auf einem modernen Flügel gespielt. Begründen Sie Bachs Werkbezeichnung. Ziehen Sie dazu den Abschnitt „Ein vieldeutiger Begriff“ im Kapitel „Konzerte einst und jetzt“ (s. S. 165) heran.

9 Beschreiben Sie die Funktionen der einzelnen Stimmen. Erläutern Sie dann, wie sie beim Spiel der jeweiligen Instrumente berücksichtigt werden.

10 Entwerfen Sie einen Instrumentationsvorschlag für ein drei- oder vierstimmiges Ensemble mit beliebigen Instrumenten.

Das Cembalo war im Barock das unentbehrliche Generalbassinstrument in der Orchester- und Kammermusik, aber auch ein vielseitiges Soloinstrument. Allerdings verursachte die Technik der Tonerzeugung mit dem Plektrum Einschränkungen der Lautstärke und der Gestaltungsmöglichkeit des Tones.

> Das Cembalo ist vollkommen in seinem Tonumfang, seine Klangfarbe ist brillant, aber da es nicht möglich ist, sein Klangvolumen zu vergrößern, werde ich immer demjenigen Anerkennung zollen, dem es gelingen mag, kraft seiner Kunstfertigkeit und seiner Feinfühligkeit diesem Instrument größere Ausdrucksfähigkeit zu verleihen. (François Couperin, 1713)

Als Couperin das schrieb, hatte in Florenz Bartolomeo Cristofori schon ein Instrument gebaut, bei dem ein Hammer eine Saite anschlug und sie sofort wieder freigab. Mit dem Anschlag wurde zugleich ein Dämpfer angehoben, der beim Loslassen der Taste die schwingende Saite abfing. Diese Mechanik erlaubte eine bisher unbekannte variable Gestaltung des Tones. Deshalb nannte Cristofori sein neues Instrument „Gravicembalo col piano e forte".

Damit war das Modell geschaffen, das „Hämmerklavier", das Bach noch kennenlernte und für das Mozart und Beethoven ihre Werke schrieben. Besonders nach 1800 erfuhr es aber viele Veränderungen und wurde den Ansprüchen eines neuen Musiklebens angepasst. Die Saiten wurden verstärkt, drei gleich gestimmte wurden nun von einem Hammer angeschlagen. Der Tonumfang wurde erweitert, gusseiserne Rahmen erlaubten eine wesentlich höhere Saitenspannung, und eine raffinierte Repetitionsmechanik ermöglichte rasche Wiederholungen des gleichen Tones. Diese und viele weitere Erfindungen veränderten natürlich auch den Klangcharakter. Die Entwicklung war erst am Ende des 19. Jahrhunderts abgeschlossen. Und so ist anzunehmen, dass Franz Liszts Werke bei seinem Konzert in der Berliner Singakademie im Jahr 1842 ganz anders geklungen haben, als sie bei einem Vortrag auf einem mächtigen Konzertflügel unserer Tage klingen, einem Steinway oder einem fast drei Meter langen und 570 Kilo schweren „Imperial" der Firma Bösendorfer.

Die Karikatur aus dem Jahr 1842 zeigt die Reaktion des Publikums auf Franz Liszts Klavierspiel.

François Couperin („Le Grand")
*1668 Paris
†1733 Paris

Cembalist und Organist, Hofkomponist von Louis XIV.

Franz Liszt
*1811 Raiding (Burgenland)
†1886 Bayreuth

Der Pianist Liszt gilt wie der Geiger Niccolò Paganini (1782–1840) als das Urbild eines Virtuosen im 19. Jh. In ganz Europa wurden seine Konzerte stürmisch gefeiert, bis er sich 1847 vom Podium zurückzog, um sich der Komposition zu widmen.

Generalbass (Basso continuo, B. c.)
s. S. 134–137

11 Beschreiben Sie anhand des Notentextes und des Hörbeispiels die spieltechnischen Schwierigkeiten in der Konzertetüde von Liszt (s. S. 180). III, 30

Franz Liszt: Konzertetüde „Mazeppa" (T. 159–176)

* Auch die äußeren Stimmen sollen Legatowirkung haben.

Den Sängern und Instrumentalisten die Freyheit lassen

Arcangelo Corelli: Sonata op. 5, Nr. 5, g-Moll (1700)

Man muß allemahl den Sängern und Instrumentalisten die Freyheit lassen, ihre Geschicklichkeit zu zeigen; man muß ihnen sogar dazu Gelegenheit geben, wenn man seine Stücke nicht muthwillig verderben und sie in einer matten und verdrießlichen Aufführung unterwerfen will. (Johann Adolf Scheibe, 1737)

Hugh Howard: Arcangelo Corelli (um 1700)

Arcangelo Corelli
* 1653 Fusignano (bei Ravenna)
† 1713 Rom

Bereits als Jugendlicher zeigte Corelli große Begabung. 1675 ging er als Orchestermusiker nach Rom. Als virtuoser Geiger fand er bei der aristokratischen Gesellschaft zunehmend Anerkennung. Mit seinen Concerti grossi (s. S. 165) und den Violinsonaten prägte er die nachfolgenden Komponisten. Er gilt als typischer Repräsentant der italienischen Violinmusik des 17. Jh.

Die verlorene Kunst des Verzierens

Beim Vortrag von Werken aus vorklassischen Epochen der Musikgeschichte kommt den Interpreten eine ganz besondere Rolle zu. Denn Partituren und Noten von Werken aus der Zeit vor 1800 unterscheiden sich von später entstandenen in ihrem Verhältnis zur Aufführung – wie der Musiker und Musikwissenschaftler Nikolaus Harnoncourt ausführt:

Vor 1800:
» *Das Werk, die Komposition wird aufgeschrieben – dessen Wiedergabe im Einzelnen ist dann aus der Notation nicht zu erkennen.* «

Nach 1800:
» *Es wird die Aufführung niedergeschrieben; dabei ist die Notation gleichsam eine Spielanweisung; sie zeigt also […] so genau wie möglich die Wiedergabe: So soll hier gespielt werden.* «

Die Interpreten Alter Musik haben also die notierte Werkstruktur „mit Leben" zu füllen, z. B. durch Ausgestaltung der (meist nicht notierten) Dynamik und der Artikulation und durch Verzieren des vorgegebenen Notentextes. Insbesondere die Variation ist für die Barockzeit maßgeblich: Ob Rhythmik, Dynamik, Artikulation oder Umspielen der Melodie – alles unterliegt dem „Changement", dem Gesetz des Wechsels. Kunst der Verzierung im Sinne der Barockzeit bedeutet daher musikalische Vortragskunst schlechthin:

… weil nichts in der Welt so sehr nach Veränderung schnappet als eben die Music, darum man das Changement wol ohne großes Unrecht ihr Element nennen möchte. (Johann Mattheson, 1713)

1 Fassen Sie zusammen, welcher Quellen und Hilfen sich Musikwissenschaftler und Interpreten bei der Suche nach dem ursprünglichen Klangbild barocker Musik bedienen können.

Eine Mustersonate

Für die Vorbereitung der ersten Druckausgabe der Sonaten op. 5 im Jahr 1700 hat Corelli zeitgenössischen Berichten zufolge drei Jahre verwendet. Die fünfte Sonate dieses Zyklus nimmt eine Sonderstellung ein. Es existiert nämlich eine ganze Reihe von Abschriften, in denen zeitgenössische Violinisten ihre zunächst wohl aus dem Stegreif entstandenen Verzierungen schriftlich festhielten. Die bekannteste ausgezierte Version hat – nach den Angaben des ersten Druckes – „Herr A. Corelli beim Spielen komponiert".

Sonata op. 5, Nr. 5, g-Moll (Anfang)

A) Unverzierte Fassung

2 Musizieren Sie mit einem Sopran- und einem Bassinstrument die unverzierte Fassung der Sonate.

B) Erste Druckausgabe aus dem Jahr 1700 mit verzierter und unverzierter Fassung der Violinstimme (oben bzw. unten)

3 Betrachten Sie den ersten Teil des Satzes im Druck aus dem Jahr 1700. Vergleichen Sie die beiden Fassungen der Melodie hinsichtlich ihrer Funktion und Wirkung.

IV, 1

4 Hören Sie eine Aufnahme des ersten Teils des Satzes und beschreiben Sie die Verzierungen, die der Geiger bei der Wiederholung spielt. Vergleichen Sie diese Ausführung mit Corellis Vorschlägen.

IV, 2

5 Hören Sie den ganzen Satz in einer anderen Interpretation. Beschreiben Sie sie im Vergleich mit der ersten Aufnahme. Äußern Sie sich zur unterschiedlichen Gestaltung des Basso continuo in den beiden Aufnahmen.

1895
Erste Urtextausgaben „classischer Werke“ der Kgl. Akademie Berlin

1953
Nikolaus Harnoncourt gründet das Originalklang-Ensemble *Concentus Musicus*

Entwurf und Ausführung

Ähnliche Vorgänge wie bei der Realisierung barocker Instrumentalmusik kann man auch in anderen Künsten beobachten. So fertigten die Maler – besonders bei Fresken – Entwürfe an. Bei der Ausführung wurde dieses „Gerüst“ des Bildes beibehalten, aber ausgeschmückt und farbig gestaltet. Bezeichnenderweise wurde der Begriff des Kolorierens von der bildenden Kunst auch auf die Musik übertragen. Hier versteht man darunter das Verzieren von Melodien.

Für das weltberühmte Treppenhaus der Würzburger Residenz schuf Giovanni Battista Tiepolo ein monumentales Fresko mit Allegorien der (damals bekannten) vier Kontinente. Die Rötelzeichnung des Ausschnittes aus der „Allegorie der Amerika“ stammt von Giovanni Battistas Sohn und Mitarbeiter Giovanni Domenico. Dabei handelt es sich um eine Vorstudie für die Ausführung im Treppenhaus durch den Meister.

Würzburger Residenz
Der Bau mit der ungewöhnlich einheitlichen architektonischen Gestaltung entstand im Laufe des 18. Jh. im Auftrag der Fürstbischöfe von Würzburg. Er zählt heute zum Weltkulturerbe. Seine größte Attraktion ist das gewaltige Treppenhaus mit den Fresken von Tiepolo.

Giovanni Battista Tiepolo
* 1696 Venedig
† 1770 Madrid

Tiepolo erhielt seine künstlerische Ausbildung in Venedig. Sein dramatischer Stil machte ihn zum berühmtesten Freskenmaler seiner Zeit. Von 1750 bis 1753 arbeitete er mit seinen beiden Söhnen in der Würzburger Residenz.

6 Vergleichen Sie Skizze und Fresko der „Allegorie der Amerika“ hinsichtlich Ausführung und möglicher Funktion.
Diskutieren Sie Parallelen zwischen Entwurf und Ausführung in Musik und bildender Kunst.

Allegorie der Amerika.
Oben: Rötelzeichnung (um 1750); unten: Ausschnitt aus dem Treppenhausfresko der Würzburger Residenz (1753).

You've Filled My Heart with Weary Old Blues

Verschiedene Interpretationen eines Blues von William Christopher Handy

William Christopher Handy um 1950

> Each one of my blues is based on some old Negro song of the South. Something that sticks in my mind, that I hum to myself when I'm not thinking about it. Some old song that is a part of the memories of my childhood and of my race. I can tell you the exact song I used as a basis for any one of my blues.
>
> (William Christopher Handy, 1923)

William Christopher Handy wurde 1873 in Alabama als Sohn ehemaliger Sklaven geboren, 1958 starb er in New York. Um die Jahrhundertwende arbeitete er als Bandleader, Musiker und Musiklehrer. Dabei lernte er alle Facetten afroamerikanischer Musik kennen, die seine eigenen Kompositionen wesentlich prägten. Aus seiner Feder stammen z. B. „Memphis Blues", „St. Louis Blues" und „Loveless Love", das mit anderem Text auch als „Careless Love Blues" bekannt wurde.

Careless Love Blues (1925)

Text: Martha E. Koenig, Spencer Willliams;
Bearbeiter: William C. Handy © EMI

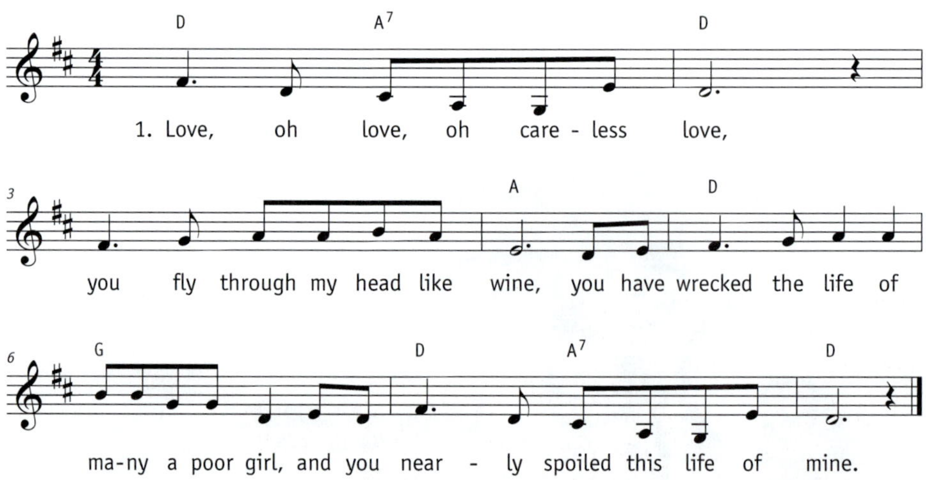

2. Love, oh love, oh careless love, in your clutches of desire
   You've made me break a many true vow, then you set my very soul on fire.
3. Love, oh love, oh careless love, all my happiness I left,
   You've filled my heart with weary old blues, now I'm walking talking to myself.
4. Love, oh love, oh careless love, trusted you, now it's too late,
   You've made me throw my only friend down, that's why I sing this song of hate.
5. Love, oh love, oh careless love, night and day I weep and moan.
   You brought the wrong man into my life, for my sins 'till judgment I'll atone.

1 Singen und musizieren Sie den Song. Erstellen Sie ein Arrangement (z. B. für Klavier, Gitarre, Bass, Schlagzeug). Fügen Sie zwischen die (ggf. solistisch) gesungenen Strophen Instrumentalchorusse ein, in denen Sie die Melodielinie improvisierend verändern.

Varianten leichtsinniger Liebe

„Standards“ nennt man im Jazz Stücke, die immer wieder von Interpreten aufgegriffen und zur Grundlage ihrer Interpretationen gemacht werden. Von „Coverversionen“ in der Popmusik unterscheiden sich diese Interpretationen in aller Regel durch den Grad der Eigenständigkeit. Die Abwandlungen können vom bloßen Umspielen der Melodie bis zu Stücken gehen, in denen zwar die Harmoniefolge beibehalten wird, im Übrigen die Gestalt aber so stark verändert wird, dass ungeübte Hörer das Original nicht mehr erkennen.

Zu den am häufigsten interpretierten Jazzstandards gehört „Careless Love“. Neben vielen Vokalaufnahmen gibt es eine Fülle von Einspielungen ohne Text. Dabei passten die Musiker die Grundlage ihres Spiels den stilprägenden Merkmalen ihrer Zeit an. Fast immer gilt, dass das Stück in Abschnitte (Chorusse) gegliedert ist, die der zugrunde liegenden Melodie entsprechen.

Bessie Smith im Jahr 1925

Die erste Aufnahme

Die Interpretin der ältesten bekannten Aufnahme des „Careless Love Blues“ war Bessie Smith. Sie kam um 1892 in Chattanooga, Tennessee in überaus ärmlichen Verhältnissen als Tochter eines Predigers zur Welt und wurde mit neun Jahren Waise. Später arbeitete sie in Varieté-Theatern, bis sie in den 1920er-Jahren zur gefeierten Bluessängerin aufstieg.

Bei der Aufnahme von „Careless Love Blues“ im Jahr 1925 befand sich Bessie Smith auf dem Höhepunkt ihrer Karriere. Häufig trat sie in Chicago auf, in diesen Jahren ein Zentrum des Jazz. Die Trompete in der Band, die sie begleitete, spielte Louis Armstrong. Diese Interpretation des Songs gehört bis heute zu den berühmtesten Aufnahmen der Jazzgeschichte.

Louis Armstrong
s. S. 40

> Da stand keine Schauspielerin vor uns, keine Frau, die das Leid einer Frau nachmacht. Da wurde nicht getan als ob. Es war die Sache selbst. Eine Frau schnitt sich mit dem Messer ins Fleisch, bis ihr Herz vor uns lag, bis wir alle sehen konnten und bis wir litten, wie sie litt. Sie öffnete vor uns ihr Herz in Rhythmen, die waren so wild, dass man es kaum ertragen konnte.
>
> (Carl van Vechten, Schriftsteller und Fotograf)

2 Vergleichen Sie die beiden Interpretationen des Songs. Beachten Sie dabei besonders:
- die Stimmgebung der Sängerinnen
- den Umgang mit dem Notentext
- die Besetzung
- die Rolle der Begleitinstrumente

IV, 3/4

3 Setzen Sie die Lebensgeschichten der beiden Sängerinnen in Beziehung zu den Interpretationen.

Ein erfolgreiches Remake

Die 1974 in Athens, Georgia geborene Madeleine Peyroux lebte ab ihrem neunten Lebensjahr in Frankreich und begann dort ihre musikalische Karriere als Straßensängerin. Seit 1996 veröffentlichte sie ihre Alben; 2007 wurde sie als „Best International Jazz Artist“ mit dem renommierten Jazz Award der BBC ausgezeichnet. Ihre Aufnahme von „Careless Love“ stammt aus dem Jahr 2004.

Madeleine Peyroux im Jahr 2007

4 Äußern Sie sich zum Grad der Unterschiedlichkeit der beiden Interpretationen. Beziehen Sie sich dabei auf die im Abschnitt „Varianten leichtsinniger Liebe“ erwähnte Spannweite der Abweichungen vom „Original“.

IV, 5–7

5 Ordnen Sie die drei Aufnahmen von „Careless Love" den genannten Stilen des Jazz zu.

6 Begründen Sie Ihre Zuordnung aus den Informationen zu den Spielweisen des Jazz.

Hundert Jahre Jazz

Der Jazz gilt als die wichtigste authentische Kunstform der Afroamerikaner. Nach seiner Entstehung im Süden der USA fand er bald in aller Welt Verbreitung. Musiker anderer Genres griffen Spielweisen, Ideen und Ästhetik des Jazz auf. Ebenso übernahmen die Jazzmusiker Einflüsse aus vielen Musikkulturen. So entstand im Lauf der Jahrzehnte eine erstaunliche Fülle verschiedener Stile, die ganz unterschiedliche Hörhaltungen erfordern. Eine überaus grobe Einteilung lässt drei Epochen erkennen.

Das Superior Orchestra, 1910

1900–1930: Oldtime Jazz
(New Orleans, Dixieland, Chicago)

Funktion	Tanzmusik, Unterhaltungsmusik
Besetzung	3–4 Bläser, Rhythm-Section in unterschiedlicher Besetzung (p, gt, bj, b, dr)
Musikalische Merkmale	deutlich erkennbare Melodieführung (meist tr), klare Gliederung in Chorusse (Durchgänge der Melodie), oft improvisierte Umspielungen der Melodie, betontes Metrum
Allgemein	„naives" Musizieren

Duke Ellingtons Bigband, 1935

1925–1945: Swing

Funktion	Tanz- und Unterhaltungsmusik, Verbreitung durch Massenmedien, v. a. Rundfunk
Besetzung	Bigband (3–4 tr, 3–5 sax, 3–4 trb, Rhythm-Section mit p, gt, b, dr)
Musikalische Merkmale	raffinierte Arrangements, ausgefeilte Präzision, Wechsel von Passagen im vollen Ensemblesatz und Soloimprovisationen
Allgemein	Entindividualisierung der Musiker, hoher künstlerischer Anspruch, gleichzeitig oft kommerzielle Ausrichtung

Das Modern Jazz Quartett, um 1955

Nach 1940: Modern Jazz
(Bebop, Cool Jazz, Free Jazz, Fusion, Jazzrock u. a.)

Funktion	meist mit „Kunst"-Anspruch, konzentriertes Hören wird erwartet
Besetzung	Bandbreite von solistischer Besetzung bis zu groß besetztem Orchester
Musikalische Merkmale	überaus breite Auffächerung der Stilmerkmale, Musiker oft auch „klassisch" ausgebildet
Allgemein	häufig „intellektuelles" Musizieren vor kleinem, sachverständigem Publikum

Variaten in der bildenden Kunst

Das Spiel mit Variationen und Varianten ist nicht nur in der Musik beliebt. Auch in der bildenden Kunst finden sich viele Beispiele für eine solche Vorgehensweise. So malte z.B. Claude Monet (1840–1926) eine Reihe von Ansichten der Kathedrale von Rouen. In der modernen Kunst sind Andy Warhols (1928–1987) Seriendrucke eines Bildgegenstandes („Marilyn Monroe", „Flowers" u.v.a.) allgemein bekannt geworden.

Serien spielen auch im Schaffen Ernst Wilhelm Nays eine wichtige Rolle. Der deutsche Maler der klassischen Moderne zählte im Dritten Reich zu den „entarteten" Künstlern. Schon in seinem frühen Werk lässt sich das Spiel mit sich wiederholenden Elementen beobachten. Nach dem Zweiten Weltkrieg entwickelte er diese Technik weiter.

Ernst Wilhelm Nay: Flamboyant (1966)

Ernst Wilhelm Nay
* 1902 Berlin
† 1968 Köln

Nay begann als Expressionist. Im Dritten Reich galt er als „entartet", später malte er leuchtend farbige abstrakte Bilder von hoher rhythmischer Intensität.

Ernst Wilhelm Nay: Glückszeichen (1966)

7 Vergleichen Sie die beiden Bilder. Beschreiben Sie gemeinsame Elemente und Abweichungen. Urteilen Sie über den Grad der Variation.

8 Beschreiben Sie Ähnlichkeiten und Unterschiede zwischen dem Vorgehen der Maler bei Serienbildern und dem der Jazzmusiker bei der Interpretation eines Standards.

9 Diskutieren Sie die Berechtigung einer Parallelsetzung der beiden Phänomene Jazzvarianten und Serienbilder.

Pop-geniale Hooks

Britney Spears: Oops! … I Did It Again (2000)

Britney Spears bei ihrer „World Tour" im Jahr 2000

» Um einen Britney-Spears-Song voll und ganz würdigen zu können, muss man das Video ungefähr fünfzehnmal gesehen haben. Man muss zuerst jede Einzelheit der messerscharfen Choreografie genossen haben, jeden Wimpernschlag, jeden pop-genialen Hook und Akkordwechsel. Das gemeine Genie hinter diesem Pop-Phänomen zu erkennen, macht Angst. «

(New Musical Express, Mai 2000)

Schon immer in der Geschichte der populären Musik wurden erfolgreiche Titel in Coverversionen (in den USA meist „Remakes" genannt) nachgesungen und nachgespielt. Mit „Oops! … I Did It Again" setzte sich Britney Spears sofort nach Erscheinen der Single weltweit an die Spitze der Popcharts. Der Song erfuhr eine Vielzahl von Coverversionen unterschiedlichster Art.

Oops! … I Did It Again

Text u. Musik: Karl Martin Sandberg, Rami Yacoub
© Imagem Music

Britney Spears
* 1981 McComb, Mississippi

Die Sängerin zählt seit ihrem Debüt-Album 1999 zu den erfolgreichsten Popstars. Ab 2005 erregten neben ihrer musikalischen Karriere auch private Eskapaden Aufsehen.

Hook, Hookline
(engl. „hook" für „Haken", „line" für „Zeile")
Der popmusikalische Begriff für eine Melodiephrase oder Textzeile mit „Ohrwurm"-Qualität, meist aus dem Refrain eines Titels, durch die das Stück sofort erkannt wird.

1955 Elvis Presley covert Little Richards „Tutti Frutti"

1963 Die *Beatles* covern Chuck Berrys „Roll over Beethoven"

1969 „My Way", Frank Sinatras Version eines frz. Chansons erscheint

1 Hören und sehen Sie den Song zuerst im Original. IV, 8

2 Singen Sie den Titel sowohl zu einer live musizierten Begleitung als auch zum Playback. Nehmen Sie Stellung zu den Ergebnissen. II, 32

Klonen kann sich lohnen

Die Gründe und die Art und Weise für das „Covern" können sehr unterschiedlich sein. Nicht immer geht es bei solchen Interpretationen nur darum, sich an den Erfolg der ursprünglichen Fassungen anzuhängen: Manche Coverversionen sind auf dem Markt erfolgreicher als die Originale.

- *Imitation:* Songs, Sound und Bühnenpräsenz einer Band werden möglichst originalgetreu nachgeahmt (Cover- oder Tributebands)
- *Paraphrase:* Songs werden – mehr oder weniger verändert – von neuen Interpreten veröffentlicht, z. B. um dadurch weitere Zielgruppen zu erschließen
- *Kontrast:* Songs werden in gegensätzliche, genretypische Arrangements überführt (z. B. Country, Punk, Jazz) – manchmal mit parodistischem Einschlag

Nicht die Beatles, *sondern eine Coverband*

Gothic Rock
(engl. „gothic" für „gotisch", „grausig")
Dieser Stil der Rockmusik entwickelte sich zu Beginn der 1980er-Jahre aus New Wave und Punk. Gothic Rock wird zusammen mit anderen sog. „Dark-Wave"-Genres der Gothic-Kultur zugerechnet, die durch eigenwillige Spiritualität (Kult von Tod und Vergänglichkeit) und einer daraus resultierenden Selbstdarstellung ihrer Anhänger (Friedhofskult) charakterisiert ist.

Die Original Oberkrainer
Benannt nach der Landschaft Oberkrain, die rund um die slowenische Hauptstadt Ljubljana liegt, waren sie eine überaus erfolgreiche Gruppe der volkstümlichen Musik. Der typische Klang der Gruppe wirkte stilbildend.

1

Gothic Rock aus den USA

» *Rick is known to inspire hope in those who meet him. When asked, he's been known to autograph along with his name and the phrase „Believe in Angels". Perhaps this is because of his heart, always willing to listen and care for anyone who's reaching out for comfort. Rick believes that his gifted nature root deep within the wisdom and direction of his faith, and within the loving hand of god.* «

(Website der Band *The Last Dance*, 2008)

Rick Joyce, Gitarrist der US-amerikanischen Gothic-Rock-Band The Last Dance

2

Globale Volksmusik aus Österreich

» *Aufgestellt sind sie wie eine Oberkrainer-Band – traditionelle Besetzung – alles klar. Aber dann? Dann kommt Musik, die wir woanders her kennen. […] Mit unglaublichen Arrangements bringen die Global Kryner sattsam bekannte Welthits ganz neu zum Strahlen. Und es bleibt auch nicht beim reinen Krainer-Sound, mit dem sie erst einmal geschickt antäuschen: Klassische und vor allem jazzige Phrasen mischen sich ein. Damit gehen die Global Kryner weit über die übliche Musikparodie hinaus und schaffen neue eigenständige Werke.* «

(Aus der Laudatio zur Verleihung des „Prix Pantheon 2006" an die *Global Kryner*)

Die Global Kryner *aus Österreich*

3

Nostalgische Tanzmusik aus Berlin

» Vor sieben Jahren hatten wir die Idee, uns aus den Charts eine Ladung Lieder auszuborgen, die jeder kennt, und die dann in unserem Stil zu beugen.

„Oops! … I Did It Again" ist einfach ein sehr böses Stück: Hoppala, ich hab dich schon wieder betrogen, ich bin gar nicht so gut, wie man denkt, hoppala, ich hab schon wieder dein Herz zerbrochen … Ich muss sagen, dass Fräulein Spears das, was in dem Stück an schwarzem Humor liegt, nicht erkannt und auch verschenkt hat. Ich bilde mir ein, da mehr herausgeholt zu haben. « (Max Raabe, 2008)

Max Raabe und sein Palast Orchester

Max Raabe (Matthias Otto)
* 1962 Lünen

Raabe ist Sänger und Leiter des *Palast Orchesters*, das sich auf Schlager- und Tanzmusik der 1920er- und 1930er-Jahre spezialisiert hat.

*Alexi Laiho (*1979), Sänger und Gitarrist der finnischen Black-Metal-Band* Children of Bodom

4

Black Metal aus Finnland

» Sie sind bekannt für ihren druckvollen Mix aus technisch überwältigendem, dabei aber immer extrem aggressivem Metal Hybrid, bei dem Zauberei auf Gitarre und Keyboard ebenso wenig fehlt wie eine rhythm section, die heftiger ist als die von fünfzehn MTV-Rockbands. «

(Website der Band *Children of Bodom*, 2008)

Black Metal
Dieses Subgenre des Metal entwickelte sich zu Beginn der 1980er-Jahre und ist v. a. in Skandinavien verbreitet.
Charakteristisch für Black Metal sind aggressiver Gestus und aggressive Selbstinszenierung, oft mit satanistischem Einschlag.

3 Entwickeln Sie aus der Analyse der Bilder und Texte Vorstellungen darüber, wie „Oops! … I Did It Again" in den vier Coverversionen klingen könnte.

4 Hören Sie die Coverversionen des Titels. Kommentieren Sie die Interpretationen. Beziehen Sie sich dabei auch auf den Text „Klonen kann sich lohnen" (s. S. 189). IV, 9–12

Analyse 11: Interpretationen im Vergleich

Ein Werk wird erst durch die Interpretation eines oder mehrerer Musiker lebendig. Die Umsetzung kann dabei sehr unterschiedlich ausfallen. Sollen mehrere Interpretationen eines Stückes miteinander verglichen werden, muss man sich zunächst einer Grundvoraussetzung bewusst sein: Eine Einschätzung in „besser" oder „schlechter" wird nur in extremen Fällen und in Teilbereichen möglich sein.

So kann man etwa spiel- oder singtechnische Fehler einigermaßen objektiv feststellen. Aber Fehlerlosigkeit macht noch keine gute Interpretation aus. Eine perfekte, aber blutleere Interpretation ist sicher nicht höher einzuschätzen als eine lebendige, spannende Ausführung mit gelegentlichen „Ausrutschern". Bei einem Interpretationsvergleich spielen also immer auch Kriterien wie „Gestaltungskraft" oder „Tongebung" eine Rolle, die weniger messbar sind.

Ein weiteres Problem der Einschätzung stellt die „Werktreue" dar: Wie exakt hält sich der Interpret an den Willen des Komponisten? Auch hier ergeben sich komplexe Fragen: Kann der Wille des Autors „objektiv" festgestellt werden? Ist eine „historisch korrekte" Interpretation notwendig und sinnvoll?

Bei allen Vergleichen spielt allerdings auch der persönliche Geschmack eine wesentliche Rolle und bringt damit einen subjektiven Faktor mit ein. Das ist unvermeidlich und legitim, solange es dem Beurteilenden bewusst ist.

Objektive Vergleichsmerkmale

Besetzung
- Welches Instrumentarium wird benutzt? Entspricht die Interpretation der historischen Aufführungspraxis? (→ HB III, 26/27)
- Wie groß ist das Orchester, gemessen an den historischen Umständen? (→ HB III, 19)

Tempo und rhythmische Präzision
- Wie rasch ist ein Presto, wie langsam ein Adagio, was versteht der Interpret unter Andante? (→ HB III, 21/22)
- Wie hoch ist die Synchronisation im Orchester („wackelnde Einsätze")? (→ HB III, 16)

Dynamische Differenzierung
- Wie groß ist die Spannbreite zwischen lauten und leisen Stellen? (→ HB III, 17)
- Wie spannend werden Steigerungen gestaltet? (→ HB V, 5)

Tongebung
- Wie groß ist die Bandbreite unterschiedlicher Klangfarben? (→ HB II, 27)
- Wie viel Klangkraft hat der Solist / das Orchester? (→ HB III, 30)

Technische Perfektion, Intonation
- Werden bei virtuosen Werken auch exponierte Stellen fehlerfrei wiedergegeben? (→ HB III, 19)
- Wie hoch ist die Treffsicherheit bei Instrumenten ohne festgelegte Tonhöhen, vor allem bei Streichern? (→ HB IV, 26)
- Ist der Text verständlich (bei Vokalwerken)? (→ HB I, 5)
- Wie wird die Textaussage in der Interpretation berücksichtigt (bei Vokalwerken)? (→ HB I, 6)

Gestaltung
- Ist das Musikstück durch Agogik, Spannungsbögen und Phrasierung interessant gestaltet? (→ HB V, 1–3)

Subjektive Faktoren

- Geschmack: Vorliebe oder Abneigung für bestimmte Stimmlagen, Instrumente oder Stile
- Hörgewohnheit (z. B. an bestimmte Interpretationsansätze)
- Befindlichkeit des Hörers (Stress, Ungeduld, Langeweile)

Musik und Tradition

- Der Umgang mit musikalischer Tradition
- Das 19. Jahrhundert in der Popmusik
- Rückbezüge auf Volksmusik

Ohrfeigen und Faustschläge

Werke von Luigi Russolo und Edgar Varèse

Luigi Russolo: *Automobile in corsa* (1913)

Bis heute hat die Kunst die gedankenschwere Unbeweglichkeit, die Ekstase und den Schlaf gepriesen. Wir wollen preisen die angriffslustige Bewegung, die fiebrige Schlaflosigkeit, den Laufschritt, den Salto mortale, die Ohrfeige und den Faustschlag. Wir erklären, dass sich die Herrlichkeit der Welt um eine neue Schönheit bereichert hat: die Schönheit der Geschwindigkeit. Ein Rennwagen, dessen Karosserie große Rohre schmücken, die Schlangen mit explosivem Atem gleichen, ein aufheulendes Auto […] ist schöner als die Nike von Samothrake.[1]

(Filippo Tommaso Marinetti, 1909)

Luigi Russolo
* 1885 Portogruaro
† 1947 Cerro di Lavenio

Der italienische Maler und Komponist gilt als führender Vertreter des Futurismus.

Die Kunst der Geräusche

Die Sätze aus dem „Futuristischen Manifest" beschreiben einen provokativen ästhetischen Ansatz, der in den Jahren vor dem Ersten Weltkrieg an Boden gewann. Dabei spielte neben der jungen Kunst in Russland (s. S. 111) vor allem die in Italien eine wichtige Rolle. Vier Jahre nach dem futuristischen Manifest seines Freundes Marinetti veröffentlichte Luigi Russolo 1913 das musikalische Manifest „L'arte dei rumori" („Die Kunst der Geräusche"). Darin forderte er eine Musik, die auf das Hörgeschehen in modernen Großstädten oder auf das Geräuschbild von Maschinen reagieren sollte. Um seine Vorstellung umzusetzen, konstruierte er *Intonarumori*, Zusammenstellungen von Kästen mit Schalltrichtern, in denen sich Membrane zur Erzeugung von Geräuschen verbargen.

Russolos Intonarumori
Ululatori: Heuler
Rombatori: Brauser
Crepitatori: Prassler, Knisterer
Stropicciatori: Scharrer, Reiber
Scoppiatori: Explodierer
Ronzatori: Summer
Gorgogliatori: Gurgler
Sibilatori: Zischer

Luigi Russolo (links) mit seinen Intonarumori (1914)

1 Die Statue der griechischen Siegesgöttin (um 190 v. Chr.), wurde 1863 auf der griechischen Insel Samothrake gefunden. Sie befindet sich seitdem im Louvre.

1894
Erstes Autorennen (Paris–Rouen)

1900
New York hat 3,5 Mio. Einwohner (1910: 4,8 Mio.)

1904
Radar wird zum Patent angemeldet

Luigi Russolo: Risveglio di una città (1911)

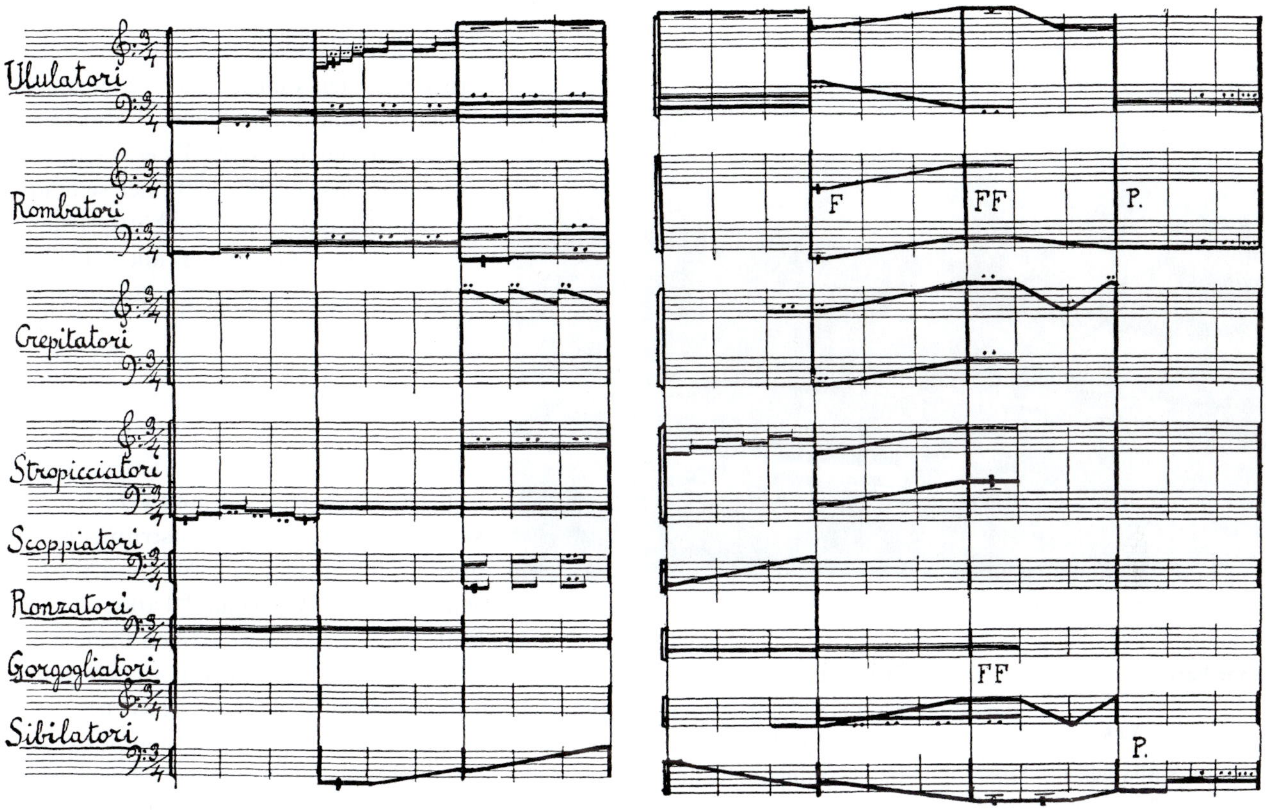

Ein aufheulendes Auto

Die Ideen des Futurismus hinterließen in allen Künsten Spuren. 1927 erschien in einer Illustrierten in Fortsetzungen Erich Maria Remarques Roman „Station am Horizont", dessen Held der Lebemann und Rennfahrer Kai ist. In der entscheidenden Phase eines Rennens hat Kai nur noch seinen Konkurrenten Murphy vor sich.

Da sauste und knallte plötzlich die zurückstürmende Straße weiß in der Sonne. Schatten darin und hellere Reflexe, Buckel und Löcher, der Wagen schwankte hinüber, sprang etwas, schoss stärker vorwärts. Biegungen, im Staub gelb von der Sonne durchschienen, Gestein – hindurch, herum, Kurve – Kurve, Staub wieder, dichter, an der Kurve gerade ein Dunkleres. [...] Er visierte mit gekniffenen Augen über die Motorhaube. Er sah nur noch den Taumel des dünnen Schattens in der Staubfahne vor sich und rückte ihm näher. Der Wagen schleuderte, sprang, bog sich durch, flog in wahren Sprüngen über den holprigen Lavabasalt, er schleifte durch flache Gräben, knatterte tosend die Steigungen herauf – da weiteten sich die Nasenflügel und tranken gierig wieder die grauweißen Nebelschwaden, Staub, herrlicher Staub, sonst der größte Feind des Rennfahrers, jetzt eine Erlösung, denn in dem Staub saß Murphy ...

1 Hören Sie die sieben Abschnitte von „Risveglio di una città". Versuchen Sie, in jedem Abschnitt einzelne Intonarumori zu erkennen.

IV, 13

Erich Maria Remarque
* 1898 Osnabrück
† 1970 Locarno

Remarque, der 1939 vor den Nazis in die USA fliehen musste, ist bis heute v. a. als Autor des Weltkriegs-Romans „Im Westen nichts Neues" bekannt.

2 Zeigen Sie die Spuren auf, die der Futurismus in Remarques Roman hinterlassen hat.

Sinfonien der industriellen Welt

Morgen in New York (Foto aus dem Jahr 1925)

> Ganze Sinfonien von neuen Tönen sind in der neuen industriellen Welt aufgekommen und bilden einen Teil unseres täglichen Bewusstseins. Es erscheint unmöglich, dass ein Mensch, der sich ausschließlich mit Tönen beschäftigt, durch diese neuen Töne unverändert bleiben kann. (Edgar Varèse)

Die Musiker des italienischen Futurismus sind heute kaum mehr bekannt. Aber viele Komponisten haben ihre Ideen aufgegriffen. Zu ihnen gehört Edgar Varèse. Er war mit Russolo befreundet und verfolgte dessen Entwicklung neuer „Instrumente" mit großem Interesse. Nach der Uraufführung seines Werks „Amériques" kam es 1926 in Philadelphia zu tumultartigen Szenen. Die Zuhörer empfanden die Musik als brutal und roh. Viele hörten ein Programm heraus; sie empfanden z. B. den Beginn als das Geräuschbild des Erwachens einer großen Stadt. Varèse selbst widersprach dieser Deutung: „Diese Komposition ist die Schilderung eines Seelenzustands, ein Stück reiner Musik, absolut abgekoppelt vom Lärm des modernen Lebens."

Edgar Varèse
* 1883 Paris
† 1965 New York

Nach dem Musikstudium in Paris lebte der Komponist und Dirigent zunächst in Berlin; 1915 emigrierte er in die USA.
Nach einer ersten vom Impressionismus geprägten Schaffensphase weigerte sich Varèse, sich „schon bekannten Klängen zu unterwerfen" und fand zu einer radikal neuen Sprache. Seine Innovationen, zu denen auch der Einbezug elektronischer Klänge gehörte, beeinflussten viele jüngere Komponisten.

Die anderen Seiten des Futurismus

In der historischen Betrachtung erweist sich der Futurismus als ein überaus vielschichtiges Phänomen. Wie der Expressionismus befasste er sich mit der neuen, von der Technik geprägten Welt vor dem Ersten Weltkrieg. Aber anders als die Künstler des Expressionismus reagierte er darauf mit einem ungehemmten Zukunftsglauben, ohne jede Skepsis. Zugleich schwankten die Futuristen zwischen vielen Zeitströmungen. Sie vertraten ein Männlichkeitsideal, das eindeutig frauenfeindlich war. Andere standen anarchistischen Gedanken nahe. Viele von ihnen pflegten aber auch ein heroisches, kriegsverherrlichendes Weltbild, das sich später in die faschistische Ideologie einfügte. Charakteristisch für eine ganze Generation schrieb der Lyriker Georg Heym in sein Tagebuch Sätze, deren Grundaussage sich in vielen futuristischen Äußerungen wiederfindet.

> Es geschieht nichts, nichts, nichts. Wenn doch einmal etwas geschehen wollte, was nicht diesen faden Beigeschmack von Alltäglichkeit hinterlässt. [...] Geschähe doch einmal etwas. Würden einmal wieder Barrikaden gebaut, ich wäre der erste, der sich darauf stellte, ich wollte noch mit der Kugel im Herzen den Rausch der Begeisterung spüren. Oder sei es auch nur, dass man einen Krieg begänne. Er kann ungerecht sein. Dieser Frieden ist so faul, ölig und schmierig wie eine Leimpolitur auf alten Möbeln. (Georg Heym, 1910)

IV, 14

3 Hören Sie den Beginn von Varèses „Amériques" (1926). Beschreiben Sie die Klanggestalten. Nehmen Sie Stellung zu dem Widerspruch in der Deutung des Stückes als Programmmusik und den Aussagen des Komponisten.

4 Leiten Sie aus den Texten dieses Kapitels fundamentale Merkmale des Futurismus ab (z. B. Grundeinstellung der Künstler, Themen der Werke, Menschenbild).

Tonleitern abgefahrener Typen

Kompositionen von Miles Davis und John Coltrane

Ich spürte, dass Miles […] nach einem neuen Weg suchte […], und die Frage, auf welche Weise er diesen neuen Weg suchen sollte, ging ihm dauernd im Kopf herum. Miles und ich sprachen über Modi bereits in den späten vierziger Jahren, und ich fragte mich, warum er so lange brauchte, aber als ich „So What" hörte, wusste ich, dass er es jetzt anwendete. (George Russell, Jazzmusiker, 1999)

Miles Davis
* 1926 Alton/Illinois
† 1991 Santa Monica/Kalifornien

Zu Beginn seiner Musikerkarriere gehörte Davis zu den bedeutenden Musikern des Bebop. Als seine herausragende Leistung gilt aber sein Beitrag als Trompeter und Komponist zur Entwicklung des Cool Jazz und des Modal Jazz in den 1950er-Jahren. Auch in den folgenden Jahrzehnten gab Davis wichtige Impulse bei der Entwicklung des Jazz.

Vom Bebop zum Cool Jazz

Bei der Entwicklung neuer Spielweisen waren die Jazzmusiker in den Jahren nach 1940 in sehr komplexe harmonische und melodische Bereiche vorgestoßen. In kleinen Besetzungen hatten sie einen neuen Stil entwickelt, den Bebop. Improvisationen wurden mit immer größerer Freiheit und mit ausgefallenen melodischen Einfällen gestaltet. In oft hektischer Geschwindigkeit jagten sich die Phrasen, dazu kam eine außerordentlich komplizierte Harmonik. Es war eine Musik für Kenner und Liebhaber; das breite Publikum konnte nicht mehr folgen. Da lag eine Gegenreaktion nahe. Ende der 1940er-Jahre wurde der Bebop vom Cool Jazz abgelöst.

1 Hören Sie Ausschnitte aus je einem Bebop- und einem Cool-Jazz-Stück. Stellen Sie vergleichend die stilprägenden Eigenschaften des Cool Jazz fest. IV, 15/16

Während der Bebop von der Spontaneität der Musiker geprägt ist, spürt man im Cool Jazz oft ein abgeklärtes, distanziertes Musikverständnis. Die Musiker hatten nicht selten eine akademische Ausbildung und waren mit der Musikgeschichte vertraut. Sie sahen ihre Musik nicht nur im Jazz verwurzelt, sondern ebenso als „konzertante" Musik in der klassischen Tradition europäischer Musik. Dieser Haltung entsprang wohl auch die Neugierde der Musiker, die stets nach neuen Anregungen suchten. Sie befassten sich intensiv mit der Musik vieler Kulturkreise.

Ich kannte mich mit einigen dieser Modi aus, weil ich als New Yorker in diese Bauchtanzrestaurants oder Bars […] gehen konnte, wo ich ägyptische, libanesische und manchmal marokkanische Musik hörte, der ein […] bestimmter Modus gemein war. Einige Jazzer fuhren voll darauf ab. Die sagten: „Die abgefahrensten Typen sind Béla Bartók, Arnold Schönberg und die Jungs, die in den Bauchtanzclubs spielen." (David Amram, Komponist und Musiker, 2000)

Miles Davis bei einem Konzert im Jahr 1960

Wie weit voneinander entfernt diese im Zitat genannten „abgefahrensten Typen" auch sein mochten, eines hatten sie gemeinsam: Ihre Musik stützte sich nicht auf das Dur-Moll-System, das die Musikgeschichte zwischen 1600 und 1900 beherrscht hatte, sondern sie griffen auf andere, ungewohnte Skalen zurück. Bartók orientierte sich an Tonleitern aus der osteuropäischen Volksmusik, Schönberg fand seine Zwölftontechnik (s. S. 204–209), und die nordafrikanischen Musikkulturen verwendeten uns vollkommen fremde Systeme, z. B. eine fünfzehnstufige Tonleiter.

Modus
Der Begriff wird in der Musik für rhythmische und melodische Phänomene verwendet. Im Bereich der Melodik umschreibt er in der Regel den Tonvorrat eines Musikstücks. Dabei müssen v. a. zwei Arten von Modi unterschieden werden:
- Kirchentonarten
- Tonleitern aus der außereuropäischen Musik

❷ Spielen Sie das Thema von „So What" (z. B. mit E-Bass, Klavier, Stabspielen).

❸ Erstellen Sie aus dem Tonmaterial des Beginns von „So What" eine Tonleiter und bestimmen Sie den Modus.

❹ Improvisieren Sie mit einem Melodieinstrument über das Thema, das leise stets wiederholt wird. Verwenden Sie dabei die Töne der erstellten Tonleiter in zunächst längeren Notenwerten.

IV, 17

❺ Hören Sie den Beginn einer Aufnahme von „So What". Erläutern Sie, wie Miles Davis mit dem Ihnen vorliegenden Ausschnitt im weiteren Verlauf verfährt.

❻ Spielen Sie die Kirchentonarten. Beschreiben Sie ihren Charakter im Vergleich zu Dur und Moll.

Eine Wegmarke des modalen Jazz

1959 erschien die LP „Kind of Blue", auf der einige der wichtigsten Jazzmusiker ihrer Zeit zu hören sind, darunter Miles Davis und John Coltrane. Das Album setzte für den Modal Jazz Maßstäbe und blieb bis heute die meistverkaufte Schallplatte der Jazzgeschichte. Es enthält eine Komposition von Miles Davis, die angeblich nach einer seiner ständig gebrauchten Floskeln benannt wurde: „So what".

Miles Davis: So What (1959)

Kirchentöne im Jazz

Auf ihrer Suche nach neuen Wegen stießen die Jazzmusiker auch auf die Kirchentonarten, das Tonartensystem des europäischen Mittelalters. Sie unterscheiden sich durch die Lage der Halbtöne innerhalb der siebentönigen Leiter.

Die sechs gebräuchlichsten Kirchentonarten (von c aus notiert)

ionisch

lydisch

dorisch

mixolydisch

phrygisch

äolisch

Das Fehlen der Schlusskadenz

Seit dem 16. Jahrhundert setzten sich der äolische und der ionische Modus durch. Diese Modi entsprechen Moll und Dur, die sich bald als beherrschende Tongeschlechter etablierten. Im Rahmen dieser Entwicklung prägte sich auch die Funktionsharmonik aus. Sie weist den Akkorden über den Stufen I, IV und V bestimmte Aufgaben zu und betrachtet die Kadenz als Grundgerüst des harmonischen Geschehens. Bei aller Raffinesse der harmonischen Verläufe hatten sich auch die Jazzmusiker an dieses Grundgerüst gehalten. Das Spiel mit modalen Melodien ließ dies nicht mehr zu.

» Coltrane sagte, der Grund, warum er […] so lange spiele, sei, dass er einfach keinen passenden Schluss finde. Und da ist auch wirklich was Wahres dran. Denn wenn du zuvor nicht mit dem modalen Ansatz gespielt hast, dann suchst du nach 'ner Schlusskadenz, mit der du aufhören kannst. « (Jimmy Heath, Jazzmusiker, 2000)

John Coltrane im Jahr 1959

John Coltrane: Naima (1959)

© Universal

John Coltrane
* 1926 Hamlet/North Carolina
† 1967 New York

Der Saxofonist Coltrane gehörte seit den 1950er-Jahren zu den Protagonisten des Modernen Jazz und – zusammen mit Miles Davis – zu den wichtigsten Musikern des Modal Jazz.

7 Hören Sie „Naima". Benennen Sie typische Elemente des Cool Jazz, die Sie hier wiedererkennen. IV, 18

8 Bestimmen Sie die Tonalität des Stückes. Gehen Sie dabei insbesondere auf die Verwendung der Töne g und ges ein. Deuten Sie die Coda am Ende des Stückes in Bezug auf die Tonalität.

Anregungen aus der Ferne

Die Suche nach neuen Ideen und nach Anregungen aus anderen Kulturen ist in der Geschichte aller Künste seit Jahrhunderten ein bekannter Vorgang. So übersetzte der Lyriker Friedrich Rückert Werke großer persischer Dichter und verwendete deren Formen auch in seinen eigenen Werken. Seine Sicht des Vorgangs kleidete er in die Form eines Ghasels.

Friedrich Rückert
* 1788 Schweinfurt
† 1866 Neuseß bei Coburg

Rückert war Professor für orientalische Sprachen in Erlangen und Berlin. Seine wichtigste Leistung sind die Übertragungen persisch-arabischer Dichtung (u. a. des Dschalal ad-Din Rumi, s. S. 56).

Friedrich Rückert: Das Ghasel

Es wandte meine Kunst sich zum Ghasele,
Damit sie allen Formen sich vermähle.
Ergötzlich ist solch bunte Reimerei,
Ob auch des Lebens markiger Kern ihr fehle;
Die Wandrung selbst bereichert schon den Geist,
Ob er auch nirgends plündre oder stehle.
[…]
Des Künstlers Kunst und Fassung leihet oft
Den Wert dem minder kostbaren Juwele.

Ghasel
(arab. für „Gespinst")
In Indien, Persien und der Türkei übliche Gedichtform mit bis zu 15 Verspaaren und folgendem Aufbau: aa / ba / ca / da usw.

Besonders intensiv befassten sich die Künstler im 20. Jahrhundert mit fremden Kulturen. Die Ergebnisse dieser Auseinandersetzung waren oft umstritten. So ließ sich Pablo Picasso über einen langen Zeitraum seines Schaffens von afrikanischer Kunst inspirieren. Das trug ihm heftige Vorwürfe ein. Anlässlich der Johannesburger Ausstellung „Picasso und Afrika" im Jahr 2006 nannte ihn das südafrikanische Kulturministerium in einer öffentlichen Verlautbarung „eine Art kolonialen Ideendieb".

9 Verfolgen Sie die Form eines Ghasel an Rückerts Gedicht. Übertragen Sie die Aussagen des Ghasels auf den Modal Jazz. Nehmen Sie zu Rückerts Einschätzung des Vorgangs Stellung.

Pablo Picasso
* 1881 Málaga
† 1973 Mougins (Frankreich)

Picasso gilt als der bedeutendste Maler des 20. Jh. Charakteristisch für sein Werk ist die sich ständig wandelnde Vielfalt der Darstellungsweisen: realistisch, symbolistisch, surrealistisch, abstrakt.

10 Weisen Sie in den beiden Kunstwerken Ähnlichkeiten und Unterschiede nach.

Pablo Picasso: Frau, ein Kind tragend (1953)

Frauenfigur aus Mali

Skalentricks und Sitarklänge

The Beatles: Norwegian Wood (1965) und Danny Elfman: The Simpsons, Main Theme (1989)

» *I was trying to write about an affair without letting my wife know I was writing about an affair, so it was very gobbledegook. I was sort of writing from my experiences, girl's flats, things like that.* « (John Lennon, 1970)

Als *gobbledegook* (amerik. für „Kauderwelsch") bezeichnet John Lennon den Text von „Norwegian Wood". Eine Art Kauderwelsch, d.h. ein Durcheinander verschiedener Stile und Sprachen, stellt auch die Musik des Songs dar.

John Lennon mit seiner Frau Cynthia im Januar 1965 in St. Moritz

Der Reiz des Fremden

In der Rock- und Popmusik sind modale Skalen häufig zu hören, auch wenn die Musiker solche Modi (oder *modes*) in der Regel nicht als Anklang an historische Kirchentonarten auffassen. Für die Verwendung eines Modus in der Rock- und Popmusik bietet „Norwegian Wood" ein klassisches Beispiel. Ebenso wie ungewohnte Skalen weckten auch fremde Klangfarben die Neugier der *Beatles*, die sich besonders für indische Kultur und Religion interessierten. Dabei beschäftigte sich vor allem George Harrison mit dem alten indischen Saiteninstrument Sitar, das er bei Dreharbeiten zum *Beatles*-Film „Help!" kennengelernt hatte. Diesem Saiteninstrument verdankt „Norwegian Wood" seine spezifische Klangfarbe.

» *George had just got the sitar and I said „Could you play this piece?". We went through many different sort of versions of the song, it was never right and I was getting very angry about it, it wasn't coming out like I said.* « (John Lennon, 1970)

John Lennon
* 1940 Liverpool
† 1980 New York

Zusammen mit Paul McCartney war der Gitarrist, Sänger, Texter und Komponist Lennon die leitende Figur der *Beatles*. Er starb bei einem Attentat.

George Harrison
* 1943 Liverpool
† 2001 Los Angeles

Der Leadgitarrist der Gruppe konvertierte zum Hinduismus. Nach dem Ende der *Beatles* widmete er sich mit wechselndem Erfolg einer Solokarriere.

Modi
s. S. 198

Sitar
Die Langhalslaute mit halbkugelförmigem Resonanzkörper und etwa 15 Resonanzsaiten gehört zu den wichtigsten Instrumenten der nordindischen Musik.

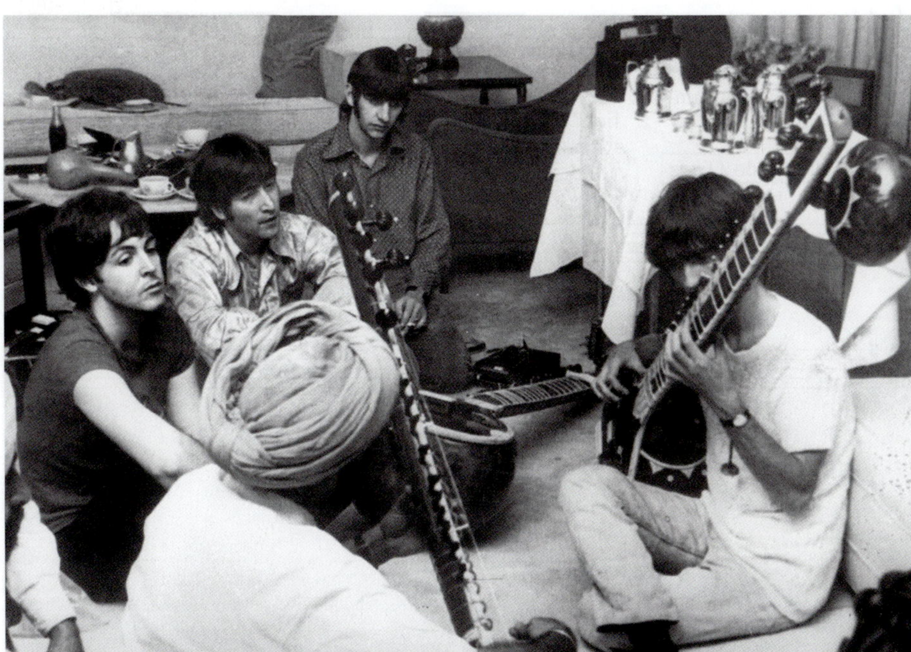

Der Beatle George Harrison beim Sitar-Unterricht

The Beatles: Norwegian Wood (1965)

Text u. Musik: John Lennon, Paul McCartney

❶ Singen und musizieren Sie den Song.

❷ Ordnen Sie die Töne des Intros in einer aufsteigenden Skala an (tiefster Ton: e'). Transponieren Sie die Skala nach c (tiefster Ton: c').

❸ Vergleichen Sie Ihr Ergebnis mit der Aufstellung der Modi (s. S. 198, Kirchentonarten). Bestimmen Sie den Modus des Songausschnitts.

IV, 19

❹ Achten Sie beim Hören des Songs auf das Spiel des Sitars. Beschreiben Sie seine Funktion.

1965	1966	1970	1980	2001
Elisabeth II. verleiht den *Beatles* einen Orden	Letztes öffentliches Konzert der *Beatles*	Die *Beatles* lösen sich auf	†John Lennon	†George Harrison

Maggie, Bart, Lisa, Marge und Homer Simpson

Thema einer Chaosfamilie

Auch in der Filmmusik werden *modes* verwendet. Hier wie in anderen Fällen können die Übergänge zu Dur-, Moll- oder Blues-Skalen fließend sein. Der Klangcharakter eines jeden Modus wird durch unverwechselbare Intervallverhältnisse, Wendungen und Akkordfolgen bestimmt. Das lässt sich an der Kennmelodie der Zeichentrickserie „The Simpsons" exemplarisch beobachten.

Die satirische amerikanische Serie rund um eine chaotische Familie im fiktiven Ort Springfield begeistert seit Jahrzehnten Fans auf der ganzen Welt. Zwischen 1989 und 2008 entstanden 414 Folgen. Die Titelmusik mit dem einprägsamen, aus zwei Motiven zusammengesetzten Thema stammt von Danny Elfman.

Danny Elfman
*1953 Amarillo/Texas

Der Komponist schrieb die Soundtracks zu vielen erfolgreichen Filmen, u. a. zu „Spiderman", „Mission Impossible" und „Batman".

5 Analysieren Sie die Motive 1 und 2 und bestimmen Sie ihren Modus. Ziehen Sie dabei die Darstellung der Modi auf S. 198 heran.

6 Hören Sie das „Simpsons"-Titelthema in der Coverversion von *Green Day*. Erläutern Sie, wie im weiteren Verlauf des Stückes mit Motiv 2 umgegangen wird.

IV, 20

Simpsons Main Theme

Text u. Musik: Danny Elfman

Motiv 1

Motiv 2

Im Jahr 2007 kam der abendfüllende Film über die Simpsons „The Simpsons Movie" in die Kinos. Zu diesem Film steuerte die Rockband *Green Day* eine Coverversion der Titelmusik bei.

Bart Simpson wird bestraft.

Im Zuge einer notwendigen Entwicklung

Werke von Alban Berg und Anton Webern

Alban Berg
* 1885 Wien
† 1935 Wien

Ausgehend von der Spätromantik Gustav Mahlers (s. S. 220–224) fand Berg als Schüler Arnold Schönbergs zur freien Atonalität. Er gilt als einer der wichtigsten Vertreter des musikalischen Expressionismus und der „Neuen Wiener Schule".

Anton Webern
*1883 Wien
†1945 Mittersill

Nach seinen atonalen Kompositionen fand Webern etwa seit 1924, seinem Lehrer Schönberg folgend, zu einem streng konstruktiven Stil: der Zwölftonmusik.

Peter Altenberg
* 1859 Wien
† 1919 Wien

Zu seiner Zeit Wiens bekanntester Bohémien und Kaffeehausliterat, dessen Werk fast ausschließlich aus kurzen Skizzen („Prosagedichten") besteht.

IV, 21

1 Hören Sie „Über die Grenzen des All …" und überlegen Sie, warum das Wiener Publikum von 1913 auf diese Musik so wütend reagierte.

2 Der Notentext zeigt den Schluss des Liedes, das für mittlere Stimme und Kammerensemble geschrieben wurde, als Klavierauszug. Suchen Sie in diesen Takten musikalische Mittel, die die „Grenzüberschreitung" zum Ausdruck bringen.

Klavierauszug
s. S. 72

Zwei Orchesterlieder nach Ansichtskartentexten von Peter Altenberg von Alban Berg raubten aber auch den bisher Besonnenen die Fassung. […] Die Musik […] überbietet alles bisher Gehörte und […] es kam neuerlich zu aufregenden und wüsten Schimpfereien, Abohrfeigungen und Forderungen. Herr von Webern schrie auch von seiner Loge aus, dass man die ganze Bagage hinausschmeißen sollte und aus dem Publikum kam pünktlich die Antwort, dass man die Anhänger der missliebigen Richtung der Musik nach Steinhof[1] abschaffen müsste. Das Toben und Johlen im Saale hörte nun nicht mehr auf. Es war kein seltener Anblick, dass irgendein Herr aus dem Publikum in atemloser Hast und mit affenartiger Behendigkeit über etliche Parkettreihen kletterte, um das Objekt seines Zornes zu ohrfeigen. (Wiener Zeitung, 31. März 1913)

In dem Konzert, von dem eine Wiener Zeitung berichtet, kamen Werke von Arnold Schönberg und seinen beiden Schülern Alban Berg und Anton Webern zur Aufführung, darunter Bergs Vertonung eines „Ansichtskartentextes" von Peter Altenberg.

Arnold Schönberg: Alban Berg (1912)

Über die Grenzen des All
Blicktest du sinnend hinaus;
Hattest nie Sorge um Hof und Haus!
Leben und Traum vom Leben ----
Plötzlich ist alles aus.

Über die Grenzen des All
Blickst du noch sinnend hinaus!

Nach Einschätzung des Musikwissenschaftlers Constantin Floros drückt der Text dieses Liedes die „Irritation des Menschen um 1900 durch neue Erkenntnisse der Physik und der Tiefenpsychologie sowie seine existentielle Bedrohung" aus.

1 Steinhof: ehemaliges psychiatrisches Krankenhaus in Wien

1898 Franz Joseph ist seit 50 Jahren Kaiser von Österreich

1899 Siegmund Freud: „Die Traumdeutung"

1905 Albert Einstein formulierte die spezielle Relativitätstheorie

Alban Berg: Über die Grenzen des All ... (Schluss)

(aus: 5 Orchesterlieder nach Ansichtkartentexten von Peter Altenberg, op. 4)

Atonale Musik
Musik ohne die hierarchische Ausrichtung auf ein tonales Zentrum, d.h. ohne das Spannungs- und Entspannungsgeschehen der Kadenzharmonik

IV, 22

❸ Hören Sie die 4. Bagatelle und finden Sie einen sinnvollen „Einschnitt" heraus.

❹ Überprüfen Sie die Gliederung, indem Sie wie der Komponist vorgehen und die Töne der chromatischen Skala „abstreichen". Vergleichen Sie Ihr Ergebnis mit den Aussagen im Zitat und Ihrer ursprünglichen Gliederung.

Eine neue Musiksprache

Der geistige Umbruch zu Beginn des Jahrhunderts veranlasste die Komponisten der Neuen Wiener Schule, die zunächst noch im spätromantischen Stil geschrieben hatten, über eine neue Musiksprache nachzudenken. Anton Webern berichtet über seine damaligen Erfahrungen:

» *Ungefähr 1911 habe ich die „Bagatellen für Streichquartett" (op. 9) geschrieben, lauter kurze Stücke, die zwei Minuten dauern; vielleicht das Kürzeste, das es in der Musik bisher gegeben hat. Ich habe dabei das Gefühl gehabt: Wenn die zwölf Töne abgelaufen sind, ist das Stück zu Ende. Viel später bin ich darauf gekommen, dass das alles im Zuge einer notwendigen Entwicklung war. Ich habe in meinem Skizzenbuch die chromatische Skala aufgeschrieben und in ihr einzelne Töne abgestrichen. – Warum? – Weil ich mich überzeugt hatte: der Ton war schon da. […] Mit einem Wort: es bildete sich eine Gesetzmäßigkeit heraus: Bevor nicht alle zwölf Töne drangekommen sind, darf keiner von ihnen wiederkommen. […] Das Wichtigste ist, dass das Stück – der Gedanke – das Thema – durch die einmalige Abwicklung der zwölf Töne einen Einschnitt bekommen hat.* «

Anton Webern: 4. Bagatelle für Streichquartett (1911)

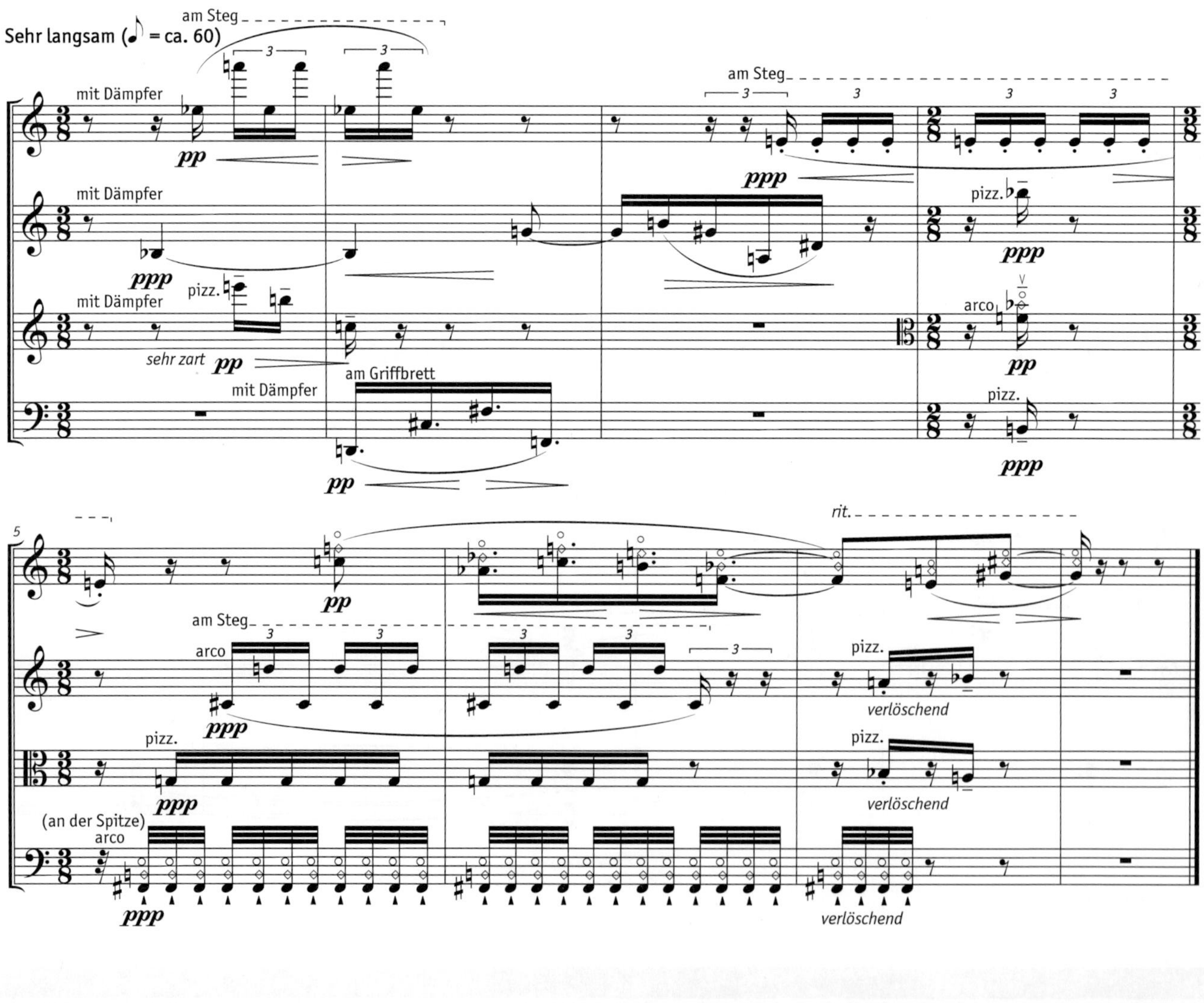

Die Komposition mit zwölf aufeinander bezogenen Tönen

Die eher intuitive Kompositionsweise der „Bagatellen", bei denen sich Webern nach seiner eigenen Aussage allein auf sein Gehör verließ, wird oft als „freie Atonalität" bezeichnet. Im weiteren Verlauf entwickelte sich daraus die Technik der „Komposition mit zwölf aufeinander bezogenen Tönen" (Dodekaphonie). In Ergänzung zu der Vorgehensweise bei den „Bagatellen" besteht die Gesetzmäßigkeit nun darin, dem „Ablauf der zwölf Töne eine bestimmte Reihenfolge" zu geben. Aus dieser Zwölftonreihe werden dann die schon aus der älteren Musik bekannten Formen der Umkehrung, des Krebses und der Umkehrung des Krebses abgeleitet. Da sich die Reihe von jedem Ton der chromatischen Tonleiter aus beginnen lässt, ergeben sich 4 × 12 = 48 mögliche Reihenformen.

Die Komponisten der Neuen Wiener Schule waren überzeugt, gleichsam in historischer Mission zu handeln und Vollstrecker einer „notwendigen Entwicklung" zu sein. Schon 1926 hatte Alban Berg an Schönberg geschrieben: „Weiß ich doch, […] dass man nur mehr so wird komponieren KÖNNEN, wenn das sonstige gesamte Gedudel der Internationalen Gesellschaft für Neue Musik[1] längst schon versunken sein wird." Um das Jahr 1930 war die Entwicklung zur „Zwölftonmusik" abgeschlossen; als ihr Begründer gilt heute allgemein Arnold Schönberg. Das Verfahren garantierte nach Webern den „weitestgehenden Zusammenhang" und unermessliche Variationsmöglichkeiten innerhalb eines Musikstückes, auch wenn das „ungeschulte Ohr den Ablauf der Reihe nicht immer verfolgen kann".

Parallelen zu der Kompositionsweise „mit zwölf aufeinander bezogenen Tönen" fand Webern an vielen Stellen. Besonders anregend war für ihn Goethes Idee einer „Urpflanze", auf die er sich in einer Vortragsreihe immer wieder bezog; ebenso bewunderte er sehr die Naturdarstellungen des Wiener Jugendstil-Künstlers Gustav Klimt.

❞ Jetzt sehen Sie schon, wohin ich da hinaus will. – Goethes Urpflanze: Die Wurzel ist eigentlich nichts anderes als der Stengel, der Stengel nichts anderes als das Blatt, das Blatt wiederum nichts anderes als die Blüte: Variationen desselben Gedankens. ❝

(Anton Webern, 19. Februar 1932)

❞ Das ist also die neulich besprochene „Urpflanze"! Immer verschieden und doch immer dasselbe! Wo immer wir das Stück anschneiden – immer muss der Ablauf der Reihe festzustellen sein. Hierdurch wird der Zusammenhang gewährleistet; es bleibt im Ohr doch etwas hängen, auch wenn es nicht bewusst wird. ❝

(Anton Webern, 2. März 1932)

Gustav Klimt: Der Lebensbaum, Ausschnitt (1905)

Gustav Klimt
* 1862 Baumgarten (heute zu Wien gehörend)
† 1918 Wien

Klimt ist der wichtigste Vertreter des Wiener Jugendstils. Seine auf den ersten Blick ornamental und gelegentlich fast dekorativ wirkenden Bilder haben oft Symbolbedeutung. Sie gelten heute als wegweisend für spätere Kunstrichtungen.

5 Zeigen Sie Parallelen zwischen Zitaten und Bild einerseits und der Kompositionsweise der Schönberg-Schule andererseits auf.

1 1922 in Salzburg gegründete Vereinigung zur Förderung zeitgenössischer Musik

Max Oppenheimer: Anton Webern (um 1910)

Rückzug aufs Werk

Anton Weberns Streichquartett op. 28 entstand in einer besonderen historischen Situation. 1933 hatte das nationalsozialistische Regime Arnold Schönberg aus rassistischen Gründen die Professur an der Berliner Musikhochschule entzogen; Schönberg war daraufhin in die USA emigriert. Alban Berg war 1935 gestorben. In Deutschland galten die Werke der Neuen Wiener Schule als „entartet". Am 12. März 1938 marschierten die Truppen des Dritten Reiches in Österreich ein, der „Anschluss" ans Dritte Reich erfolgte. Webern reagierte darauf mit dem Rückzug auf seine Arbeit.

» *Ich bin ganz in meiner Arbeit und mag, mag nicht gestört sein.* « (12. März 1938)

» *Mein Quartett ist fertig! Gerade in den Tagen der Ereignisse habe ich es zu Ende gebracht. Es gibt einen so herrlichen Satz von Goethe: dass „unsereinem" nur geziemt ein Werk nach dem anderen hervorzubringen und dass alles Andere „von Übel" ist!* « (19. April 1938)

In dem Streichquartett op. 28 strebte Webern nach Vervollkommnung seiner Zwölftontechnik. In einem Brief vom Mai 1939 schrieb er über den 3. Satz des Werkes:

» *Hier wie dort die 12 Töne der Reihe: das heißt, hier herrscht also der weitgehendste Zusammenhang, der zwischen zwei Gestalten überhaupt sein kann: sie sind identisch!!!*
Und nun zum Thema! Es reicht bis Takt 16; ist streng periodisch gebaut: Vordersatz: 1. Geige 1–7 incls., Nachsatz 8–13 incls. […] Nun aber ist der Nachsatz rhythmisch der Krebs des Vordersatzes gelegentlich variiert! und der Reihe nach die Umkehrung. Dieses periodische Gebilde ist nun auch in den 3 anderen Stimmen gegeben: canonisch; aber in folgender Canon-Bildung: Cello: es bringt im Vordersatz die Töne des Vordersatzes, wie er in der 1. Geige ist, im Krebs und außerdem dessen rhythmischen Krebs. Ebenso verhält sich rhythmisch der Nachsatz im Cello zu dem, wie er in der 1. Gg. ist; in den Tönen aber ist es der Krebs des Nachsatzes, wie er in der Bratsche läuft!!! «

Der Philosoph Theodor W. Adorno kritisierte Weberns Spätstil im Vergleich zu seinen früheren Werken:

» *Die Angst, durchs Komponieren den Tönen etwas anzutun, führt zu einem Verlöschen, das dem spannungsgeladenen der früheren Stücke in nichts mehr gleicht: kaum etwas geschieht nun mehr, kaum länger dringen Intentionen durch, sondern der Komponist faltet vor seinen Tönen und ihren Grundrelationen anbetend die Hände.* « (1959)

6 Suchen Sie im Notentext (Beginn des 3. Satzes) – zunächst ohne genaue Reihenanalyse – nach „identischen Gestalten".

7 Jeweils zwei Stimmen in diesem Beispiel bilden einen Kanon. Finden Sie heraus, welche.

8 Hören Sie den Satz. Untersuchen Sie dann den Anfang genauer. Vollziehen Sie dabei Weberns eigene Analyse nach.
IV, 23

9 Erläutern Sie Adornos Kritik am Beispiel des Beginns des dritten Satzes aus op. 28.

Theodor W. Adorno
s. S. 158

Anton Webern: Streichquartett op. 28, 3. Satz (Anfang)

Freddie Mercury im Harlekin-Kostüm (1977)

Queen
1970 gegründete, überaus erfolgreiche britische Rockband. Kennzeichen der Band waren u. a. die stilistische Vielfalt, eine Vorliebe für aufwendige Arrangements und die extravagante Bühnenshow des 1991 verstorbenen Sängers Freddie Mercury.

Rhapsodie
In der griechischen Antike wurden Lieder und Teile von homerischen Epen von Wandersängern („Rhapsoden“) vorgetragen. Das Bruchstückhafte dieser mündlichen Kultur spiegelt sich in Musikstücken, die man ab dem späten 18. Jh. als Rhapsodien bezeichnete. Charakteristisch für Rhapsodien sind freie Form und ungebundene Gestaltung; einzelne Teile und Fragmente können übergangslos aneinander gereiht werden.

The Opera Section Comes In

Queen: Bohemian Rhapsody (1975)

Is this the real life? Is this just fantasy?
Caught in a landslide, no escape from reality.
Open your eyes, look up to the skies and see,
I'm just a poor boy, I need no sympathy
Because I'm easy come, easy go, little high, little low.
Any way the wind blows doesn't really matter to me, to me.
Mama, just killed a man, put a gun against his head,
Pulled my trigger, now he's dead.
Mama, life had just begun
But now I've gone and thrown it all away,
Mama, ooh, didn't mean to make you cry.
If I'm not back again this time tomorrow,
Carry on, carry on as if nothing really matters.
Too late, my time has come,
Sends shivers down my spine, body's aching all the time.
Goodbye, ev'rybody, I've got to go,
Gotta leave you all behind and face the truth.
Mama, ooh, I don't want to die.
I sometimes wish I'd never been born at all.
I see a little silhouetto of a man –
Scaramouche, Scaramouche, will you do the Fandango,
Thunderbolt and lightning, very, very fright'ning me –
(Galileo!) Galileo (Galileo!) Galileo, Galileo, Figaro,
Magnifico! I'm just a poor boy and nobody loves me.
He's just a poor boy from a poor family,
Spare him his life from this monstrosity.
Easy come, easy go, will you let me go –
Bismillah! No, we will not let you go.
(Let him go!) Bismillah! We will not let you go.
(Let him go!) Bismillah! We will not let you go.
(Let me go.) Will not let you go.
(Let me go.) Will not let you go. (Let me go.)
No, no, no, no, no, no, no.
(O mamma mia, mamma mia) Mamma mia, let me go.
Beelzebub has a devil put aside for me, for me, for me –
So you think you can stone me and spit in my eye,
So you think you can love me and leave me to die.
Oh, baby, can't do this to me, baby,
Just gotta get out, just gotta get right outta here.
Nothing really matters, anyone can see,
Nothing really matters,
Nothing really matters to me.
Any way the wind blows …

Ludwig Wilhelm Willich: Harlekin in der Commedia dell'arte (um 1830)

Mini-Oper in der Hitparade

Der Song „Bohemian Rhapsody", geschrieben von Freddie Mercury (1946–1991), brachte der britischen Rockgruppe *Queen* durchschlagenden internationalen Erfolg. Allein in Großbritannien stand der Titel 1975 und 1991, den Jahren der Erst- und der Wiederveröffentlichung, wochenlang an der Spitze der Charts, trotz seiner Spieldauer von sechs Minuten und trotz einer innovativen, für einen Rockhit außergewöhnlichen Form. Auch die Produktion des Songs sprengte damalige Maßstäbe. An Aufnahme und Mischung wurde monatelang parallel in vier Studios gearbeitet. Zur Promotion des Songs im Fernsehen wurde ein Videoclip gedreht, der als Meilenstein in der Geschichte des Musikvideos gilt.

» *I have a perfectly clear idea of what was in Freddie's mind. But it was unwritten law among us in those days that the real core of a song lyric was a private matter for the composer. So I still respect that.* « (Brian May, Gitarrist von *Queen*, 2005)

Der Text von „Bohemian Rhapsody" bleibt rätselhaft. Gott („Bismillah") und Teufel („Beelzebub") werden namhaft gemacht. Freddie Mercury deutete an, es gehe um persönliche Beziehungen, doch er weigerte sich, weitere Erklärungen in die Öffentlichkeit zu tragen. Überliefert ist nur seine Anmerkung: „This is, where the opera section comes in".

Tatsächlich lässt „Bohemian Rhapsody" mit den eingestreuten italienischen Wörtern und seinem verballhornten Belcantogesang sofort an die Oper denken. Der Text liefert mit der Nennung berühmter Gestalten aus Opern weitere Hinweise: „Scaramouche", der Aufschneider aus der italienischen Commedia dell'arte, begegnet uns als „Scaramuccio" in Richard Strauss' „Ariadne auf Naxos". Ein „Fandango", den er laut Songtext tanzen soll, ist in Mozarts „Le Nozze di Figaro" zu hören. Und Figaro spielt in dieser Oper natürlich eine Hauptrolle, genauso wie in „Il Barbiere di Siviglia" von Gioacchino Rossini. In Rossinis Oper „La Cenerentola" schließlich gibt es die Partie des Don Magnifico. Auch die musikalische Gestaltung des Songs greift Formen der Oper des 19. Jahrhunderts auf.

Belcanto
Gesangsideal v. a. für Stimmen in der italienischen Oper zwischen 1700 und 1900. Priorität hat die Schönheit der Tonbildung; Textverständlichkeit, Dramatik und Ausdruck treten demgegenüber zurück.

Ensemble
Ensemble nennt man in der Oper eine Szene mit mehreren abwechselnd oder gleichzeitig singenden Solisten.

Arie
(ital. „aria" für „Weise", „Melodie")
Solistische Gesangsform mit instrumentaler Begleitung; Darstellung innerer Handlung

Rezitativ
(lat. „recitare" für „vortragen")
Solistischer Sprechgesang mit Instrumentalbegleitung; Darstellung äußerer Handlung

1 Hören Sie den Song mehrmals. Bestimmen Sie anhand einer Höranalyse seine Gliederung. Untersuchen Sie jeden Abschnitt und beschreiben Sie charakteristische Gestaltungsmittel. IV, 24/25

2 Zeigen Sie auf, welche Merkmale den Titel „Rhapsody" stützen.

3 Erläutern Sie anhand des Filmausschnitts opernhafte Elemente im Videoclip.

Freddie Mercury und die spanische Operndiva Montserrat Caballé bei einer Aufführung des Queen-*Songs „Barcelona" (1988)*

Der Paganini der E-Gitarre

■ Yngwie J. Malmsteen's Rising Force: Blitzkrieg (1999)

Georg Friedrich Kersting: Paganini (1830)

> Er trug einen dunkelgrauen Oberrock, der ihm bis zu den Füßen reichte, wodurch seine Gestalt sehr hoch zu sein schien. Das lange schwarze Haar fiel in verzerrten Locken auf seine Schultern herab und bildete wie einen dunklen Rahmen um das blasse, leichenartige Gesicht, worauf Kummer, Genie und Hölle ihre unverwüstlichen Zeichen eingegraben hatten.
> (Heinrich Heine über Niccolò Paganini, 1836)

Virtuosen damals und heute

Im frühen 19. Jahrhundert betrat ein Künstler die Bildfläche, wie ihn bisher noch keiner erlebt hatte. Niccolò Paganini verblüffte und begeisterte sein Publikum mit seinem virtuosen Geigenspiel. Seine Schnelligkeit, seine Spielweise und seine überragende Technik übertrafen alles, was man bis dahin gehört oder gesehen hatte. Paganini war aber auch ein PR-Genie. Durch seine Kleidung, sein Auftreten und seine Bühnenshow verschaffte er sich ein „diabolisches" Image. Gerüchte, die ihn in Verbindung mit dem Teufel brachten, zerstreute er bewusst nicht.

Mit einem ganz ähnlichen Image umgeben sich seit den 1970er-Jahren viele Rockmusiker. Dabei gehen sie oft nach den gleichen Mustern vor. Der schwedische E-Gitarrist Yngwie Malmsteen war seit seiner Jugend nicht nur von der Persönlichkeit Paganinis fasziniert, sondern auch von dessen virtuosem Geigenspiel. So beschloss er, der „Paganini der E-Gitarre" zu werden, und übte zahlreiche Werke des „Teufelsgeigers" ein. In seinen eigenen Stücken sind die Ergebnisse dieser Arbeit deutlich zu hören.

Heinrich Heine
s. S. 97

Niccolò Paganini
* 1782 Genua
† 1840 Nizza

Paganini war der berühmteste Geigenvirtuose seiner Zeit. Sein äußeres Erscheinungsbild und seine brillante Spieltechnik faszinierten das Publikum auf den Konzertreisen durch Europa und machten ihn bereits zu Lebzeiten zu einer Legende.

Yngwie Malmsteen auf dem Cover des Albums „The best of 1990–1999" (2003)

❶ Beschreiben Sie, wie Yngwie Malmsteen auf seinem Cover optisch Bezüge zum 19. Jh. und zu Paganini herstellt.

Blitzkrieg auf der E-Gitarre

Eines der Stücke, in denen Malmsteen seine Virtuosität zur Geltung bringt, trägt den Titel „Blitzkrieg“ – so bezeichnete man das rasche Vorrücken der deutschen Truppen bei ihrem überfallartigen Einmarsch in Polen und Frankreich zu Beginn des Zweiten Weltkriegs. Auf der einen Seite spielt Malmsteen damit auf die enorme Geschwindigkeit seiner Spielweise an, auf der anderen Seite unterstreicht der Titel wohl sein diabolisches Image.

Aber „Blitzkrieg“ ist nicht nur wegen Malmsteens Virtuosität bemerkenswert. Das Stück ist auch bezeichnend für den Versuch mancher Rockmusiker seit Beginn der 1970er-Jahre, Elemente klassischer Musik in die Rockmusik zu integrieren. Die Stücke wurden länger, der formale Ablauf komplizierter. Eine Art sinfonischer Rock entwickelte sich. Auch Yngwie Malmsteen beschäftigte sich mit Möglichkeiten, Musik früherer Epochen mit Rockmusik zu verbinden. So interpretierte er Werke Beethovens und Bachs in Rockversionen und spielte in einer „Concerto-Suite for Electric Guitar and Orchestra“ mit barocken Kompositionsformen. Auch „Blitzkrieg“ enthält viele Gestaltungselemente klassischer Musik. Die Themen des Stückes lehnen sich teilweise an Melodiemodelle an, wie sie Paganini in seinen virtuosen Capricen für Solovioline verwendete. Der Aufbau erinnert an klassische Formprinzipien.

Thema 1

Thema 2

	Formteil	Musikalisches Geschehen, Tonart
A	Thema 1	as-Moll
	~	sequenzierende Akkordfolgen as-Moll → b-Moll
	Thema 2	b-Moll
	~	endet in repetierenden Figuren b-Moll → as-Moll
A	Thema 1	as-Moll
	~	sequenzierende Akkordfolgen as-Moll → b-Moll
	Thema 2	b-Moll
	~	endet in repetierenden Figuren b-Moll → as-Moll
B	Freie Improvisation	virtuose Figuren, teilweise Themenmaterial f-Moll, später g-Moll
A'	Thema 1	as-Moll

Yngwie J. Malmsteen
* 1963 Stockholm

Der virtuose E-Gitarrist gilt als wegweisend für die Verwendung von Elementen klassischer Musik in der Rockmusik.

❷ Hören Sie die Caprice op. 1, Nr. 5 für Violine solo von Niccolò Paganini und das Stück „Blitzkrieg“ von Yngwie Malmsteen. Analysieren Sie, inwieweit Malmsteen die Spielweisen von Paganini imitiert. IV, 26/27

❸ Hören Sie das Stück „Blitzkrieg“ und verfolgen Sie dabei das Formschema. IV, 27

❹ Stellen Sie fest, an welches klassische Formprinzip der Ablauf des Stückes angelehnt ist und inwieweit der Ablauf dem klassischen Schema entspricht.

Malmsteens E-Gitarre ist eine Spezialanfertigung: Das Griffbrett ist zwischen den Bünden konkav ausgefeilt, sodass Finger und Saiten keinen Kontakt mit dem Griffbrett haben. Dies ermöglicht v. a. einen sehr differenzierten Umgang mit dem Vibrato.

Ein schrecklicher Wirrwarr

Igor Strawinsky: Petruschka (1911)

Igor Strawinsky
*1882 Lomonossow (Russland)
†1971 New York

Strawinskys Werk entstand in verschiedenen, stilistisch sehr unterschiedlichen Schaffensperioden. Populär sind heute besonders die Ballette im neoklassizistischen und folkloristischen Stil.

Sergej Diaghilew
*1872 Perm
†1929 Venedig

Der russische Ballettmeister und Impresario gründete 1909 die *Balletts Russes*. Er gilt als Erneuerer des klassischen Balletts.

Pablo Picasso
s. S. 200

Bei dieser Arbeit hatte ich die hartnäckige Vorstellung einer Gliederpuppe, die plötzlich Leben gewinnt und durch das teuflische Arpeggio ihrer Sprünge die Geduld des Orchesters so sehr erschöpft, dass es sie mit Fanfaren bedroht. Daraus entwickelt sich ein schrecklicher Wirrwarr, der auf seinem Höhepunkt mit dem schmerzlich klagenden Zusammenbruch des armen Hampelmanns endet. Als ich das bizarre Stück beendet hatte, suchte ich, wenn ich an den Ufern des Genfer Sees spazierenging, nach einem Titel, der in einem einzigen Wort den Charakter der Musik und damit zugleich die traurige Figur bezeichnen konnte. Eines Tages machte ich vor Freude einen Luftsprung. Petruschka! der ewig unglückliche Held aller Jahrmärkte in allen Ländern – ich hatte meinen Titel gefunden. Kurz darauf besuchte mich Diaghilew in Clarens, wo ich damals wohnte. [...] Als Schauplatz wählten wir den Marktplatz, mit seiner Menschenmenge, seinen Buden und den Zauberkünsten des Taschenspielers; die Puppen erwachen zum Leben – Petruschka, sein Rivale und die Ballerina –, das Drama der Leidenschaft läuft ab ... (Igor Strawinsky, 1935)

Das Ballett

Im ausgehenden 19. und beginnenden 20. Jahrhundert war Paris die europäische Kulturmetropole. Ab 1909 fanden jährlich Ballettfestivals statt, bei denen die *Balletts Russes* unter dem Impresario Sergej Diaghilew äußerst erfolgreich waren; Diaghilew betraute den jungen Igor Strawinsky mit verschiedenen Arrangements und schließlich mit der Komposition von vier großen Balletten:

Der Feuervogel (1910)
Petruschka (1911)
Le sacre du printemps (1913)
Pulcinella (1920)

Die Rahmenhandlung des Balletts „Petruschka" spielt im Jahr 1830. Drei Puppen eines Gauklers erwachen zum Leben. Auf einem Jahrmarkt in St. Petersburg treten sie nun als Hauptfiguren auf: der ewig unglückliche Harlekin Petruschka, die Ballerina und der Mohr. Petruschka verliebt sich in die Ballerina, wird aber von ihr abgewiesen. Sie zieht den dummen und eitlen Mohren vor. Rasend vor Eifersucht kämpft Petruschka mit dem Mohren, bis dieser ihn ersticht. Doch am Jahrmarktsabend erwacht der unsterbliche Harlekin wieder zum Leben; am Ende zeigt er sich dem Publikum als doppeldeutige Symbolfigur, weder Mensch – wie zu Beginn des Balletts – noch Puppe.

Pablo Picasso: Harlekin (1915)

1462 Erste schriftl. Abhandlung über Tanztechnik
1653 Ludwig XIV. tanzt in Versailles als „Sonnengott"
1738 Kaiserlich-russische Ballettschule in St. Petersburg gegründet

Drehorgellied und Spieluhrweise

Zur Zeit der Komposition des Balletts befand sich Strawinsky in einem Hotel im französischen Beaulieu-sur-Mer an der Côte d'Azur. Vor dem Hoteleingang verdiente sich ein Drehorgelspieler mit einer simplen Melodie ein paar Groschen. Diese Melodie verwendete Strawinsky. Daneben griff er auch auf andere bekannte Melodien zurück: ein russisches Volkslied und eine Spieluhrweise.

Drehorgellied

Weise einer Spieluhr

Russisches Volkslied

Strawinskys kompositorisches Vorgehen an dieser und an anderen Stellen seines Werkes wurde oft mit einer aus der bildenden Kunst stammenden Technik verglichen, der „Collage". Dabei wird durch Aufkleben (frz. „coller" für „kleben") verschiedener Elemente ein neues Ganzes geschaffen. In der bildenden Kunst waren die Jahre um 1920 die Blütezeit der Collage-Technik. Die wichtigsten Werke stammen von Kurt Schwitters, Max Ernst, Pablo Picasso und Joan Miró.

1 Tragen Sie für die nebenstehenden Melodien die jeweils typischen musikalischen Merkmale zusammen (Taktart, Melodieverlauf, rhythmische Besonderheiten, Charakter).

2 Finden Sie im Partiturausschnitt (s. S. 216–219) Melodien und Melodieteile wieder. Verfolgen Sie sie beim Hören des Ausschnitts.

IV, 29

3 Hören Sie den Partiturausschnitt in einem größeren Zusammenhang. Ordnen Sie ihn einem Teil der Ballletthandlung (s. Abschnitt „Das Ballett") zu und begründen Sie Ihre Zuordnung.

IV, 28/29

4 Beschreiben Sie die Bilder von Picasso und Miró (s. S. 216) im Zusammenhang mit der Idee der Collage. Überlegen Sie mögliche andere Arten von Collagen in der Musik als die von Strawinsky angewendete.

Kurt Schwitters
s. S. 36

Joan Miró
* 1893 Mont-Roig del Camp (bei Barcelona)
† 1983 Palma de Mallorca

Der katalanische Maler, Grafiker und Bildhauer gehört zu den bedeutendsten Künstlern des Surrealismus.

Joan Miró: Karneval des Harlekin (1925)

Petruschka (Abschnitt 23–29)

25
26
Picc.
I
Flts.
II
Ob.I.II
I
Clts.in B♭
II
B.Clt.in B♭
Trpt.I in C
Celesta
Piano
Harp
Vln.I
Vln.II
(div.)
Vla.
Cello
ff
poco
mf
mf marc.-stacc.
pizz.

27
I
Flts.
II
I
Clts.in B♭
II
B.Clt.in B♭
Celesta
Piano
p
Harp
Picc.
I
Flts.
II
I
Clts.in B♭
II
B.Clt.in B♭
Celesta
Piano
Harp

28
Picc.
Fls.I.II
I
Cls.in B♭
II
B.Cl.in B♭
Celesta
Tria.
Harp
Vln.II
(div.)
mf
p ma marc.. accompagnando
sempre sim.
mf marc.
29
Piano
Vln.I
ff

Die Kindheitsheimat miteingefangen

Gustav Mahler: 2. Sinfonie (1892)

Gustav Mahler im Jahr 1892

In Iglau, der national umbrandeten Sprachinsel, wuchs der Knabe Mahler heran; er fand reiche musikalische Nahrung, in den Volksliedern der beiden Stämme, unter denen er seine Jugend verbrachte. Seine Phantasie wurde angeregt durch die sagenumwobene Waldlandschaft und das muntere Treiben der Garnison, deren Signale symbolische Bedeutung bei ihm gewannen. Morgen- und Abendappell, Rufe und Exerziermotive setzten sich bei ihm in Klangbilder um, die sich um die Gestalt des alten deutschen Landsknechts verdichteten. Sie tauchten in lebendiger Erfrischung immer wieder auf, auch in Liedern und Instrumentalwerken der späteren Zeit.

(Guido Adler, Musikwissenschaftler und Freund Mahlers, 1916)

In vielen meiner Sachen ist die böhmische Musik meiner Kindheitsheimat miteingefangen. [...] Das nationale Moment, welches darin steckt, lässt sich in seinen rohesten Grundzügen aus dem Gedudel der böhmischen Musikanten heraushören. (Gustav Mahler, 1893)

Gustav Mahler
* 1860 Kalischt (heute Tschechien)
† 1911 Wien

Mahler verbrachte seine Jugend in Böhmen. Mit 23 Jahren begann er eine erfolgreiche Karriere als Dirigent, bis er 1897 künstlerischer Direktor der Wiener Hofoper wurde (bis 1907). Sein kompositorisches Werk ist gekennzeichnet von den Veränderungen des Menschen- und Weltbildes an der Wende vom 19. zum 20. Jh.

2. Sinfonie, 3. Satz, T. 45–53 (reduzierte Partitur)

1779 Johann Gottfried Herder: „Volkslieder" (gesammelte Lieder und Gedichte)

um 1850 Traditionen des Volkes werden in England als *folklore* bezeichnet

Tanzmelodien in einer Sinfonie

Nach einer Phase enormer Arbeitsbelastung trat Gustav Mahler im Sommer 1892 in einem abseits gelegenen Gasthof am Attersee in Oberösterreich einen Urlaub an. Dort konnte er sich intensiv seiner Kompositionsarbeit widmen. Er begann die Arbeit an seiner 2. Sinfonie; erst zwei Jahre später wurde sie vollendet. Auch für dieses Werk gilt Mahlers Bemerkung (s. Zitat S. 220).

Im dritten Satz der 2. Sinfonie zitiert Mahler eine authentische „Redowa", einen schnellen, walzerähnlichen Tanz, der um die Mitte des 19. Jahrhunderts auch außerhalb Böhmens sehr bekannt war.

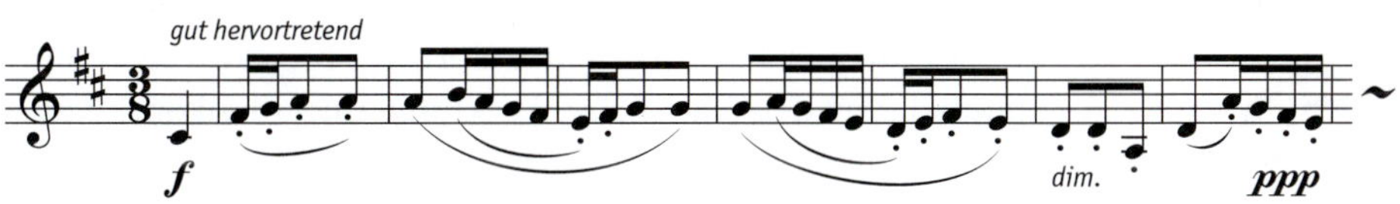

Mahlers Zweiweltenauffassung

Die Anklänge an böhmische Volksmusik bilden nur einen kleinen Teil des Geflechts Mahler'scher Tonsprache. An eine Freundin schrieb er:

> Meine […] Symphonien erschöpfen den Inhalt meines ganzen Lebens; es ist Erfahrenes und Erlittenes, was ich darin niedergelegt habe, Wahrheit und Dichtung in Tönen. (1892)

Im Rahmen dieses „Erfahrenen" sind die Anklänge an die Volksmusik zu sehen: als Symbole in Mahlers Weltbild. Mahler kam auf dieses Weltbild, das man später als „Zweiweltenauffassung" bezeichnet hat, auch in seinen Briefen immer wieder zu sprechen:

> Leider kommt einem diese wundervolle Besitzergreifung seiner selbst sofort abhanden, sowie man in den Lärm und Wirrwarr des Alltags zurückkehrt. – Da heißt es dann, sich gut zurückerinnern an die Seligkeiten, und sich darin zu üben, so oft als möglich, wieder einen Blick und einen Atemzug aus dieser Welt zu tun. (1895)

Zur Wirkung seiner 2. Sinfonie äußerte er sich bei der ersten Probe:

> Es klingt wie aus einer anderen Welt herüber. Und – ich denke – der Wirkung wird sich niemand entziehen können. – Man wird mit Keulen zu Boden geschlagen und dann auf Engelsfittichen zu den höchsten Höhen gehoben. (1896)

Joža Uprka: Musikanten aus Hroznová Lhota (1902)

V, 1/2

1 Untersuchen Sie den Partiturausschnitt (s. S. 220) und die nebenstehende Tanzmelodie auf volksmusikalische Elemente (Rhythmik, Melodik, Harmonik, Instrumentation).

2 Stellen Sie Mahlers „Zweiweltenauffassung" in eigenen Worten dar. Erläutern Sie, inwiefern diese Sicht für die Wende vom 19. zum 20. Jh. zeittypisch ist. Stellen Sie dazu Recherchen über wesentliche Entwicklungen und Ereignisse in diesen Jahren an.

3 Deuten Sie die Stellung des „Gedudels der böhmischen Musikanten" (s. S. 220, unteres Zitat) im Rahmen von Mahlers „Zweiweltenauffassung".

4 Als wesentliche Aspekte der Deutung des Satzes werden genannt:
- Idiome böhmischer Volksmusik
- bissiger Humor, Parodie
- Sentimentalität
- Aufschrei
- die vergebliche Mühe des Lebens

Suchen Sie in den beiden Partiturausschnitten (s. S. 223 und 224) nach Belegen für einzelne Deutungsaspekte.

Titelblatt der Erstausgabe von „Des Knaben Wunderhorn“ (1806)

„Des Knaben Wunderhorn“
In den Jahren 1806 bis 1808 erschienen drei Bände, in denen die Romantiker Achim von Arnim und Clemens Brentano überlieferte Gedichte, Balladen, Reime und Sprüche (zum Teil überarbeitet) zusammentrugen.

Satire auf das Menschenvolk

Im 3. Satz, dem Scherzo, der zweiten Sinfonie greift Mahler auf das musikalische Material eines Orchesterliedes zurück, das er im Jahr 1889 geschrieben hatte. Der Text „Des Antonius von Padua Fischpredigt“ stammt aus der Sammlung „Des Knaben Wunderhorn“. Mahler hat seine Komposition selbst beschrieben und dabei angedeutet, inwiefern der Text seine Weltsicht widerspiegelt.

> Der heilige Antonius predigt den Fischen, und seine Worte verwandeln sich sofort in ihre Sprache, die ganz besoffen, taumelig (in den Klarinetten) erklingt, und alles kommt daher geschwommen. Ist das ein schillerndes Gewimmel: die Aale und Karpfen und die spitzgoscheten Hechte, deren dumme Gesichter, wie sie an den steifen, unbeweglichen Hälsen im Wasser zu Antonius hinaufschauen, ich bei meinen Tönen wahrhaftig zu sehen glaubte, daß ich laut lachen mußte. Und wie die Versammlung dann, da die Predigt aus ist, nach allen Seiten davon schwimmt: „Die Predigt hat g'fallen, Sie bleiben wie alle“ – und nicht um einen Jota klüger geworden ist, obwohl der Heilige ihnen aufgespielt hat! – Die Satire auf das Menschenvolk darin werden mir aber die wenigsten verstehen. (Gustav Mahler, 1893)

Des Antonius von Padua Fischpredigt (nach Abraham a Santa Clara)

Der heilige Antonius „findt die Kirche ledig“, als er dort predigen will. Deshalb geht er ans Ufer der Flüsse und predigt den Fischen, die alle eilends herbeischwimmen (Strophe 1–6). Die letzten drei Strophen des Gedichtes schildern den Erfolg seines Bemühens:

Fisch große, Fisch kleine,
Vornehm und gemeine,
Erheben die Köpfe
Wie verständ'ge Geschöpfe:
Auf Gottes Begehren
Die Predigt anhören.

Die Predigt geendet,
Ein jeder sich wendet,
Die Hechte bleiben Diebe,
Die Aale viel lieben.
Die Predigt hat g'fallen.
Sie bleiben wie allen.

Die Krebs geh'n zurücke,
Die Stockfisch bleiben dicke,
Die Karpfen viel fressen,
Die Predigt vergessen.
Die Predigt hat g'fallen,
Sie bleiben wie allen.

V, 3 — **5** Hören Sie den ganzen Satz und vollziehen Sie die genannten Deutungsaspekte nach.

V, 4 — **6** Lesen Sie Mahlers Beschreibung seines Orchesterliedes und hören Sie das Lied. Benennen Sie musikalische Elemente der Satire.

2. Sinfonie, 3. Satz (T. 96–103)

2. Sinfonie, 3. Satz (T. 149–168)

Ich hab dieses Land gekannt

Alberto Ginastera: Zwei Malambos (1940 und 1943)

Cantando me he de morir, Cantando me han de enterrar Y cantando he de llegar Al pie del eterno Padre; Dende el vientre de mi madre Vine a este mundo a cantar.	Singend werde ich sterben, Und singend müssen sie mich begraben, Und singend werde ich Vor den ewigen Vater treten; Aus dem Leib meiner Mutter Kam ich in diese Welt, um zu singen.
Yo he conocido esta tierra En que el paisano vivía Y su ranchito tenía Y sus hijos y mujer … Era una delicia el ver Cómo pasaba sus días.	Ich hab dieses Land gekannt, Wo der Landmann lebte, Wo er sein Häuschen hatte Und seine Kinder und seine Frau … Es war eine Freude zu sehen, Wie er seine Tage verbrachte.

(José Hernández: „El Gaucho Martín Fierro", 1872)

Alberto Ginastera
* 1916 Buenos Aires
† 1983 Genf

Ginastera studierte in Buenos Aires und New York. In der argentinischen Stadt La Plata gründete er eine Musikhochschule, die er über 10 Jahre leitete.
Die argentinische Volksmusik beeinflusste v. a. seine frühen Werke.
In seinem späteren Schaffen verband er diese Einflüsse mit neoklassizistischen oder avantgardistischen Techniken wie Dodekaphonie (s. S. 204–209) und Aleatorik (s. S. 234–237).

José Hernández
* 1834 San Martín
† 1886 Buenos Aires

Der Journalist veröffentlichte in den 1870er-Jahren das große Gaucho-Epos „Martín Fierro", das zum argentinischen Nationalepos wurde.

Gauchos in der Kunst

Wie in vielen jungen Staaten vertraten auch in Argentinien Künstler und Literaten die Idee, die nationalen Besonderheiten ihrer Heimat in ihren Werken widerzuspiegeln. So idealisierte z. B. der Schriftsteller und Journalist José Hernández in seinem Epos „Martín Fierro" das Hirtenleben der Gauchos in der argentinischen Pampa. Dieser Bewegung schlossen sich auch Komponisten wie Alberto Ginastera an. In seiner ersten Schaffensperiode prägten Ginastera die Verehrung der „Gauchesco-Tradition" ebenso wie das Erleben der landschaftlichen Schönheit seiner Heimat. Nach dem Vorbild europäischer Komponisten wie z. B. Béla Bartók nutzte er die Möglichkeit, neue Kompositionstechniken mit Folklore-Elementen zu verknüpfen.

Gruppe von Gauchos (um 1890)

Malambotänzer vor der Gaucho-Unterkunft einer Estancia

Pampa
Größtenteils baum- und strauchlose Grasebene zwischen dem Rio de la Plata und Patagonien; Gebiet der argentinischen Rinderzucht

Boleadoras
Ein Lasso mit schweren Kugeln, das kunstvoll geworfen zum Einfangen von Kühen, aber auch zur Jagd auf amerikanische Strauße benutzt wurde.

Ein argentinischer Stepptanz

Der Malambo ist ein alter Tanz der Gauchos, der reitenden Viehhirten Argentiniens. Sie waren – fast immer als Angestellte der reichen Landbesitzer – auf den riesigen Estancias der weiten Pampa verantwortlich für die Herden. Im Nationalgefühl Argentiniens spielen sie als Identifikationsfiguren eine bedeutende Rolle.

In seiner ursprünglichen Form ist der Malambo ein Solotanz und zugleich eine Art Wettstreit der Gauchos. Die Tanzfiguren beschränken sich auf kraftvolle, dynamische Fußbewegungen, bei denen mit Sohle und Absatz der Stiefel rhythmische Figuren auf den Boden geschlagen werden. Bei diesen (dem Stepptanz ähnlichen) *taconeo* genannten Tanzbewegungen gibt es keine festen Regeln; Einfallsreichtum und Virtuosität der Tänzer sind keine Grenzen gesetzt. Später kamen artistische Elemente hinzu; so verwenden Tänzer heute oft „Boleadoras", deren Aufschlag auf dem Boden zusätzliche rhythmische Akzente setzt.

Die Begleitmusik zum Malambo verzichtet auf Text. Sie besteht aus wenigen Gitarrenklängen, die ständig wiederholt werden. Selten werden weitere Instrumente wie der *bombo legüero*, eine aus dem Strunk eines Baumstammes gefertigte Trommel, hinzugefügt. Der charakteristische Rhythmus steht im 6/8-Takt, der gelegentlich von einem 3/4-Takt überlagert oder ersetzt wird.

1. Klatschen Sie die beiden Stimmen des rhythmischen Grundmusters in zwei Gruppen; steigern Sie dabei das Tempo.

2. Spielen Sie zu dem Rhythmus auf einem Akkordinstrument in steter Wiederholung die Kadenzfolge IV – V | I – I.

3. Verfolgen Sie anhand der Videoaufnahme eines Malambotänzers die Koordination zwischen Musik und Schrittfolge.

Theodor Götz: Straußenjagd mit der Bola in den argentinischen Pampas (1821)

1492 Kolumbus erreicht die westindischen Inseln

1515 Der spanische Seefahrer Juan de Solis erreicht den Rio de la Plata

1776 Buenos Aires wird Hauptstadt des Vizekönigreichs Rio de la Plata

Ginasteras Malambos

Alberto Ginastera hat in seinem Schaffen immer wieder in stilisierter Form auf den typischen Tanz der Gauchos zurückgegriffen. Er verwendet dabei stets das charakteristische metrische Grundmuster, eine Folge von im 6/8-Takt zusammengefassten Einheiten, die rhythmisch variiert und kombiniert werden können.

T. 1

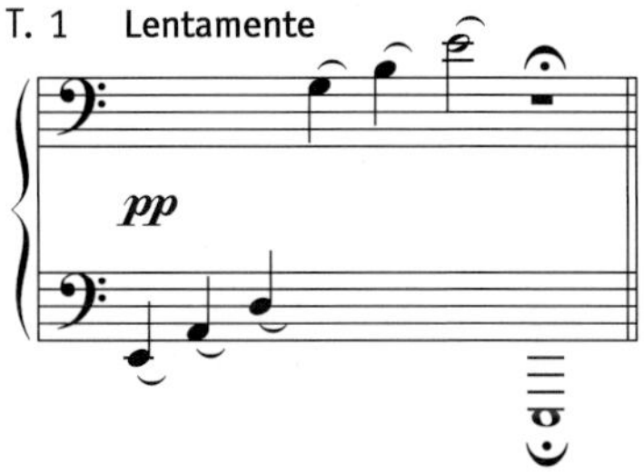

Ginasteras „Malambo für Klavier" aus dem Jahr 1940 beginnt mit einem Hinweis auf das klassische Begleitinstrument des Tanzes.

Dann durchzieht, beginnend mit einer dem folkloristischen Vorbild nahen rhythmisch-harmonischen Grundform, eine Folge von Varianten dieses Musters den ganzen Satz.

❹ Benennen Sie die einleitenden Töne (T. 1) des Malambos und bringen Sie sie mit dem typischen Instrument der Gauchos in Verbindung.

❺ Beschreiben Sie die Varianten der Grundform. Verfolgen Sie anschließend hörend den gesamten Satz. Benennen Sie Elemente der Stilisierung des folkloristischen Vorbildes.

V, 5

❻ Entwerfen Sie für die vier Ausschnitte aus Ginasteras „Malambo für Klavier" Vorschläge zur Instrumentation, die die Steigerung zum Ausdruck bringen.

Malambo für Klavier (1940)

T. 2–5

T. 90–93

T. 98–101

T. 106–109

Apotheose
Hymnische Verklärung, Vergötterung

V, 6

❼ Hören Sie den Schlusssatz aus „Estancia". Erläutern Sie Chases Beschreibung des Satzes anhand des Höreindrucks und des Partiturausschnitts.

Eine Apotheose des Malambo

Das Ballett „Estancia" begründete Ginasteras Ruhm. Es beruft sich ausdrücklich auf José Hernández' Nationalepos „Martín Fierro" und schildert Szenen aus dem Leben der Gauchos. Die vier Sätze der Suite tragen programmatische Überschriften: „Die Landarbeiter", „Weizentanz", „Die Knechte auf dem Landgut" und „Malambo". Diesen Schlusssatz nennt der Ginastera-Biograf Gilbert Chase „eine orchestrale Apotheose des Malambo in unverstellt extrovertiertem Ausbruch".

Schlusssatz des Balletts „Estancia" (1943), T. 134–138

Musik nach 1950

- Reaktionen auf die serielle Komposition
- Einflüsse anderer Kulturen
- Elektronische Klangerzeugung in der Popmusik

Zum Raum wird hier die Zeit

Werke von György Ligeti und Karlheinz Stockhausen

György Ligeti
s. S. 37

Cluster
Klänge aus mehreren, eng nebeneinanderliegenden Tönen

> Eine meiner kompositorischen Intentionen ist die Schaffung eines illusorischen musikalischen Raumes, in dem das, was ursprünglich Bewegung und Zeit war, sich als etwas Unbewegliches und Zeitloses darstellen.
>
> (György Ligeti, 1990)

Klangflächen und Cluster

IV, 30

1 Erläutern Sie anhand des Ausschnittes aus dem 1. Satz des „Kammerkonzerts" die Berechtigung des Begriffes „Klangflächenkomposition".

Die Kompositionsweise, die György Ligeti in den 1960er-Jahren entwickelte, wird heute meist mit dem Begriff „Klangflächenkomposition" bezeichnet. Er trifft Ligetis Vorstellung nicht genau. Besser als „Klangfläche" beschreibt der Begriff *cluster* (engl. für „Büschel", „Traube", „Haufen") Ligetis Klangwelt. Er berücksichtigt den von Ligeti genannten räumlichen Aspekt. An vielen Stellen in Ligetis Werk werden solche Cluster aufgebaut und verändert.

György Ligeti: Kammerkonzert (1970), 1. Satz, T. 1–5

1895
Herbert George Wells: „Die Zeitmaschine"
1905
Einsteins spezielle Relativitätstheorie erklärt mögliche Zeitreisen
1924
Erstmals Welle-Teilchen-Dualismus des Lichts theoretisch erfasst

Traumerzählung und Musik

Ligeti hat immer wieder optische Eindrücke als Inspiration seines Schaffens empfunden. Als eine unter vielen Anregungen nennt er Bilder von Paul Cézanne. Einen weiteren Schlüssel zu seiner Kompositionsweise bildet seine Traumerzählung.

György Ligeti im Jahr 1963

In meiner frühen Kindheit träumte ich einmal, dass es mir nicht gelinge, bis zu meinem Bettchen […] vorzudringen; denn das ganze Zimmer war von einem dünnfaserigen, aber dichten und äußerst verwickelten Gewebe ausgefüllt […]. Außer mir blieben auch andere Wesen und Gegenstände in dem riesigen Netzwerk hängen. […] Jede Regung der steckengebliebenen Lebewesen verursachte ein Beben, das sich dem gesamten System mitteilte. […] Ab und zu wurden die einander gegenseitig beeinflussenden Bewegungen so mächtig, dass das Netz mancherorts einriss. […] Diese hier und da eintretenden plötzlichen Ereignisse veränderten allmählich die Struktur des Gewebes, das immer verschlungener wurde: an manchen Stellen bildeten sich unentwirrbare Verknotungen, an anderen Kavernen[1], in denen einige aus dem ursprünglich zusammenhängenden Geflecht stammende Fetzen wie Sommerfäden umherschwebten. Die Wandlungen des Systems waren unumkehrbar. […] Etwas unaussprechlich Trauriges war in diesem Prozess, die Hoffnungslosigkeit verrinnender Zeit und einer nicht wiedergutzumachenden Vergangenheit. (György Ligeti, 1967)

2 Finden Sie in den beiden Partiturausschnitten aus dem 4. Satz des „Kammerkonzerts" (s. S. 232) musikalische Entsprechungen zu den in Ligetis „Traumerzählung" beschriebenen optischen Eindrücken.

3 Vollziehen Sie solche Entsprechungen beim Hören des 4. Satzes nach. IV, 31

4 Zeigen Sie Parallelen zwischen der Struktur von Cézannes Bild und den Partiturausschnitten aus Ligetis „Kammerkonzert". Beziehen Sie bei Ihren Überlegungen die beiden Zitate ein.

Paul Cézanne: Mont Saint-Victoire (1902/1906)

Paul Cézanne
* 1839 Aix-en-Provence
† 1906 Aix-en-Provence

Cézannes Schaffen steht zunächst im Umkreis der französischen Impressionisten. Mit seinem Spätwerk, in dem rhythmisch aufgetragene Farben zu klaren Formen werden, zählt er zu den entscheidenden Vorläufern der modernen Malerei.

1 Kaverne: Höhle, Hohlraum

György Ligeti: Kammerkonzert, 4. Satz

T. 1–2

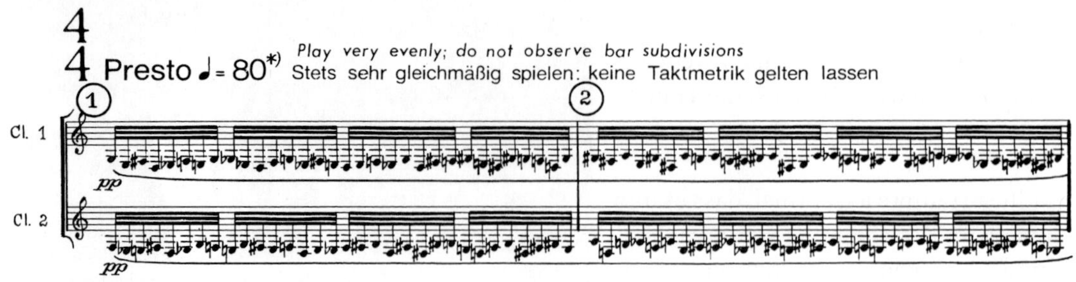

T. 49–50

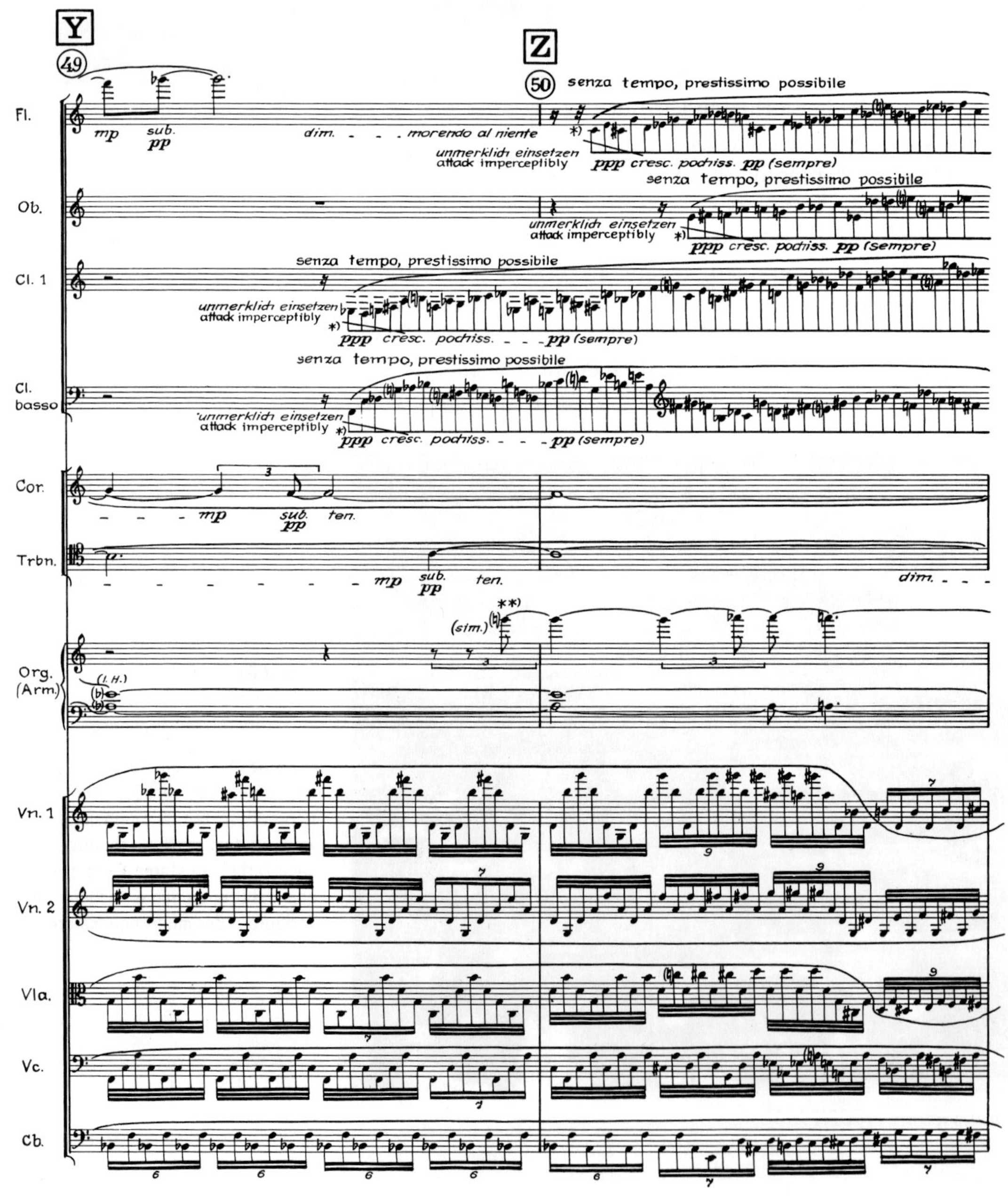

Karlheinz Stockhausen in den 1970er-Jahren

Spektren eines Klanges

Die Verschiebung des Interesses vieler Komponisten – weg von anderen Parametern der Musik hin zum Klang – ist eine der wesentlichen Strömungen der Musik der 1960er-Jahre. Schon 1962 forderte der deutsche Komponist Karlheinz Stockhausen die Eigenständigkeit des Klanges:

» *Die einmalige und unverwechselbare Komposition des Klangmaterials ist meines Erachtens heute genauso wichtig wie etwa in früheren Kompositionen die Auswahl von Themen, Motiven, Formschemata, denn die Komposition der Klangfarben ist ja nicht länger Kolorierung einer musikalischen Struktur […], sondern ist von Anfang an allen anderen Prozeduren gleichberechtigt, die man zur Herstellung einer musikalischen Komposition anwendet.* **«**

In seinem Werk „Für kommende Zeiten“ op. 33 (1976) gibt Stockhausen Anleitungen für eine „intuitive Musik“. Einer der Texte beschäftigt sich speziell mit dem „Klang“:

Karlheinz Stockhausen
* 1928 Mödrath (bei Köln)
† 2007 Kürten

Stockhausen prägte als Komponist und Kompositionslehrer Entwicklungen der Musik seit 1950 entscheidend mit. Bahnbrechend war er u. a. mit elektroakustischen Kompositionen (Werke im deutschen Pavillon auf der Weltausstellung 1970 in Osaka) und mit Großprojekten wie dem 30-stündigen Bühnenwerk „Licht“.
Auch Größen der damaligen Popmusik wie die *Beatles* ließen sich von Stockhausen in ihren Klangexperimenten beeinflussen.

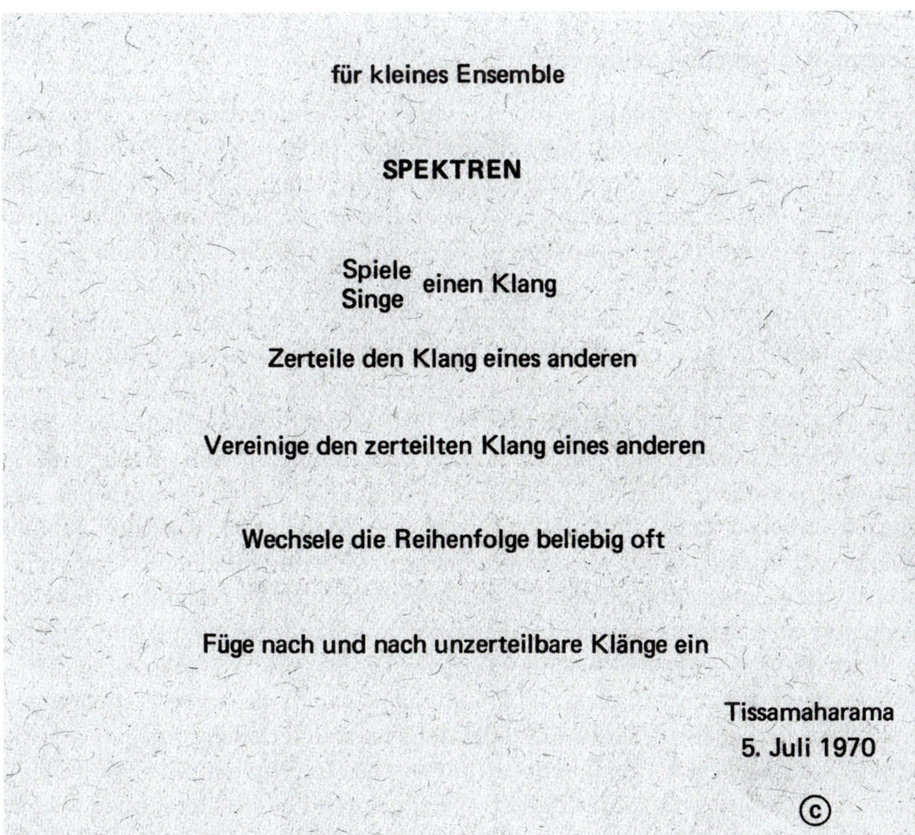

für kleines Ensemble

SPEKTREN

Spiele / Singe einen Klang

Zerteile den Klang eines anderen

Vereinige den zerteilten Klang eines anderen

Wechsele die Reihenfolge beliebig oft

Füge nach und nach unzerteilbare Klänge ein

Tissamaharama
5. Juli 1970

©

5 Setzen Sie Stockhausens Anleitung mit den Ihnen zur Verfügung stehenden Mitteln um.

6 Erläutern Sie Stockhausens Ansichten zum Klang mit Beispielen aus früheren Epochen. Stellen Sie dar, was mit „Kolorierung einer musikalischen Struktur“ gemeint ist.

Der Käfig wird verlassen

Werke von John Cage und Karlheinz Stockhausen

Zen-Garten mit einer Komposition aus Felsblöcken in Kyoto, Japan

Die Idee vom Nirwana ist nichts Negatives, sondern meint das „Auslöschen" der Dinge, die die Erleuchtung verhindern. Das Ego wird als eine Beschränkung für die Erfahrung betrachtet. Unsere innere und äußere Erfahrung muss zum „Fließen" gebracht werden. Irrationalität oder „Nicht-Bewusstsein" werden als positives Ziel betrachtet, das mit der Umwelt „harmoniert".

(John Cage, 1972)

John Cage
* 1912 Los Angeles
† 1992 New York

John Cage beeinflusste durch sein unkonventionelles Denken nachhaltig die Musik in der zweiten Hälfte des 20. Jh. Zu seinen Lehrern zählte Arnold Schönberg (s. S. 30), der über ihn gesagt haben soll, Cage sei weniger ein Komponist als ein „Erfinder". Von 1945 bis 1947 besuchte Cage Kurse des japanischen Zen-Buddhisten Suzuki Daisetsu.

Kompositionstechnik Münzwurf

Auf die Frage eines Journalisten, ob er seine Persönlichkeit in einem Satz zusammenfassen könne, antwortete der amerikanische Komponist Cage unter Anspielung auf seinen Namen: „In welchem Käfig man sich auch befindet: Man soll ihn verlassen!" Folgerichtig bekannte er, dass er erst im 40. Lebensjahr, „ausgehungert und durstig", im fernöstlichen Denken des Zen-Buddhismus fand, was er brauchte.

Als unmittelbare Folge dieser „Befreiung des Ego" begann Cage Anfang der 1950er-Jahre, Zufallsoperationen in den Kompositionsprozess einzuführen. Man bezeichnet diese Kompositionsweise als „Aleatorik" (lat. „alea" für „Würfel"), und John Cage gilt als ihr Begründer. Als Zufallsgenerator verwendete Cage jedoch keine Würfel, sondern Münzen, die er nach Anweisung des chinesischen Orakel- und Weisheitsbuches „I-Ging" („Buch der Wandlungen") warf. Aus vorher entwickelten Tabellen musikalischer Parameter wie Tondauer, Lautstärke, Tempo, Klang und Dichte wählte er den geworfenen Münzen entsprechend aus und schrieb die Komposition nieder. Was wie ein mechanisches Verfahren erscheint, bedeutete für Cage eine musikalische und weltanschauliche Offenbarung, sodass er einem Freund gegenüber bekannte, er habe das „Gefühl, zum erstenmal wirklich zu komponieren". In dieser Phase entstand das Schlüsselwerk „Imaginary Landscape No. 4" für zwölf Radios (1951). Es handelt sich dabei um eine akustische „Radiolandschaft", bei deren Aufführung 24 „Interpreten" an zwölf Radios nach einer festgelegten Partitur, die von Cage durch Zufallsoperationen erstellt wurde, den Sender, die Lautstärke und den Klang (Höhen und Tiefen) regulierten.

1951
Ständiges Fernsehprogramm in der BRD, erstes Farbfernsehen in den USA

1952
Der erste Herzschrittmacher wird einem Menschen eingesetzt

1953
Edmund Hillary und Tenzing Norgay besteigen als Erste den Mount Everest

John Cage: Imaginary Landscape No. 4 (1951), Anfang

❶ Hören Sie den Beginn von „Imaginary Landscape No. 4". Lesen Sie den Anfang im Notenbeispiel mit. Diskutieren Sie, inwieweit der Begriff „Musik" für dieses Stück gelten kann.

V, 7

❷ Überlegen und erörtern Sie, welche Rolle der Zufall in diesem Stück über die bei der Entstehung der Komposition eingesetzten Zufallsoperationen hinaus spielt.

❸ Gestalten Sie in Ihrem Kurs ein ähnliches Stück mit musikalischen Medien, die Ihnen zur Verfügung stehen (Radios, MP3-Player usw.). Bestimmen Sie musikalische Parameter, wählen Sie mithilfe von Zufallsoperationen Tonquellen aus und legen Sie einen Ablauf fest.

❹ Viele Hörer setzen bei der Benutzung moderner Wiedergabemedien eine Zufallsfunktion ein, um eine immer gleiche Reihenfolge der gespielten Titel zu umgehen. Vergleichen Sie dieses Hörverhalten mit der Musikphilosophie John Cages.

John Cage und sein japanischer Zen-Lehrer Suzuki Daisetsu (1947)

1954 Rock 'n' Roll wird populär

1955 Erste „Dokumenta" in Kassel, weltweit die wichtigste Ausstellung neuer Kunst

1957 Werner Heisenberg stellt die sogenannte Weltformel auf

Die Erfahrung der Stille

Am radikalsten drückt sich John Cages Musikdenken in einigen Werken aus, in denen er auf die Produktion von Klängen vollständig verzichtet und es dem Zufall überlässt, was bei der jeweiligen Aufführung erklingt. In seinem Stück „4'33''" von 1952 sind Umweltgeräusche und Zuschauerreaktionen die eigentliche Musik, denn der „Interpret" soll nichts anderes tun, als in Stille den angegebenen Zeitraum über in Spielhaltung zu verharren. Eine ähnliche ästhetische Vorstellung lässt ein Experiment erkennen, das Cage im Jahr 1965 durchführte und beschrieb:

❺ Stellen Sie anhand der Texte Cages Musikauffassung dar.

❻ Führen Sie Cages Experiment von 1965 in Ihrer Gruppe durch.

» *Es kamen etwa 300 Leute in den Konzertsaal, und ich sprach zu ihnen darüber, welches Vergnügen Umweltgeräusche bereiten. Anschließend ermittelten wir anhand von I-Ging-Zufallsoperationen auf der Karte des Universitätsgeländes eine Route, die wir gemeinsam innerhalb von 45 Minuten oder einer Stunde zurückzulegen hatten. Dann sind wir so ruhig wie möglich und auf jedes Geräusch achtend diese Route durch das Universitätsgelände gelaufen. Es war eine soziale Erfahrung.* «

Lenkung des Zufalls

Pierre Boulez
* 1925 Montbrison

Boulez studierte Mathematik und Komposition. Als Gründer und Leiter des „Institut de Recherche et de Coordination Acoustique/Musique (IRCAM)" zählt er zu den Pionieren der elektronischen Musik.

Karlheinz Stockhausen
s. S. 233

Cages Musikanschauung fand in Europa ein geteiltes Echo. Der französische Komponist Pierre Boulez distanzierte sich nach anfänglicher Sympathie immer mehr davon und warf Cage eine geradezu „gefährliche Haltung" vor, die zur „Abdankung des Komponisten" führe, der sich zum „Hofnarren" hergebe.

» *So bestände die unterste Stufe einer Anverwandlung des Zufalls in der Übernahme einer orientalisch getünchten Philosophie, die eine grundlegende Schwäche der Kompositionstechnik zu verdecken hätte: das bedeutete ein Zufluchtnehmen vor dem Erstickungstod der Erfindung, Zuflucht freilich zu einem feineren Gift, das jedes künstlerische Handwerk schon im Keim abtötete.* « (Pierre Boulez, 1957)

Ende der 1950er-Jahre entstanden Werke, in denen das Prinzip des „gelenkten Zufalls" zur Anwendung kommt. Das bedeutet, dass der Komponist den genauen Ablauf des Werkes nicht festlegt, sondern dem Interpreten gewisse Freiheiten lässt, aus einem vorgegebenen Material auszuwählen. So entsteht eine „offene Form"; zwei Interpretationen desselben Werkes können sich im Ablauf niemals gleichen. Der Zufall kommt also lediglich aufseiten des Interpreten ins Spiel. Karlheinz Stockhausens „Klavierstück XI" besteht z. B. aus einer Anzahl von Notengruppen, die auf einem großen Papierbogen (53 cm × 93 cm) unregelmäßig verteilt sind.

V, 8–12

❼ Hören Sie Ausschnitte aus einer Aufführung von Stockhausens „Klavierstück XI". Bestimmen Sie die Reihenfolge, in der die abgebildeten Notengruppen (s. S. 237) erklingen. Beachten Sie dabei, dass Ausschnitte in unterschiedlicher Interpretation mehrmals erklingen.

Der Spieler schaut absichtslos auf den Papierbogen und beginnt mit irgendeiner zuerst gesehenen Gruppe; diese spielt er mit beliebiger Geschwindigkeit [...], Grundlautstärke und Anschlagsform. Ist die erste Gruppe zu Ende, so liest er die [darauf] folgenden Spielbezeichnungen für Geschwindigkeit, Grundlautstärke und Anschlagsform, schaut absichtslos weiter zu irgendeiner der anderen Gruppen und spielt diese, den drei Bezeichnungen gemäß. Mit der Bezeichnung „absichtslos von Gruppe zu Gruppe weiterschauen" ist gemeint, dass der Spieler niemals bestimmte Gruppen miteinander verbinden oder einzelne auslassen will. (Karlheinz Stockhausen, Spielanweisung zum „Klavierstück XI", 1957)

❽ Erörtern Sie den Begriff der „Absichtslosigkeit" bei Stockhausen im Zusammenhang mit der fernöstlich geprägten Musikanschauung John Cages.

Karlheinz Stockhausen: Klavierstück XI (1957), Ausschnitt

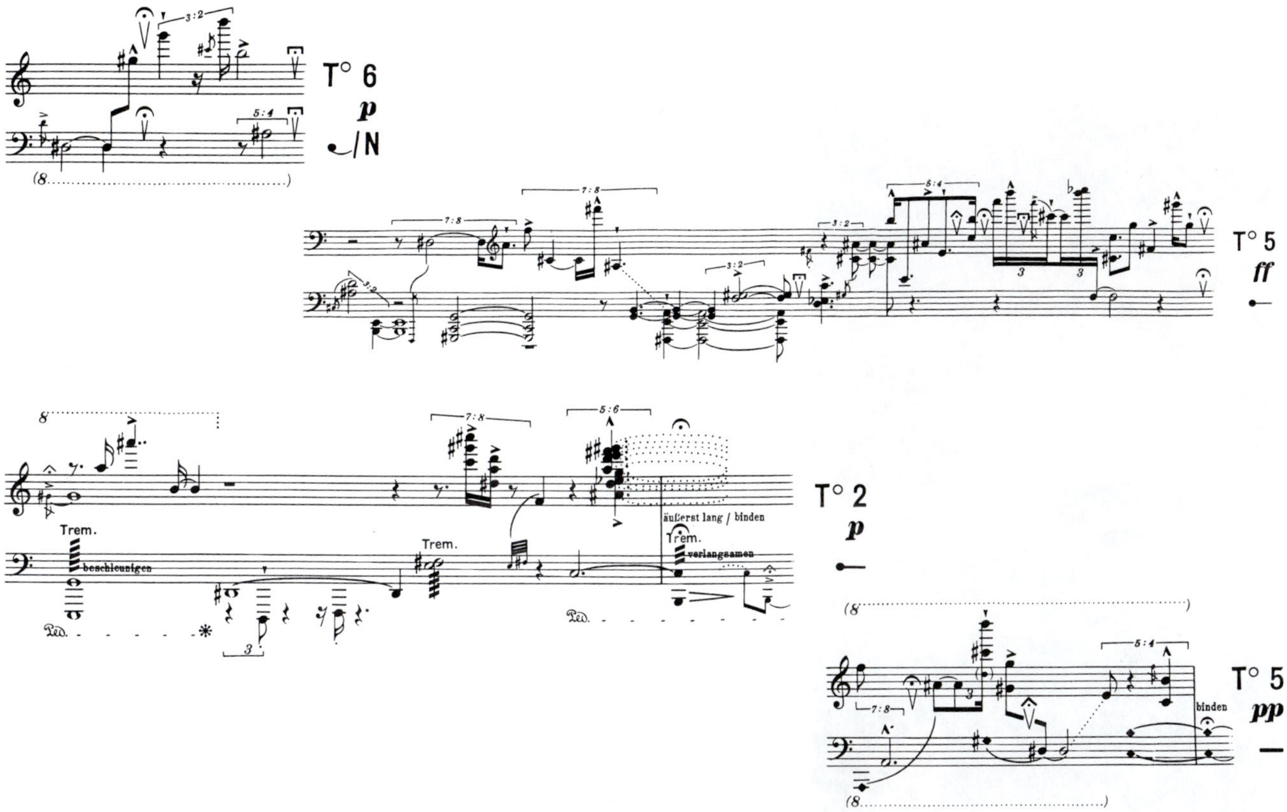

Tropfende Farben

Aleatorische Prinzipien fanden nicht nur in der Musik Anwendung. Ähnliche Vorgehensweisen finden sich auch bei bildenden Künstlern in der zweiten Hälfte des 20. Jahrhunderts. Um 1950 ließ der amerikanische Maler Jackson Pollock aus Töpfen oder von Stäben Farben auf eine große, auf dem Boden ausgelegte Leinwand tropfen. Auf einen konsequent geplanten Bildaufbau verzichtete er. So entstanden – weitgehend vom Zufall gesteuert – dichte mehrschichtige Farbflächen. Diese „Drip Paintings" erzielen heute auf dem Kunstmarkt Preise von 100 Millionen Euro.

Jackson Pollock: Bild Nr. 16 (1949)

9 Übertragen Sie die Idee der offenen Form auf Musik aus Ihrem Erfahrungsbereich. Unterteilen Sie mithilfe des Computers ein Musikstück Ihrer Wahl in seine Formabschnitte und setzen Sie diese unterschiedlich oder nach dem Zufallsverfahren zusammen.

10 Diskutieren Sie Möglichkeiten und Grenzen der „offenen Form".

11 Vergleichen Sie die Funktion des Zufalls innerhalb des Entstehungsprozesses von Kunst bei Cage, Stockhausen und Pollock. Erstellen Sie dann einen kurzen Lexikonartikel, in dem Sie die Rolle der Aleatorik als Gestaltungsprinzip in der Kunst der Gegenwart beschreiben.

Das richtige Land, um Trommeln zu lernen

Steve Reich: Six Pianos (1973)

Steve Reich, 1989

» Der Mann begann zu tippen. Ich flippte fast aus! Er schlug fantastische Rhythmen, indem er zwischen den Wörtern mit den kleinen Fingern auf den Großschreibungstasten Akzente klopfte. Und selbst wenn er auf die schlechten Kopien schaute, um den nächsten Satz zu finden, spielte er weiter seinen Rhythmus auf den beiden Umschalttasten. Jede Seite beendete er mit einer glänzenden Passage über Ort und Datum des Eingangsstempels. – Ich dankte ihm für seine Darbietung. [...] Ich wusste: Dies war genau das richtige Land, um Trommeln zu lernen. « (John Miller Chernoff, 1994)

So berichtet der amerikanische Schlagzeuger und Musikethnologe John Miller Chernoff über ein Erlebnis bei seiner Einreise auf dem Flughafen von Accra, der Hauptstadt des westafrikanischen Staates Ghana.

Rhythmisch strukturierte Rahmen

Immer schon waren westliche Reisende davon fasziniert, dass in Afrika viele Beschäftigungen innerhalb eines rhythmisch strukturierten Rahmens mit Musik und Gesang ablaufen. Das ganze Leben scheint von rhythmischer Bewegung durchdrungen zu sein. Als Reich 1970 nach Ghana reiste, um die westafrikanische Rhythmik vor Ort zu studieren, hatte er schon Kenntnisse dieser Musik erworben. Er fasste sie so zusammen:

Steve Reich
* 1936 New York

Reich studierte Philosophie und Musik. Experimente mit Bandschleifen auf Tonbandgeräten brachten ihn auf die Idee, durch Wiederholungen einfacher Patterns komplizierte rhythmische Prozesse auf real gespielten Instrumenten zu entfalten. Reich wurde auch als Interpret eine der wesentlichen Figuren der Minimal Music.
Neben der Beschäftigung mit westafrikanischer Musik befasste sich Reich intensiv mit balinesischer Gamelanmusik und traditioneller jüdischer Musik.

» Essence of African rhythmical structure: several repeating patterns of the same or related lengths and each with its own down beat. «

Eines dieser in Westafrika weitverbreiteten rhythmischen Patterns ist die *omele*-Formel, die sowohl im 6/4- als auch im 12/8-Metrum *(down beat)* gespielt werden kann. Daraus lässt sich wiederum ein Fundamentalrhythmus *(resulting pattern)* als Kombination beider Rhythmen ableiten:

1 Musizieren Sie *omele*-Formel und *down beat* mit geeigneten Instrumenten. Beobachten Sie den nun entstehenden Fundamentalrhythmus.

Inherent Patterns

Der Musikforscher Gerhard Kubik beschreibt einen Effekt, den er zum Beispiel in der Xylofon-Musik in Uganda beobachtet hat und den er „inhärente Melodien“ *(inherent patterns)* nennt: Zwei sehr schnell gespielte Tonfolgen verschmelzen zunächst zu einem melodischen Gesamtbild *(resulting pattern)*, bis nach längerer Wiederholung die Melodie, die sich aus den beiden ineinander greifenden Reihen ergibt, „nicht mehr fortlaufend erfasst, sondern in einzelne melodische Höhenschichten gespalten“ wird. So entstehen in der Wahrnehmung des Hörers zwei autonome melodische Gestalten.

Ssematimba ne Kikwabanga (aus Uganda, vereinfachter Ausschnitt)

Mit westlichen Mitteln

Steve Reich wollte in seiner Musik nicht vordergründig afrikanische Musik imitieren, sondern versuchte, eine Synthese aus den verschiedenen Traditionen zu schaffen:

» Für einen [westlichen] Komponisten kann nur diskutabel sein, Musik mit den eigenen, d. h. westlichen Klangmitteln im Licht der Kenntnis von nicht-westlichen Strukturprinzipien zu schreiben. Die strukturellen Ideen der nicht-westlichen Musik sind in Beziehung zu setzen zu den Instrumenten und dem Tonsystem, mit dem man aufgewachsen ist. «

Die Konzeption von „Six Pianos“ beruhte zunächst auf der rein äußerlichen Idee, ein Stück für sämtliche in einem Pianohaus vorhandene Klaviere zu schreiben. Klangliche Erwägungen reduzierten die Anzahl der Klaviere auf sechs. 1986 veröffentlichte Reich eine Fassung der Komposition für sechs Marimbaphone.

Das Stück ist genau ausnotiert, lediglich bei der Anzahl der Wiederholungen der einzelnen Abschnitte gibt es eine gewisse Variationsbreite im Ermessen der Spieler. Das etwa 25-minütige Werk besteht aus drei Abschnitten mit etwa gleichem Aufbau. Die Klaviere 1, 2, 3 und 6 stellen ein melodisch-rhythmisches Pattern vor, die Klaviere 4 und 5 kommen allmählich dazu. Anschließend ziehen sich die Klaviere 5 und 6 aus der Klangstruktur zurück und spielen von den anderen Klavieren begleitet melodische Linien.

2 Spielen Sie „Ssematimba ne Kikwabanga“ auf Stabspielen zunächst in langsamem Tempo. Wiederholen Sie den Ausschnitt so lange, bis Sie auch die Melodien wahrnehmen, die sich aus den *inherent patterns* ergeben.

3 Hören Sie die Aufnahme von „Ssematimba ne Kikwabanga“ und achten Sie auf die inhärenten Melodien. V, 13

4 Hören Sie den Beginn von Abschnitt II aus „Six Pianos“ (s. S. 240) und verfolgen Sie den Einsatz von Klavier 4 und 5. V, 14

5 Beschreiben Sie den Verlauf der beiden Stimmen (Klavier 4 und 5) und das melodisch-rhythmische Gesamtbild am Ende des Notenbeispiels (Ziffer 74 und 75).

6 Zeigen Sie an konkreten Beispielen, wie Reich afrikanische Gestaltungsprinzipien *(inherent patterns)* in „Six Pianos“ verwendet.

Six Pianos, Beginn von Abschnitt II, Ziffer 64–76

Wie der Sand zu Boden rinnt

»Mich interessieren Kompositionsprozesse, die mit der klingenden Musik identisch sind. Ich kenne keine Strukturgeheimnisse, die man nicht hören kann. Wir alle verfolgen gemeinsam den Prozess, weil er ganz durchhörbar ist, und einer der Gründe für solche Durchhörbarkeit ist seine extrem graduelle Entfaltung.«
(Steve Reich, 1968)

»Einen graduellen musikalischen Prozess zu spielen oder zuhörend zu verfolgen, ist ähnlich wie: eine Schaukel in Bewegung setzen und beobachten, wie sie allmählich zum Stillstand kommt … eine Sanduhr umdrehen und zuschauen, wie der Sand langsam zu Boden rinnt … seine Füße am Meer in den Sand stecken und zuschauen, hören und fühlen, wie die Wellen sie langsam eingraben.«
(Steve Reich, 1968)

»Weg vom Er und Sie und Du und Ich nach außen (oder nach innen) hin zum Es.«
(Steve Reich, 1968)

7 Hören Sie einen längeren Abschnitt aus Reichs Werk „Six Pianos". Äußern Sie sich zur Wirkung und beziehen Sie sich dabei auch auf die Aussagen Reichs über die Absicht seiner Kunst.

V, 14

8 Finden Sie Beispiele in der Musik der Gegenwart, die im Sinne einer Verschmelzung verschiedener kultureller Einflüsse als „Weltmusik" bezeichnet werden können.

9 Diskutieren Sie positive und negative Aspekte einer solchen kulturellen Annäherung.

What You See Is What You See

Parallel zur Minimal Music entstand in den 1960er-Jahren in den USA als Stil in der bildenden Kunst die „Minimal Art". Beide Begriffe sind umstritten und werden von den Künstlern teilweise abgelehnt. Gleichwohl haben sie sich eingebürgert, da sie gemeinsame Merkmale beider Strömungen zutreffend beschreiben: Steve Reich erkannte die Parallelität von Minimal Music und Minimal Art und stellte eine Affinität vor allem zu den Werken des US-Amerikaners Sol LeWitt fest.

Minimal Music und Minimal Art arbeiten mit sehr einfachen Ausgangsmaterialen. Auch die Anordnung des Materials erhebt zunächst nicht den Anspruch, „Kunst" zu sein. So beantwortete der amerikanische Maler und Objektkünstler Frank Stella Fragen nach dem Wesen seiner Werke mit der nüchternen Feststellung: „What you see is what you see". Die äußerlich „minimalen" Mittel führen erst beim Rezipienten, der sich auf das ihm Dargebotene einlässt, zu einem Kunsterlebnis. Um den Kunstanspruch ihrer Werke von vorneherein infrage zu stellen, verwendeten die Künstler der Minimal Art auch industriell vorgefertigte Materialien. Das führte zu der Interpretation, die Minimal Art spiegele das spätkapitalistische Zeitalter mit Massenproduktion und Massenkonsum wider.

Sol LeWitt
* 1928 Hartford/Connecticut
† 2007 New York

LeWitt begann zunächst als Maler. Seit den 1960er-Jahren entstanden vom Bauhaus und Konstruktivismus beeinflusste räumliche Skulpturen mit geometrischen Formen, mit denen LeWitt bei den großen Ausstellungen von Minimal Art vertreten war.

10 Vergleichen Sie die Struktur von Reichs Musik mit der von LeWitts „Modular Cubes".

Sol LeWitt: Modular Cubes (1966)

Pure African Tradition

Abdullah Ibrahim: Mannenberg (1974)

Abdullah Ibrahim im Jahr 1982 beim „Culture and Resistance Festival" in Botswana

> You're blessed because you come from the source.
> (Duke Ellington zu Abdullah Ibrahim)

Afrikanische Musik

In Kapstadt lebte ein Gemisch der unterschiedlichsten ethnischen Gruppen. So begegnete Abdullah Ibrahim schon in seiner Kindheit Musik ganz verschiedener Art: Karnevals- und Straßenmusik der Farbigen, Gospels in der Methodistenkirche der Großeltern, Musik chinesischer, indischer und muslimischer Einwanderer, Radiosendungen mit amerikanischem Jazz und Rhythm & Blues, vor allem aber verschiedenen Formen afrikanischer Musik. Als junger Musiker nahm er alle diese Einflüsse auf:

Abdullah Ibrahim (Dollar Brand)
* 1934 Kapstadt

Bei einer Europatour 1962 wurde Dollar Brand von dem Bigbandleiter Duke Ellington entdeckt. Er verließ Südafrika und lebte in den folgenden Jahrzehnten v. a. in den USA. 1968 trat Brand zum Islam über und nannte sich fortan Abdullah Ibrahim. In seinem Exil blieb er stets politisch engagiert und unterstützte von New York aus die südafrikanische Freiheitsbewegung. Als nach dem Ende der Apartheid Nelson Mandela 1994 zum Staatspräsidenten der Südafrikanischen Republik gewählt wurde, spielte Abdullah Ibrahim bei seiner Amtseinführung.

» *We played a lot of boogie woogie back then. It had a structure very similar to our native songs. We never regarded the music as foreign; it was just the music of our brothers and sisters in another part of the world. And in our corner there were great piano players: they didn't play Jazz however; they played tradition … pure African Tradition.* «
(Abdullah Ibrahim)

Eine umfassende Definition der „rein afrikanischen Musiktradition" ist kaum möglich; zu viele unterschiedliche Musizierformen haben sich in dem riesigen Kontinent herausgebildet. Einige Elemente wiederholen sich allerdings so oft, dass sie – mit aller gebotenen Vorsicht – als typisch für schwarzafrikanische Musik gelten können.

- Musik ist ein Gemeinschaftserlebnis; eine strikte Trennung zwischen Musikern und Publikum gibt es nicht.
- Die Lieder sind meist so strukturiert, dass ein Vorsänger einen Teil singt *(call)* und andere im Chor antworten *(response)*.
- Die Musik lebt von überaus komplexen rhythmischen Strukturen (s. S. 238).
- Wiederholungen werden nicht als ermüdend empfunden. Rhythmische und melodische Patterns werden zyklisch angeordnet; eine „Entwicklung" des musikalischen Materials (wie in der traditionellen europäischen Kunstmusik) wird nicht angestrebt.

1652 – Kapstadt ist die erste europäische Siedlung in Südafrika
1806 – Südafrika (Kapstadt) wird britische Kolonie
um 1830 – Das mächtige Königreich der Zulus zerfällt

Ein Polizeifahrzeug in den Straßen einer südafrikanischen Township (1990)

Freiheitshymne aus den Ghettos

Manenberg[1] ist eines der Gebiete von Kapstadt, die während der Apartheid-Regierung bewusst zu Ghettos der einkommensschwachen nicht-weißen Bevölkerung gemacht wurden. In solchen „Townships" genannten Ghettos lebten sehr viele Menschen auf engstem Raum. Überaus problematische Lebensbedingungen wie Armut und Arbeitslosigkeit, fehlende Infrastruktur und der Mangel an kommunalen Einrichtungen jeder Art führten zu Bandenbildungen und zu einer hohen Kriminalitätsrate.

1976 wurde aus den lange schon brodelnden Unruhen in den südafrikanischen Townships ein landesweiter Aufstand. Im Johannesburger Ghetto Soweto (South Western Townships), mit fast einer Million Einwohner dem größten des Landes, protestierten Jugendliche gegen die Einführung des Afrikaans[2] als Unterrichtssprache. Die Polizei schlug einen Demonstrationszug blutig nieder; Hunderte Menschen, darunter viele Kinder, starben. Die Unruhen griffen bald auf viele Townships über und hielten bis 1978 an. Zur Hymne des Aufstands wurde ein Stück, das Abdullah Ibrahim im Jahr der ersten Revolten aufgenommen hatte: „Mannenberg Is Where It's Happening". Zu der Melodie sang man im ganzen Land Texte der Wut und des Widerstands gegen das Apartheid-Regime.

Apartheid
(afrikaans „apart" für „getrennt") Die Politik der Apartheid unterschied seit der Gründung der Südafrikanischen Union (1910) mit immer neuen diskriminierenden Gesetzen die Bevölkerung in Weiße, Farbige, Schwarze und Asiaten. Dabei sorgte die „kleine Apartheid" für strikte Abgrenzung im täglichen Leben, die „große Apartheid" für die räumliche Verbannung Nicht-Weißer in Townships und sogenannte Homelands. Das Wahlrecht blieb Weißen vorbehalten. 1994 endete die Apartheid mit der Wahl Nelson Mandelas zum Staatspräsidenten der Republik Südafrika.

Eine legendäre Studio-Session

Seine Karriere in westlichen Ländern unterbrach Abdullah Ibrahim in den 1970er-Jahren für einige Aufenthalte in seiner Heimat. Dort fand 1974 die Aufnahme des fast 14 Minuten dauernden Stückes statt. Ibrahim hatte im Studio ein Klavier entdeckt, das nach der Art afrikanischer Tanzbands präpariert und im Klang verändert war. Er improvisierte ein paar Phrasen, die von den beiden Saxofonisten aufgegriffen und fortgeführt wurden. Am Ende hört man einen Satz in Africaans: „Djulle kan naar New York toe gaan, ek bly here in Manenberg" („Du kannst ja nach New York gehen, ich bleib hier in Manenberg").

1 Die offizielle Bezeichnung der Township war „Manenberg"; Abdullah Ibrahim nannte sein Stück „Mannenberg"
2 Afrikaans: Sprache der niederländischen Siedler, die im 17. Jh. das Land kolonisierten, und später die Sprache der herrschenden Schicht

1899	1910	1931	1990	1994
England bekämpft die niederländ. Kolonisten („Buren")	Beginn der Apartheid	Südafrika wird unabhängig	Ende der Apartheid	Nelson Mandela wird Präsident

Mannenberg Is Where It's Happening

V, 15/16

1 Hören Sie den Beginn und den Schluss der Originalaufnahme des Stückes. Halten Sie fest, welche Elemente afrikanischer Musik Ihnen begegnen. Beziehen Sie dabei auch die Texte dieses Kapitels in Ihre Überlegungen ein.

2 Entwerfen Sie eine Umsetzung des Spielmodells für „Mannenberg" mit Ihnen zur Verfügung stehenden Instrumenten (z. B. Klavier, Gitarre, Stabspiele, Melodieinstrumente). Setzen Sie Ihren Entwurf praktisch um. Improvisieren Sie ggf. über dem harmonischen Muster.

Straßenzug in Manenberg im Jahr 2000, nach dem Ende der Apartheid

Analyse 12: Untersuchung lyrischer Texte I

Formale Elemente

Wie die Musik verfügt auch die Lyrik über eine eigene Terminologie; nicht selten berühren sich die Fachsprachen der beiden Künste (z. B. „Strophe", „Rhythmus"). Die Kenntnis des fachlichen Begriffsgerüsts ist zwar nicht Voraussetzung für den „Genuss", aber schon ein Gespräch über ein Kunstwerk kann darauf nicht verzichten. Unerlässlich ist die Fachsprache schließlich bei der Analyse. Das gilt für ein Bild, ein Gedicht und ein musikalisches Kunstwerk im selben Maß. Über einige wesentliche formale Elemente sollte man sich als Voraussetzung für die tiefere Betrachtung eines Gedichtes kundig machen.

Vers

- Eine Zeile im Gedicht heißt Vers.
- Ein Vers kann auf betonter Silbe enden (männliche Kadenz, z. B. *„… blaues Band"*) oder auf unbetonter Silbe (weibliche Kadenz, z. B. *„… die Lüfte"*).
- Die syntaktische Verknüpfung von Versen heißt Enjambement *(Frühling lässt sein blaues Band || wieder flattern durch die Lüfte)*. Sie erhöht die Dynamik im Text.

Versfüße

Versfüße (Taktformen) strukturieren und rhythmisieren Verse. Sie werden nach der Zahl der betonten Silben (Hebungen) unterschieden. Die wichtigsten sind

- Jambus: unbetont–betont *(Verlust)*
- Trochäus: betont–unbetont *(Frühling)*
- Anapäst: unbetont–unbetont–betont *([… die dú] nicht gebáut)*
- Daktylus: betont–unbetont–unbetont *(Angesicht)*

Versformen

Zu den wichtigsten Versformen gehören

- Blankvers: 5-hebiger Jambus:
  Wenn meine Liebe schwört, sie sei mir treu,
  So glaub' ich ihr, obgleich ich weiß, sie lügt.
- Alexandriner: 6-hebiger Jambus mit Zäsur:
  Was dieser heute baut, reißt jener morgen ein.
- Knittelvers: 4-hebiger Jambus, paarweise gereimt, frei (mit unregelmäßig vielen unbetonten Silben) oder streng (mit acht oder neun Silben):
  Ein Maler und ein Musicus
  So Wand an Wand, das gibt Verdruss!

Reimformen

Gedichte müssen nicht gereimt sein. Manche Gedichtformen (Oden, Hymnen) verzichten häufig auf Reime; auch in der modernen Lyrik sind sie keineswegs vorherrschend. Grundsätzlich unterscheidet man männliche/stumpfe und weibliche/klingende Reime (s. o. unter Vers). Die wichtigsten Reimformen sind

- Paarreim: aa bb cc …
- Kreuzreim: abab
- Umarmender Reim: abba
- Binnenreim: Ein Wort im Versinnern und das Versende reimen sich.
- Kettenreim (Strophenform Terzine): aba bcb cdc …

Gedicht- und Strophenfomen

Die wichtigsten Gedicht- und Strophenfomen sind

- die Ballade: dramatisches Geschehen, erzählerisches Element, meist Strophenform
- die Volksliedstrophe: 3 oder 4 Hebungen, wechselnde Kadenz
- die Ode: antiker Ursprung, oft elf Verse, feierlicher Ton, z. T. freie Rhythmen
- die Hymne: kultischer Ursprung, feierlich-enthusiastischer Lobgesang, unterschiedlich viele, oft 4-versige Strophen in freien Rhythmen
- das Sonett: je 2 Strophen zu 4 Versen (Quartette) und (in der Regel) 3 Versen (Terzette); oft inhaltlicher Kontrast zwischen Quartetten und Terzetten

Weitere Hinweise zur Untersuchung lyrischer Texte s. S. 257.

Improvisation aus dem Bauch

Raï-Musik von Cheikha Rimitti und Cheb Khaled

Flötespielender Hirte in den algerischen Bergen

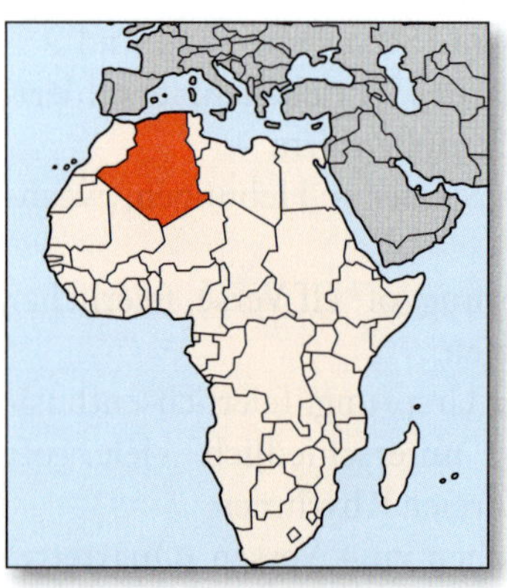

Demokratische Volksrepublik Algerien
Das islamisch geprägte Land mit der Amtssprache Arabisch wurde 1962 von Frankreich unabhängig.
Etwa 80 % der 32 Mio. Algerier leben im Norden (Mittelmeerküste und Atlas-Gebirge). Der Süden des Landes ist Teil der Sahara. 66 % der Algerier sind unter 30 Jahre alt (Deutschland: 33 %).

» Der Raï ist eine Welt, in der man zu religiösen Sprüchen trinkt und zu Totenklagen tanzt. Es wird nicht geliebt, es wird begehrt. Man trinkt nicht, man säuft. Man singt nicht, man improvisiert aus dem Bauch. « (Algérie Actualités, 1986)

Die Ursprünge des Raï

Die Geschichte des Raï beginnt etwa vor 100 Jahren. Schafhirten in den algerischen Bergen vertrieben sich die Zeit mit Musik, indem sie auf einfachen Instrumenten improvisierten. In dieser Zeit entstand auch der Begriff „Raï". Wenn den Sängern eine Liedzeile entfiel, ersetzten sie diese einfach durch die Lautsilben „raï ya raï", entsprechend dem „la la la" des deutschen Volkslieds oder dem „yeah yeah yeah" in der Rockmusik.

Später gewannen die Texte im Raï immer mehr Gewicht. Nun rückte die Bedeutung des Wortes „raï" (arabisch für „Meinung", „Willensfreiheit") im Koran in den Vordergrund. Dafür sorgten vor allem die „Cheikhas", professionelle Zeremonienmeisterinnen, Stimmungsmacherinnen und Musikerinnen in Personalunion, die für jede Art von Feiern engagiert wurden. Sie entwickelten zu der Musik die typische scharfzüngige Textdichtung des Raï. Ihr Stil wurde von vielen jungen Musikern aufgegriffen und zum modernen Raï weiterentwickelt.

Raï und Politik

Viele Algerier fühlten sich von der französischen Kolonialherrschaft unterdrückt. Für Raï-Musiker hatte sie aber auch gute Seiten. Die französische Besatzungsmacht störte sich nämlich kaum an den Raï-Texten, die sich oft gegen die islamischen Traditionen richteten. Nach der Befreiung von der Kolonialherrschaft gerieten die Raï-Musiker in das Visier der konservativen Regierung des neuen Staates. Häufig wurden sie wegen ihrer angeblich unsittlichen und regierungsfeindlichen Texte mit Veröffentlichungs- und Auftrittsverboten belegt.

Nach 1992 verschlimmerte sich die Situation für das Land und die Raï-Musiker. In dem jahrelangen Bürgerkrieg zwischen islamistischen Gruppen und dem Militär wurden gezielt Raï-Musiker ermordet. Fast alle wanderten nun in das Land der ehemaligen Besatzungsmacht Frankreich aus. Von dort aus machten sie den Raï international bekannt. Erst nach Ende des Bürgerkrieges 1999 gaben einige Raï-Musiker wieder Konzerte in Algerien. Die meisten lebten aber weiterhin in Frankreich.

1830 Frankreich beginnt mit der Eroberung Algeriens

1848 Der Norden Algeriens wird in das frz. Staatsgebiet eingegliedert

1926 Einweihung der Pariser Moschee

Der traditionelle Raï

Drei Elemente kennzeichnen die Musik des traditionellen Raï:
- Der überwiegend solistische arabischsprachige Gesang enthält oft improvisatorische Elemente; der Schwerpunkt liegt auf dem Text.
- Als Begleitung erklingen häufig Ostinati oder einfache Nebenmelodien, die auf einer oder mehreren aus Schilfrohr gefertigten Flöten *(gasba)* mit rauem, heiserem Klang gespielt werden.
- Trommeln, deren wichtigste eine mit Schellen besetzte Rahmentrommel ist, schlagen meist einen ostinaten Rhythmus.

Cheikha Rimitti
*1923 Sidi Bel-Abbès
†2006 Paris

Cheikha Rimitti wurde schon in jungen Jahren durch ihre provokanten und skandalösen Texte bekannt. Sie trug wesentlich zu der typischen Textdichtung des Raï bei. Trotz Verfolgung und Verboten durch die algerische Regierung blieb sie ihrem rebellischen Naturell immer treu.

Cheikha Rimitti und ein Gasba-Spieler

Musik gegen einen Sittenkodex

Die Texte des traditionellen Raï wandten sich offen gegen islamisch geprägte Traditionen und Moralvorstellungen. Thematisiert wurden u. a. Sexualität, Alkohol und die Verweigerung religiöser Bräuche. Dabei sind die Raï-Musiker oft gläubige Muslime; sie wehren sich aber gegen fundamentalistische Glaubensgebote.

Die herausragende Figur des traditionellen Raï war Cheikha Rimitti. 1954 veröffentlichte sie ihre erste Aufnahme mit dem Titel „Charrag, gattaa" („Reiß es durch, reiß es entzwei"). Der Text wurde damals als provokant empfunden.

1 Hören Sie den Song „Charrag, gattaa" von Cheikha Rimitti. Benennen Sie die Elemente des traditionellen Raï.

V, 17

Küsse, wie gestern auf der Matratze.
Purzelbaum über Purzelbaum,
Ich erfülle meinem Liebsten jeden Wunsch.
[...]
Reiß es durch, reiß es entzwei, Rimitti kriegt das schon wieder hin.
Den Pullover habe ich zerrissen,
Und ich bin's auch, die ihn wieder zusammennäht.

Cheb Khaled: Aïcha (1996)

Text: Jean-Jacques Goldman, Khaled Hadj Brahim; Musik: Jean-Jacques Goldman

2. Voici, les perles, les bijoux,
Aussi, l'or autour de ton cou,
Les fruits, bien mûrs au goût de miel,
Ma vie, Aïcha, si tu m'aimes.

3. J'irai où ton souffle nous mène
Dans les pays d'ivoire et d'ébène.
J'effacerai tes larmes, tes peines,
Rien n'est trop beau pour une si belle.

4. Je dirai les mots des poèmes,
Je jouerai les musiques du ciel,
Je prendrai les rayons du soleil
Pour éclairer tes yeux de reine.

5. = 1.

Ablauf: Verse 1 – Verse 2 – Verse 3 – Chorus – Verse 4 – Chorus bis ⊕ – Bridge – Verse 1 – Chorus (T. 9/10 wdh.)

1. Als ob es mich nicht gäbe,
   Ist sie an mir vorbeigegangen,
   Ohne einen Blick, die Königin von Saba!
   Ich sagte: Aïcha, nimm, es ist alles für dich!

2. Hier sind sie, die Perlen, die Juwelen,
   Auch das Gold für deinen Hals,
   Die schön reifen Früchte, mit dem Geschmack nach Honig,
   Mein Leben, Aïcha, wenn du mich liebst!

3. Ich werde gehen, wohin dein Atem uns führt,
   In die Länder des Elfenbeins und des Ebenholzes.
   Ich werde deine Tränen, deinen Kummer wegwischen.
   Nichts ist zu schön für eine so schöne Frau.

Chorus: Aïcha, Aïcha, hör mich an! Aïcha, Aïcha, geh nicht weg!
Aïcha, Aïcha, schau mich an! Aïcha, Aïcha, antworte mir!

4. Ich werde dir Gedichtworte aufsagen.
   Ich werde dir die Musik des Himmels spielen.
   Ich werde die Sonnenstrahlen einfangen,
   Um deine königlichen Augen zu erleuchten.

Bridge:
Sie sagte: „Behalte deine Schätze! Ich bin mehr wert als das alles.
Gitter sind Gitter, selbst aus Gold.
Ich will die gleichen Rechte wie du,
Und an jedem Tag Respekt! Ich will nur Liebe."

Cheb Khaled
* 1960 Oran

❷ Vergleichen Sie „Aïcha" mit „Charrag, gattaa" von Cheikha Rimitti und analysieren Sie, welche Elemente des traditionellen Raï in „Aïcha" zu finden sind. V, 18

❸ Üben Sie den Rhythmus der Raï-Begleitung. Singen und musizieren Sie den Song.

❹ Untersuchen Sie, inwieweit der Text des Liedes „Aïcha" der typischen Textdichtung des Raï entspricht.

❺ Beschreiben Sie das Frauenbild der beiden Raï-Lieder. Vergleichen Sie es mit der im Westen herrschenden Vorstellung von der Rolle der Frau im Islam.

❻ Nennen Sie Gründe für das Bemühen der Raï-Musiker, aktuelle westliche Musikstile in ihre Musik zu integrieren.

Rhythmus eines Raï

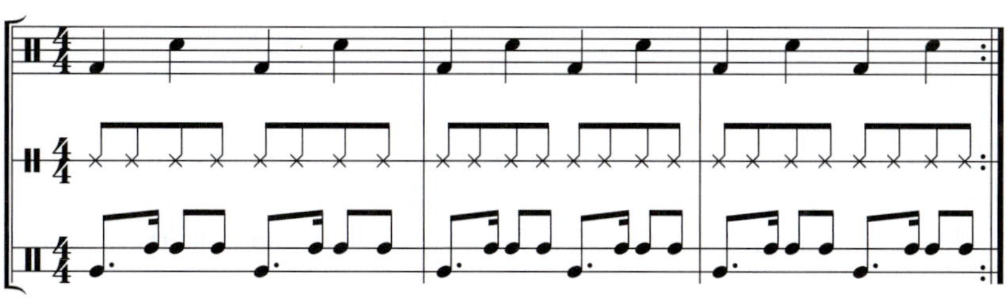

Ein Name als Programm

Cheb Khaled, einer der wichtigsten und bekanntesten Musiker des Raï, lebt seit 1986 im französischen Exil. Seine Konzerte finden – nicht nur unter Immigranten und nicht nur in Frankreich – große Resonanz. Dazu trägt sicher bei, dass er zahlreiche aktuelle Musikstile mit dem traditionellen Raï kombiniert. Die meisten seiner Lieder singt er in französischer Sprache. Manchmal spielt er zusätzlich sprachlich gemischte Versionen ein. So erklingt in „Aïcha" die letzte Strophe („Comme si j' n'existais pas …") in algerischem Arabisch.

Heute tritt der Musiker als „Khaled" auf. Zu Beginn seiner Karriere nannte er sich „Cheb Khaled" – wohl ein Hinweis auf künstlerische wie auf politische Intentionen: „cheb" ist das arabische Wort für „jung", und es steht im Gegensatz zu „cheikh", mit dem alte und weise Männer tituliert werden.

Der Toscanini der Plattenspieler

Grandmaster Flash: Adventures of Grandmaster Flash on the Wheels of Steel (1981)

Grandmaster Flash am Crossfader

» Links läuft zum Beispiel „Heartbeat", rechts hat er soeben eine bestimmte Platte aufgelegt, setzt zielsicher die Nadel etwas nach der Mitte auf und schneidet mit kurzen Stößen am Plattenrand einen synkopischen, schnellen Maschinengewehr-Rhythmus hinein. Er schiebt den Regler am Mischkasten ganz nach links, sagt was zu seinem Assistenten, der in eine Kiste greift, um eine andere Platte herauszuziehen. Das gleiche Spiel, nur dass diesmal ein abgehackter Basslauf ertönt. «

(Hans Keller, 1981)

DJ Grandmaster Flash (Joseph Saddler)
* 1958 Bridgetown (Barbados)

Nach der Emigration seiner Familie in die USA wuchs Saddler in der Bronx auf. Er absolvierte eine Schule für Elektrotechnik und war ab Mitte der 1970er-Jahre maßgeblich an der in New York entstehenden Hip-Hop-Szene beteiligt. Er gilt als einer der Pioniere des Hip-Hop-DJing.

Einige DJ-Techniken
Backspin: lautloses oder hörbares Zurückziehen einer Platte, um eine Passage erneut abzuspielen
Cutting: Zusammenschneiden von Passagen verschiedener Stücke
Scratching: Rhythmisches Hin- und Herdrehen einer Platte während des Abspielens; als „Kratzen" hörbar

Sonic Art

Mitte der 1970er-Jahre begnügten sich Hip-Hop-DJs nicht mehr damit, eine Platte nach der anderen aufzulegen. Stattdessen durchstreiften sie die Klangwelt der schwarzen Scheiben, entnahmen hier einen Soundschnipsel und dort ein Pattern, demontierten und fragmentierten, kombinierten und rekonstruierten das musikalische Material – und machten daraus neue Stücke. Das veränderte das Konzept von Songs, so wie es die populäre Musik kannte, von Grund auf.

» Eine der wichtigsten Kompositionsformen der Moderne, die Collage, hielt ihren Einzug in die Popmusik. Der alte Song wird auseinandergenommen, weil Teile seiner selbst im Kontext der DJ-Schöpfung besser einsetzbar sind, nicht, weil der ursprüngliche Song nicht geschätzt wird oder gar vernichtet werden muss. «

(Ulf Poschardt, 1995)

Die DJs wurden zu Plattenartisten. Plattenspieler und Mischpultregler wurden zu Musikinstrumenten umfunktioniert. Das setzte manuelle Geschicklichkeit ebenso voraus wie rhythmische Fertigkeiten und differenziertes Gehör – etwa beim präzisen Angleichen von Stücken, die in Tempo und Tonart voneinander abwichen. Die grundlegenden Techniken des DJing, wie sie u. a. Kool DJ Herc, einer der Pioniere in den frühen 1970er-Jahren, geschaffen hatte, baute Grandmaster Flash aus. Mit seiner Virtuosität und Perfektion setzte er Standards für das Musikmachen mit Schallplatten. 2007 wurde der „Toscanini[1] der Plattenspieler" („Life"-Magazin) in die „Rock 'n' Roll Hall of Fame" aufgenommen.

1 Arturo Toscanini (1867–1957) gilt als das herausragende Genie unter den Dirigenten des 20. Jh.

Backspins, Cuts and Scratches

Als Musterbeispiel für Flashs DJ-Kunst gilt „Adventures of Grandmaster Flash on the Wheels of Steel", eine Aufnahme, die er 1981 an drei Plattenspielern live produzierte. Diese „Abenteuer auf den Plattentellern" führen alle Tricks und Raffinessen, Mittel und Möglichkeiten eines virtuosen DJs vor Ohren. Dazu gehört auch der Einsatz einer eigenen Erfindung, des Crossfaders, die dem DJ neue Möglichkeiten eröffnete.

Crossfader
Ein regelbarer Widerstand an einem Mischpult. Der Crossfader erlaubt sowohl stufenloses Überblenden als auch blitzschnelle und rhythmisierte Wechsel zwischen Passagen, die auf zwei Plattenspielern laufen. Vorhören über Kopfhörer sorgt dafür, dass die Abschnitte präzise getroffen und in Tonart und Tempo genau aufeinander abgestimmt werden.

» *In this [record], the first and probably the best of its kind, Flash wove musical snippets and spoken phrases into an enduring tapestry of sonic art.* «
(Reginald C. Dennis, 1993)

In dem Stück fügt Flash Material aus unterschiedlichen Songs zusammen. Dazu gehören:
① „Monster Jam" (Spoonie Gee)
② „Rapture" (Blondie)
③ „Good Times" (Chic)
④ „Apache" *(Incredible Bongo Band)*
⑤ „Another One Bites the Dust" *(Queen)*

1 Hören Sie Ausschnitte aus den Songs 1 bis 5. Beschreiben Sie charakteristische Merkmale, Ähnlichkeiten und Unterschiede. V, 19–23

2 Hören Sie den Beginn von „Adventures of Grandmaster Flash on the Wheels of Steel" und stellen Sie fest, in welcher Reihenfolge Teile der Songs 1 bis 5 verarbeitet werden. V, 24

3 Recherchieren Sie zum Begriff „Collage" in der Kunst und in der Musik des 20. Jh. (s. S. 214–219). Erörtern Sie Ähnlichkeiten und Unterschiede zum Vorgehen der DJs.

Die künstlerische und technische Brillanz der DJs wurde vom größten Teil des Publikums wohl gar nicht im Einzelnen wahrgenommen. Im Vordergrund stand stets die Funktion ihrer Musik. Sie war Teil einer neuen Partykultur, die mit dem Hip-Hop der 1970er-Jahre entstand und die – in stets sich wandelnder Form – bis heute weiterlebt.

» *Entscheidend war nicht, wie die Stücke als einheitliches Werk wahrgenommen werden konnten, sondern wie sie oder ihre Teile im Rahmen einer Party als Dance-Tracks funktionierten.* «
(Ulf Porschardt, 1995)

Turntable eines DJ: Robuste Qualität, eine kräftige Motorisierung, eine große Start-Stopp-Taste, Beleuchtungseinheiten und ein großer Schieberegler zur Veränderung der Drehzahl machten diese Modelle zu idealen DJ-Instrumenten.

Was die Käufer sich beatlen lassen

Medley und Potpourri

„Stars on 45" – nicht nur in Deutschland der Hit des Jahres 1981

» Was die Käufer sich da beatlen lassen, ist der Aufguss eines Aufgusses. Die Sekundenschnipsel der Pilzkopf-Klassiker, unterlegt mit einem simplen Disco-Klatsch-Rhythmus von 118 Beatschlägen, geben sich als frisierte Montage von Originalmaterial der Fab Four. «

(Der Spiegel, 1981)

Hitragout des Jahres

„Stars on 45" nannte sich ein Studioprojekt in den Niederlanden, das in den 1980er-Jahren weltweit enorme Verkaufserfolge feierte. „45" spielt auf ein verbreitetes Schallplattenformat an: Vinylsingles wurden mit einer Geschwindigkeit von 45 Umdrehungen pro Minute abgespielt und enthielten auf der A- und B-Seite meist je einen Song, insgesamt etwa fünf Minuten Musik. „Stars on 45" reihte Ausschnitte bekannter Songs aneinander und machte dieses Medley mit einem einheitlichen, typischen „Four-beat"-Rhythmus discotauglich.

Für das Projekt zeichnete der niederländische Musiker und Produzent Jaap Eggermont verantwortlich. Die Originalaufnahmen für die Kompilation aus „Venus" *(Shocking Blue)*, „Sugar, Sugar" *(The Archies)* und acht *Beatles*-Titeln ließen sich allerdings aus rechtlichen Gründen nicht verwenden. Daher nahm Eggermont die Songs mit Studiomusikern und -sängern neu auf.

Über viele Wochen hinweg dominierte „Stars on 45" 1981 die obersten Ränge der Charts in Europa und den USA. In der Folge schwappte eine Medley-Welle auf den Markt; Eggermont verwertete Songs von *ABBA*, den *Rolling Stones* und Stevie Wonder.

Medley, Potpourri
(engl. für „Gemisch" bzw. frz. für „Allerlei")
Zusammenstellung und Einrichtung populärer Melodien, die in willkürlicher Reihenfolge durch Überleitungen verbunden werden

V, 25

1 Hören Sie „Stars on 45". Nehmen Sie Stellung zur Funktion dieses Medleys.

2 Gestalten Sie mit geeigneten Medien und Hilfsmitteln (Computer, Audioschnitt-Software) aus passenden Songs Medleys, die unterschiedlichen Funktionen gerecht werden (Disco, Warenhaus, Geburtstagsfest, Trauerfall). Achten Sie auf bruchlose Übergänge.

Jaap Eggermont (links) wird im Jahr 1984 für seine Verdienste um die Unterhaltungsmusik ausgezeichnet.

1934
Die Firma MUZAK zur Herstellung gewerblich angewandter Musikprogramme wird in den USA gegründet

1958
MUZAK (Deutschland) nimmt das Geschäft auf

Arthur Schopenhauer
* 1788 Danzig
† 1860 Frankfurt/Main

In seinem philosophischen Gebäude stellt Schopenhauer die Welt als ein Ideenreich dar. Die Künste, und an erster Stelle die Musik, spielen dabei eine besondere Rolle, weil sie dem Menschen helfen, sich von seinem Wollen frei zu machen und das wahre Wesen der Dinge zu erkennen.

Pause für den DJ

„DJs, gönnt euch eine Pause und euerem Publikum das Beste der neuesten Discomusik": Mit diesem Slogan pries das New Yorker Unternehmen „Disconet" ab 1977 seine Dienste für Club- und Radio-DJs an. „Disconet"-Abonnenten erhielten jeden Monat eine Schallplatte mit fertig abgemischten Disco-Medleys. In den 15 bis 20 Minuten dauernden Folgen wechselten Ausschnitte aktueller Hits mit Kostproben neu erschienener oder noch unveröffentlichter Songs. Per Fragebogen meldeten die Abonnenten an Disconet zurück, wie das Publikum die neuen Songs annahm. Diese Informationen wiederum dienten Plattenfirmen als Entscheidungshilfen bei ihren Vermarktungsstrategien.

3 Erläutern Sie, inwiefern funktionale Bindungen und Vermarktungsstrategien die Produktion von Medleys beflügeln.

Eine zusammengeflickte Harlekinsjacke

Abwertende Urteile (wie das auf S. 252) taten der Verbreitung von Potpourris und Medleys im 20. Jahrhundert keinen Abbruch. Im Zusammenhang damit standen allgegenwärtige funktionale Bindungen von Musik, z. B. an Tanz, Show, Party, ferner Vermarktungsstrategien, etwa bei Gala- oder TV-Auftritten von Künstlern.

Das Prinzip kommerzieller Klangsynthesen hat Tradition. Medleys gab es lange vor dem elektronischen Zeitalter in der Musik. 1711 erschien das erste Potpourri im Druck. Großer Beliebtheit erfreuten sich im 19. Jahrhundert Potpourris mit Bearbeitungen populärer Opernmelodien.

Allerdings zog das Verfahren schon damals Kritik auf sich. Bemängelt wurde ein Defizit an kompositorischer Erfindung, fehlende Ausarbeitung musikalischer Ideen, insgesamt der Unterhaltungscharakter solcher Arrangements. Ein Musiklexikon von 1837 bewertete das Potpourri als „ein buntes Allerlei ohne jede künstlerische Einheit", und der Philosoph Arthur Schopenhauer geißelte es 1852 als „eine aus Fetzen, die man honetten Leuten vom Rocke abgeschnitten, zusammengeflickte Harlekinsjacke – eine wahre musikalische Schändlichkeit, die von der Polizei verboten sein sollte."

4 Nehmen Sie Stellung zur Kritik Schopenhauers an Potpourris.

Titelblatt eines Potpourris für Klavier (um 1880)

Ein fabelhafter Touch von Wahnsinn

The Beatles: Strawberry Fields Forever (1967)

Der Eingang zum Strawberry-Field-Gelände in Liverpool

„Strawberry Field" war eigentlich der Name einer Heilsarmee-Herberge in Liverpool, unweit von dem Haus, wo John seine Kindheit verbracht hatte. [...] Johns andere Welt, die in seinem Kopf, war bis zum Schluss die gewesen, in der er lieber lebte. Es war ein bedeutend angenehmerer Ort zum Leben. Die reale Welt hat irgendwie nie so richtig seinen Erwartungen entsprochen. (George Martin, 1994)

Ein Song in drei Versionen

Nachdem die *Beatles* 1966 beschlossen hatten, keine öffentlichen Konzerte mehr zu geben, richteten sie ihr künstlerisches Medium, ihr Selbstverständnis und ihren Status als Musiker neu aus. Sie konnten ihrem Einfallsreichtum und ihrer Klangfantasie noch mehr Raum geben als vorher und schöpften die technischen Mittel ihrer Tage voll aus. Die im Studio entstandenen Aufnahmen wurden anschließend, oft in langen Prozessen, sehr stark bearbeitet. Man fügte Klangeffekte ein, spielte Bänder in verschiedenen Geschwindigkeiten oder rückwärts ab, doppelte Melodien im Overdub-Verfahren und mixte aus verschiedenen Fassungen ein Endprodukt. George Martin hatte als Arrangeur und Produzent einen wesentlichen Anteil an dieser Arbeit. Er gilt als musikalischer Formgeber der Gruppe.

Ein schönes Beispiel für die Entstehungsweise später *Beatles*-Songs bildet „Strawberry Fields Forever". John Lennon schrieb den Song, als er zu Filmaufnahmen in Spanien war, und nahm in seinem Heimstudio eine Demoversion auf. Eine erste Studioversion entstand mit George Martin als Produzent am 24. November 1966 bei den Studioaufnahmen der Band für ihr neues Album. In 55 Stunden Studioarbeit mit „Strawberry Fields Forever" erschloss sich das *Beatles*-Team neue Klangfarben und Klanggestalten. Diese Version stellte aber die Bandmitglieder – und vor allem John Lennon – nicht recht zufrieden. Fast einen Monat dauerte es noch, ehe die endgültige Fassung – aus zwei verschiedenen Takes zusammengemixt – fertig war.

V, 26

1 Hören Sie „Strawberry Fields Forever" in John Lennons Demoversion.

Overdubbing
Studiotechnik, bei der nacheinander aufgenommene Tonspuren bearbeitet und zusammengemischt werden

1928 Maurice Martenot baut ein elektronisches Tasteninstrument „Ondes Martenot"

1930 Friedrich Trautwein erfindet das „Trautonium", einen Vorläufer der Synthesizer

1934 Kommerzieller Erfolg der elektronischen Orgel von Laurens Hammond

Strawberry Fields Forever

Text u. Musik: John Lennon, Paul McCartney

❷ Übersetzen Sie den Text und charakterisieren Sie ihn.

❸ Singen und musizieren Sie den Song.

2. No one I think is in my tree,
I mean it must be high or low,
That is you can't, you know, tune in,
but it's allright,
That is, I think, it's not to bad.

3. Always know sometimes think it's me,
But you know, I know when it's a dream,
I think a „no“ I mean a „yes“,
but it's all wrong,
That is, I think, I disagree.

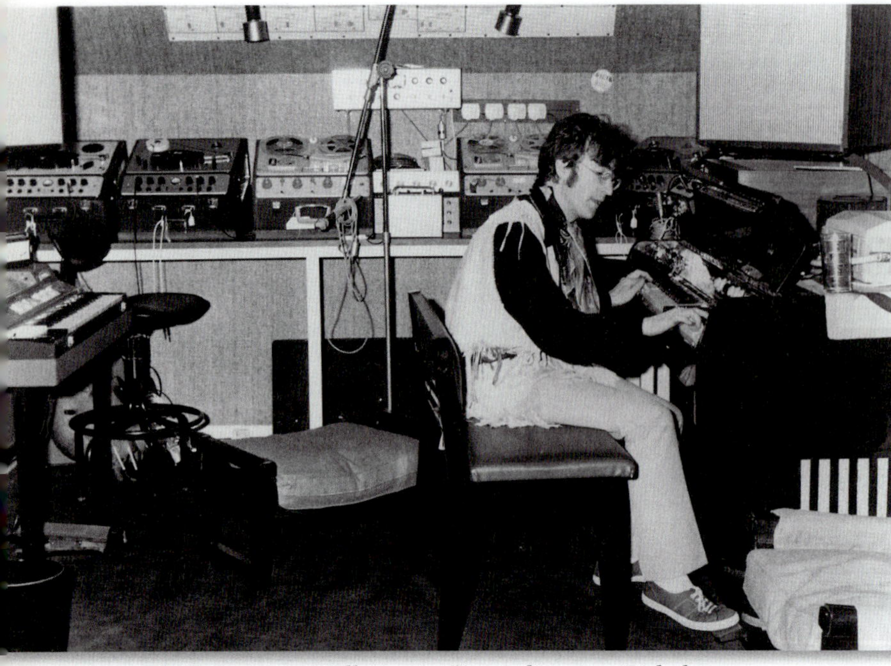

John Lennon am Mellotron im Tonstudio seines Wohnhauses in Weybridge, England (1967)

Das Mellotron

» Johns erste Idee zum Arrangement war, das Mellotron, sein damaliges Steckenpferd, zu benutzen. Das Mellotron war eine ziemlich zusammengestoppelte Apparatur. [...] Es sah aus, als ob ein Neandertaler-Klavier ein primitives Keyboard geschwängert hätte. [...] Die Musiker-Gewerkschaft versuchte, dieses ulkige Ding mit der Begründung zu verbieten, dass es die Live-Musik „killen“ würde; ich behaupte, es war vielmehr geeignet, denjenigen zu killen, der es bediente! « (George Martin, 1994)

» John hatte herausgefunden, wie man auf dem Mellotron nicht bloß eine einzige, sondern jede beliebige Tonfolge spielen konnte, was „Strawberry Fields Forever“ am Ende einen fabelhaften Touch von Wahnsinn verleiht. « (George Martin, 1994)

John Lennon
s. S. 201

Sampling
(engl. „sample“ für „Muster“, „Beispiel“)
Das Aufnehmen von Klängen oder Musikstücken, um sie im Original oder in veränderter Form wieder zu verwenden

Das Mellotron, ein elektromechanisches Tasteninstrument, kam zu Beginn der 1960er-Jahre auf den Markt und gilt als Vorläufer heutiger Sampler. Jeder Taste war ein Tonbandstreifen mit der Aufnahme eines einzelnen Tons zugeordnet. Diese Aufnahmen, etwa acht Sekunden lang, stammten von Instrumenten oder Stimmen (z. B. Streicher, Bläser, Chor). Auf Tastendruck wurden die jeweiligen Tonbandstreifen abgespielt und anschließend durch einen Federmechanismus in ihre Ausgangsposition zurückgebracht.

Mit dem signifikanten Querflötensound in „Strawberry Fields Forever“ erlebte das Mellotron 1967 seinen Durchbruch in der populären Musik. Vor allem im Psychedelic Rock der 1960er- und 1970er-Jahre kam es ausgiebig zum Einsatz, Gruppen wie *Moody Blues, The Rolling Stones, Led Zeppelin, Pink Floyd* und *Tangerine Dream* nutzten es bei Produktionen.

V, 27/28

4 Hören Sie „Strawberry Fields Forever“ in der ersten Studioversion vom 24. November 1966 und als fertige Produktion.
Stellen Sie fest, worin sich die Aufnahmen unterscheiden und beurteilen Sie ihre Wirkung.

5 Erläutern Sie den Zusammenhang zwischen dem Songtext und der Gestaltung der Plattenhülle.

Hülle der Single „Strawberry Fields Forever / Penny Lane“ (1967)

Analyse 13: Untersuchung lyrischer Texte II

Sprachliche und inhaltliche Elemente

Von den mittelalterlichen Minnesängern bis zu experimentellen Kunstformen unserer Zeit sind Musik und Lyrik oft untrennbar miteinander verbunden. Deshalb ist bei der Analyse eines Liedes oder Songs, einer Ballade oder eines größeren Vokalwerkes die Untersuchung der Textvorlage von großer Wichtigkeit. Die Beherrschung der Fachsprache ist dabei unerlässlich. Neben formalen Aspekten (s. S. 245) spielen auch textexterne Sachverhalte (Lebensdaten, Herkunft des Autors, historische und gesellschaftliche Hintergründe) eine Rolle. Im Mittelpunkt der Analyse stehen aber in der Regel sprachliche und inhaltliche Aspekte.

Sprachliche Elemente

In einem ersten Schritt sollen Fremdwörter und unklare Begriffe geklärt werden. Dann verhelfen die Untersuchung der Wortwahl (Lexik) und des Satzbaus (Syntax) zu einer Einschätzung der Stilebene.

Schließlich verdienen rhetorische Stilmittel Beachtung. Dazu gehören u. a.

- Alliteration: gleicher Anlaut benachbarter Wörter *(Mit Mann und Maus)*
- Ellipse: Auslassung eines Wortes oder Satzteils *(Du auch hier?)*
- Hyperbel: Übertreibung *(Ein Mund wie ein Scheunentor)*
- Onomatopoesie: Lautmalerei *(... und brauset und siedet und zischt)*
- Metapher: übertragene Bedeutung *(Die Sonne lacht)*
- Synästhesie: Vermischung mehrerer Sinnesgebiete *(Golden wehen die Töne)*
- Vergleich *(Schön wie ein Engel)*
- Allegorie: bildhafte Darstellung eines Abstraktums („Fortuna“ für „Glück“)
- Rhetorische Frage *(Ist das gerecht?)*

Sprechsituation

Ein unerlässliches Element der Analyse ist die Beachtung der Sprechsituation. Dabei sind folgende Aspekte zu beachten:

- Das „Lyrische Ich“ (die im Gedicht sprechende Figur): Wer spricht? In welcher Situation wird gesprochen? Wer ist der Adressat (einzelnes Gegenüber, Geliebter, der Leser, die Menschheit allgemein)?
- Gestus der Sprechweise, z. B. Selbstgespräch, explizite Anrede, Aufforderung, Mahnung
- Grundhaltung/seelische Gestimmtheit, z. B. Freude, Trauer, Verzweiflung, Humor, Ironie

Gedanklicher Aufbau, Inhalt

Stichworte zu einer inhaltlichen Betrachtung sind z. B.

- Überschrift
- Thema (Politik, Natur, Liebe, Mythos, Alltag usw.)
- Ggf. Handlung
- Gedankengang, argumentative Entfaltung, Erkenntnis

1 Untersuchen Sie Eichendorffs Gedicht „Frische Fahrt“ in Bezug auf formale Elemente (s. S. 245 „Untersuchung lyrischer Texte I“).

2 Prüfen Sie, welche der oben angeführten Kriterien zur sprachlichen und inhaltlichen Analyse bei dem Gedicht sinnvoll und erkenntnisgewinnend anzuwenden sind. Erarbeiten Sie auf dieser Grundlage eine Interpretation.

Frische Fahrt

Laue Luft kommt blau geflossen,
Frühling, Frühling soll es sein!
Waldwärts Hörnerklang geschossen,
Mut'ger Augen lichter Schein;
Und das Wirren bunt und bunter
Wird ein magisch wilder Fluss,
In die schöne Welt hinunter
Lockt dich dieses Stromes Gruß.

Und ich mag mich nicht bewahren!
Weit von euch treibt mich der Wind,
Auf dem Strome will ich fahren,
Von dem Glanze selig blind!
Tausend Stimmen lockend schlagen,
Hoch Aurora flammend weht,
Fahre zu! Ich mag nicht fragen,
Wo die Fahrt zu Ende geht!

(Joseph von Eichendorff)

Sämtliche hörbaren Klänge verfügbar machen

■ Synthesizer und Sampler in den 1980er-Jahren

Stevie Wonder: I Just Called to Say I Love You (1984)

Text u. Musik: Stevie Wonder

3. No summer's high, no warm July,
No harvest moon to light one tender August night.
No autumn breeze, no falling leaves,
Not even time for birds to fly to southern skies.

4. No Libra[1] sun, no Halloween,
No giving thanks to all the Christmas joy you bring.
But what it is though old so new,
To fill your heart like no three words could ever do.

1 lat. „libra" für „Waage"; hier: das Sternbild Waage

1956
Erstes magnetisches Festplattenlaufwerk
1968
Die erste Computermaus wird vorgestellt

Der Sound der 1980er-Jahre

Stevie Wonders Aufnahme von 1984 macht nachvollziehbar, was in den 1980er-Jahren viele Produktionen der populären Musik charakterisierte: der Sound von Synthesizer und Drumcomputer. Die für Stevie Wonder untypische, simple Machart sowie der schlichte Text des Songs zogen viel Kritik auf sich. Das Lied schoss dennoch an die Spitze der Hitlisten und wurde als Titelsong des Spielfilms „Die Frau in Rot" mit einem „Oscar" ausgezeichnet. Wonder widmete den „Oscar" dem Bürgerrechtler und späteren südafrikanischen Präsidenten Nelson Mandela.

Stevie Wonder in den 1980er-Jahren in seinem Studio mit einem der ersten Synthesizer mit digitaler Klangsynthese

Aufbruch ins digitale Zeitalter

» *Ich glaube, die Nutzung von Geräuschen beim Musikmachen wird weitergehen und wachsen, bis wir eine Musik erreichen, produziert mithilfe elektrischer Instrumente, die sämtliche hörbaren Klänge für musikalische Zwecke verfügbar machen.* «
(John Cage, 1937)

Was 1937 als futuristisches Credo gelten musste, ist heute längst gängige Praxis. Die Idee, aufgenommene natürliche Töne durch Tastendruck wiederzugeben und zu bearbeiten, wurde in den 1970er-Jahren mit Nachdruck perfektioniert.

Digitale Technologien führten zur Entwicklung neuartiger Instrumente, Geräte und Verfahren:
- Digitale Bearbeitung und Speicherung kurzer Klänge durch Sampler, z. B. Fairlight CMI (ab 1979)
- Digitale Klangerzeugung durch Synthesizer, z. B. Yamaha DX 7 (ab 1983)
- Digitales Zusammenstellen und Speichern von Patterns und längeren Klangfolgen durch Sequencer
- Digitaler Datenaustausch durch einheitlichen Standard: MIDI („Musical Instrument Digital Interface", ab 1981). Dieses Datenformat ermöglichte die integrative Nutzung elektronischer Musikinstrumente und -geräte wie Synthesizer, Sequencer, Effektgeräte, Sampler und Computer

Stevie Wonder
* 1950 Saginaw/Michigan

Wonder, der kurz nach seiner Geburt erblindete, war ein Wunderkind der Popmusik: mit 13 Jahren gelang ihm sein erster großer Hit.
Der Sänger, Songwriter, Multiinstrumentalist und Produzent zählt zu den wichtigsten und vielseitigsten Künstlern der populären Musik. Er ist für sein soziales und politisches Engagement bekannt.

John Cage
s. S. 234

1. Hören Sie Stevie Wonders Aufnahme aus dem Jahr 1984 und beobachten Sie den Einsatz von Synthesizer und Drumcomputer. V, 29

2. Singen Sie Wonders „I Just Called to Say I Love You" zuerst zu einer Begleitung mit herkömmlichen Instrumenten und danach zu einem Synthesizer-Playback. V, 30

3. Vergleichen Sie die Ergebnisse des Musizierens und begründen Sie Ihre Vorliebe für eine der beiden Interpretationen.

1975	1979	1983	1985
Bill Gates und Paul Allan gründen Microsoft	Erster Synthesizer mit Samplingtechnologie	Das MIDI-Format wird eingeführt	Sampler werden für Bands erschwinglich

Standards setzte dieser Sampler, der 1988 auf den Markt kam. Mit ihm ließen sich etwa 26 Sekunden Musik in CD-Qualität digitalisieren.

Disco
Typisch für dieses Genre der populären Tanzmusik, das Mitte der 1970er-Jahre entstanden ist, sind treibende funkige Basslinien und 4/4-Beats („Four-to-the-Floor") mit synkopiert nachschlagendem Hi-Hat. Mit dem Erfolg des Films „Saturday Night Fever" (1978) fand der Discosound weltweite Verbreitung.

House
Nach dem Abebben der Discowelle entwickelte sich zu Beginn der 1980er-Jahre „House" als Genre elektronischer Tanzmusik. Der Name geht zurück auf die Diskothek „Warehouse" in Chicago. Elemente unterschiedlicher Stile und Sounds (Disco, Hip-Hop, Funk) finden sich in House-Tracks ebenso wie klangtechnische Experimente (z. B. Verwendung von Samplern, Sequenzern und Drumcomputern).

V, 31–34

4 Hören Sie die Ausschnitte 1, 2 und 3. Stellen Sie dann im Hörvergleich fest, wie diese Samples in „Pump Up the Volume" verarbeitet werden.

5 Betrachten Sie den Videoclip zu „Pump Up the Volume" und interpretieren Sie dessen Machart vor dem Hintergrund des Zitats von Poschardt.

Kaleidoskop der Klangwelt

„Pump Up the Volume" von M|A|R|R|S bedeutete den Anfang für eine Synthese aller Formen der Dancefloor-Musik zu einem neuen Ganzen. House, Hip-Hop und selbst Disco wurden von dem britischen DJ-Team eingesetzt, um in einer programmatisch künstlichen Form – der Montage – als reines „Kunstprodukt" die Welt der Musik zu betreten. (Ulf Poschardt, 1995)

Hinter dem Kürzel M|A|R|R|S verbergen sich Namen von Mitgliedern der Bands *Colourbox* und *AR Kane*. Beide experimentell orientierten Musikgruppen standen in den 1980er-Jahren beim britischen Independent-Label „4AD" unter Vertrag. Die erste und einzige Zusammenarbeit beider Bands mündete 1987 in die Produktion von „Pump Up the Volume". Der Track kletterte überraschend an die Spitze internationaler Charts, er gilt als Meilenstein der House-Musik und der Samplingtechnik sowie als erster kommerziell erfolgreicher Samplinghit in der Geschichte der Dancefloor-Musik.

Sampling, die Digitalisierung von Musiksignalen, machte es möglich, aus jeder denkbaren Klangwelt Proben zu entnehmen, sie elektronisch weiterzubearbeiten und daraus ein komplexes Klangkaleidoskop zu schaffen. So finden sich in „Pump Up the Volume" neben Sprachfetzen eines Radio-DJs oder des iranischen Geistlichen Ayatollah Khomenei[1] auch Klangzitate folgender Musiker:

① *Rapper Erik B. & Rakim*

② *Funk-Trompeter Tom Browne*

③ *Ethno-Pop-Sängerin Ofra Haza*

1 Ayatollah Khomenei: iranischer Geistlicher und Politiker; Symbolfigur der Revolution gegen den Schah im Jahr 1979

Analyse 14: Merkmale moderner Lyrik

Die Jahrzehnte um 1900, das „Fin de Siècle", sahen viele Künstler als eine Zeit des Umbruchs. Die Veränderungen des Menschen- und Weltbildes (Karl Marx, Charles Darwin, Sigmund Freud) prägten sie auf entscheidende Weise. Sie empfanden eine „Entzauberung der Welt", die in den Schützengräben des Ersten Weltkrieges ihren fürchterlichen Höhepunkt fand. Für viele Dichter war die neue Lebenswirklichkeit mit dem gewohnten Gesicht der Lyrik unvereinbar. Sie erlebten nun die Welt als komplex und undurchschaubar. Mit den bekannten Mitteln konnten sie die neue Realität nicht mehr angemessen darstellen; herkömmliche lyrische Formen und Sprachbilder erschienen ihnen abgenutzt. Schon damals begann die Suche nach zeitgemäßeren Ausdrucksformen. Noch einschneidender wirkten die Jahre des Faschismus und die Katastrophe des Zweiten Weltkrieges. Diese führten Theodor W. Adorno zu einem viel zitierten Diktum: „Nach Auschwitz ein Gedicht zu schreiben, ist barbarisch". Aber auch nach dem Fin de Siècle und sogar nach Auschwitz entsteht Lyrik. Sie gehorcht nun allerdings oft anderen, neuen Regeln.

Versmaß, Reim, Strophe
- Auf festes Versmaß, herkömmliche Reimformen, Strophengliederung wird meist verzichtet.

Entzauberung
- An die Stelle der Verzauberung tritt Desillusionierung. Verbrauchte Bilder und lyrische Motive werden verfremdet, in einer „Ästhetik des Hässlichen" wird Unschönes integriert.
- In einer neuen Bildersprache werden verschiedene Bildbereiche verbunden (Metaphernverschränkung und -verflechtung).
- Abstrakte und konkrete Elemente werden miteinander verbunden *(Gottes Schweigen trank ich)*.
- Paradoxe Vorstellungen werden vereinigt (Oxymoron: *schwarze Milch der Frühe …*).

Chiffrierung
- Objekte werden aus der Beziehung zur Außenwelt gelöst; die dichterische Welt scheint deshalb für Leser/Hörer unzugänglich *(im Haselgebüsch || klangen wieder kristallne Engel)*.

Eine neue Sprache
- „Unlyrische" Sprachelemente, z.B. Fachsprache, Alltagssprache, Neologismen (Wortneuschöpfungen) werden integriert.
- Der sprachliche Aufwand in der Semantik (Verkürzung auf Stamm-Morpheme, Neologismen) und in der Syntax (Disproportionen, Satzbrüche, Satzfragmente) wird reduziert; Ziel ist es, mit knappen Mitteln maximale Wirkung zu erzielen.

Bedeutungsebenen
- Mehrere Bedeutungsebenen des Gedichts überlagern sich.

Fadensonnen
über der grauschwarzen Ödnis.
Ein baum-
hoher Gedanke
greift sich den Lichtton: es sind
noch Lieder zu singen jenseits
der Menschen.

(Paul Celan)

1. Identifizieren Sie möglichst viele der oben genannten Elemente und Besonderheiten moderner Dichtung in Paul Celans Gedicht.

2. Versuchen Sie eine Einschätzung der Intention, die der Text verfolgt.

Bilder

AKG Images: S. 9, 19, 22 (u.), 30, 32, 37 © VG Bild-Kunst 2008, 45 (o.), 57, 58, 59 (o.), 66, 68, 73, 74, 75, 77, 78, 80, 81, 87 © VG Bild-Kunst 2008, 88, 97, 105 (u.), 106 (u.), 108 (o.), 112, 115, 118, 119, 125, 126, 130, 136, 143 (o.), 144 (o.), 147 © VG Bild-Kunst 2008, 152, 153, 155, 156, 165, 166 (l.), 167 (r.), 168 (o. & u.), 176, 177 (o.), 178, 183 (o.), 194 (o.), 204 ©VG Bild-Kunst 2008, 207, 208, 210 (o.), 220, 221 (o.), 237 © VG Bild-Kunst 2008, 238, 242, 243, 246, 253 (u.), 262; **Alesis Studiosound GmbH, Willich:** S. 260 (o.); **Alimidi.net:** S. 56 (o.); **Artothek:** S. 10, 28, 29, 67 (o.), 86, 111 (o.), 231 (u.); **Ray Avery Photo Archives/ctsimages.com:** S. 42; **Bayerische Staatsbibliothek, München:** S. 61, 139; **Bayerische Verwaltung der staatlichen Schlösser, Gärten und Seen, München:** S. 183 (u.); **Bayerisches Nationalmuseum, München:** S. 138; **Bayreuther Festspiele:** S. 157 (u.); **Beatles Museum, Halle:** S. 256 (u.); **Beethovenhaus Bonn:** S. 144 (u.), 174; **Bibliotheca Laurenziana, Florenz:** S. 63 (l.); **Bill Akwa Betote, Bagnolet:** S. 247; **Blanko Musik GmbH:** S. 190 (u.); **BPK:** S. 15, 16, 23, 34 © VG Bild-Kunst 2008; 67 (u.), 69, 95 © VG Bild-Kunst 2008, 114, 138, 161, 164, 177 (m. & u.), 179, 200 (l. & r.) © VG Bild-Kunst 2009, 210 (u.); **Cinetext:** S. 159, 160; **Corbis:** S. 26 (© Bettmann), 46 (u.), 94 (© Bettmann) © VG Bild-Kunst 2008, 184 (© John Springer Collection), 185 (o.) (© Lynn Goldsmith), 199, 225 (© Underwood & Underwood), 259; **Culture-Images:** S. 17, 169 (u.); **Deutsches Historisches Museum, Berlin:** S. 105 (o.); **dpa Picture-Alliance:** S. 35, 45 (u.), 46 (o.), 50, 51 (o. & u.), 54, 55, 91, 99 (o.), 135, 162, 172, 188, 189, 191, 196, 201 (o. & u.), 203 (u.), 244, 250, 251, 252, 254 (o. & u.), 256 (o.), 260 (u. r.); **Fotoarchiv, Essen:** 169 (o.); **Getty Images:** S. 185 (u.), 186 (o. & m.), 260 (u. l. & u. m.); **Gewandhaus Leipzig:** S. 166 (r.); **Global Aware, Hamburg:** S. 103; **Hofburg Wien:** S. 143 (u.); **Sammlung Werner Horvath, Österreich:** S. 93, 108 (u.), 111 (u.); **Interfoto:** S. 106 (o.), 233; **John Cage Trust:** S. 235; **Kein und Aber Verlag, Königstein i. Ts.:** S. 21; **Mozartforum:** S. 71; **Rick Joyce, Mystine Records:** S. 190 (o.); **Oed Photo, Unkel:** S. 44; **Rock 'n' Popmuseum, Gronau:** S. 99 (u. l., m. & r.); **Steffen Spranger:** S. 253 (o.); **Stockhausen Verlag, Kürten:** S. 233; **Tibet Image Bank:** S. 59 (u.) (John Werner); **Ullstein:** S. 14, 22 (o.), 36, 40, 52, 56 (u.), 60, 64, 98 (o. & u.), 102, 116, 117 (u.), 127, 134, 145 (o.), 163, 181, 197, 203 (o.), 211, 214 © VG Bild-Kunst 2008, 216 © VG Bild-Kunst 2009, 222, 231 (o.), 234, 239, 241 © VG Bild-Kunst 2008; **Manganas, umusic:** S. 249 (Olivier Gachen); **Universitäts- und Landesbibliothek, Darmstadt:** S. 63 (r.); **Universitätsbibliothek, Heidelberg:** S. 63 (r.); **VG Bild-Kunst 2009:** S. 21; **Axel Waldhier:** S. 117 (o.); **Wolfgang Maria Weber, München:** S. 157 (u.)

Musik

S. 31 u. 33: Moses und Aron © Schott Music GmbH, Mainz; **S. 38f.:** Aventures für 3 Sänger und 7 Instrumentalisten © C. F. Peters Musikverlag, Frankfurt a. M.; **S. 41:** How High the Moon © Warner Cappell, Hamburg; **S. 42:** Four Brothers © Warner Chappell, Hamburg; **S. 43f.:** Gernegroß © Maikäfer Verlag, Berlin; **S. 47:** Englishman in New York © EMI Music Publishing Germany GmbH, Hamburg; **S. 48f.:** The Message © Rolf Budde Musikverlag GmbH, Berlin; **S. 52f.:** Der Weg © Grönland-Musikverlag, Berlin; **S. 89:** Credo für Klavier solo, gemischten Chor und Orchester © Universal Edition AG, Wien; **S. 90:** Berliner Messe, Credo © Universal Edition AG, Wien; **S. 92:** Three Places in New England, Peermusic, Hamburg; **S. 100:** The Times They Are A-Changing © Sony Music Publishing GmbH, Berlin; **S. 102f.:** Dear Mr President © EMI Music Publishing Germany GmbH, Hamburg; **S. 107:** Lied der Partei © Edition Breitkopf & Härtel, Leipzig; **S. 109f.:** 12. Sinfonie © Internationale Musikverlage Hans Sikorski, Hamburg; **S. 113:** 5. Sinfonie © Internationale Musikverlage Hans Sikorski, Hamburg; **S. 118:** Es geht alles vorüber, es geht alles vorbei © Edition Majestic, Erwin Paesike OHG, Berlin; **S. 159f.:** Close Encounters of The Third Kind © EMI Music Publishing Germany GmbH, Hamburg; **S. 173:** No Ordinary World © Wintrup Musikverlag, Detmold; **S. 184:** Careless Love Blues © EMI Music Publishing Germany GmbH, Hamburg; **S. 188:** Oops! ... I Did It Again © Imagem Music GmbH, Hamburg; **S. 195:** Risveglio di una città © Prestel Verlag, Stuttgart; **S. 198:** So What © Universal / MCA Music Publishing GmbH, Berlin; **S. 199:** Naima © Universal Music Publishing, Berlin; **S. 202:** Norwegian Wood © Sony / ATV Music Publishing GmbH, Berlin; **S. 203:** Simpsons Main Theme © EMI Music Publishing Germany GmbH, Hamburg; **S. 205:** Über die Grenzen des All ... © Universal Edition AG, Wien; **S. 206:** 4. Bagatelle für Streichquartett © Universal Edition AG, Wien; **S. 209:** Streichquartett op. 28 © Universal Edition AG, Wien; **S. 210:** Bohemian Rhapsody (Text) © EMI Music Publishing, Hamburg; **S. 216f.:** Petruschka © Boosey & Hawkes, Bote & Bock GmbH, Berlin; **S. 227:** Malambo für Klavier © Danzas Argentinas © G. Ricordi Bühnen- u. Musikverlag GmbH, München; **S. 228:** Estancia © Boosey & Hawkes, Bote & Bock GmbH, Berlin; **S. 230f.:** Kammerkonzert © Schott Music GmbH, Mainz; **S. 235:** Imaginary Landscape No. 4 © C. F. Peters Musikverlag, Frankfurt; **S. 237:** Klavierstück XI © Universal Edition AG, Wien; **S. 240:** Six Pianos © Boosey & Hawkes, Bote & Bock GmbH, Berlin; **S. 244:** Mannenberg Revisted © Sony Music Publishing GmbH, Berlin; **S. 248:** Aicha © EMI Music Publishing Germany GmbH, Hamburg; **S. 255:** Strawberry Fields Forever © Sony / ATV Music Publishing, Berlin; **S. 258:** I Just Called To Say I Love You © EMI Music Publishing Germany GmbH, Hamburg

Texte

S. 10: Anonymer Bericht, aus: Corona-Manuskript, zit. n. Glenn Watkins: Gesualdo, Matthes & Seitz: München 2000, S. 34f.; **S. 14:** Volker Hagedorn: In Seufzern abwärts, in: DIE ZEIT, 48/2000; Glenn Watkins, zit. n. Glenn Watkins: Gesualdo, Matthes & Seitz: München 2000, S. 237 u. S. 250; **S. 15:** Torquato Tasso: Auf den Tod zweier edler Liebender, zit. n. Glenn Watkins: Gesualdo, Matthes & Seitz: München 2000, S. 49; **S. 16:** Samuel Pepys: Tagebuch aus dem London des 17. Jahrhunderts, hg. v. Helmut Winter, Reclam: Stuttgart 1980, S. 301; William Shakespeare, Übersetzung: Gottlob Regis, in: Shakespeare. Sämtliche Werke. Ins Deutsche übertragen von August Wilhelm Schlegel u. a., R. Löwit: Wiesbaden o. J., S. 910; **S. 18:** Martin Luther, zit. n. Walther Lipphardt (Hg.): Gesellige Zeit. Liederbuch für gemischten Chor, Erster Teil, Vorwort, Bärenreiter: Kassel/Basel 1976, S. 3; **S. 19:** Helmuth Osthoff: Das deutsche Chorlied vom 16. Jahrhundert bis zur Gegenwart, Arno Volk Verlag: Köln 1955, S. 7; **S. 22:** Johann Wolfgang von Goethe: Brief an Zelter, 2.5.1820, zit. n. Sämtliche Werke, Briefe, Tagebücher und Gespräche, Abt. II, Bd. 9, Deutscher Klassiker Verlag: Frankfurt a. M. 1999, S. 47; Johann Wolfgang von Goethe: Brief an Wilhelm von Humboldt, 14.3.1803 (WA IV, Bd. 16, S. 197ff., Nr. 4634); Zeitungskritik aus dem Jahr 1822, zit. n. Dietrich Fischer-Dieskau: Schubert und seine Lieder, Deutsche Verlags-Anstalt: Stuttgart 1996, S. 162; **S. 26:** Johann Friedrich Reichardt, zit. n. Walter Salmen: Johann Friedrich Reichardt: Komponist, Schriftsteller, Kapellmeister, Atlantis Verlag: Freiburg/Zürich 1963, S. 298; Robert Schumann: Gesammelte Schriften über Musik und Musiker, Georg Wigand Verlag: Leipzig 1871; **S. 28 u. 29:** Joseph von Eichendorff: Schöne Fremde u. In der Fremde, in: Ausgewählte Werke, Bd. 1, Emil Vollmer Verlag: München o. J., S. 39f. u. 263; **S. 30:** Thomas Mann: Doktor Faustus, S. Fischer: Berlin/Frankfurt a. M. 1956, S. 591; Arnold Schönberg: Moses und Aron, Klavierauszug von Winfried Zillig, ED 4935, Schott: Mainz u. a., © by Gertrud Schoenberg 1957; **S. 32:** Altes Testament, zit. n.: Die gantze Heilige Schrifft, Bd. 1, dtv: München 1974, S. 128, Exodus 4,10–16; Alban Berg: Vortrag zum „Wozzeck" (1929), in: Hans Ferdinand Redlich: Alban Berg. Versuch einer Würdigung, Universal Edition: Wien 1957, S. 109f.; **S. 35:** C.D. Friedrichs Bekenntnisse im Wort, Ausgew. v. Kurt K. Eberlein, München 1974, S. 121; **S. 36:** Kurt Schwitters: Simultangedicht, in: Joachim Schenk (Hg.): Kurt Schwitters: Anna Blume und andere, Literatur und Grafik, Verlag Volk und Welt: Berlin 1985, S. 40; **S. 37:** Kurt Schwitters, zit. n. Friedrich Lach (Hg.): Das literarische Werk Kurt Schwitters, Bd. 5: Manifeste und kritische Prosa, DuMont: Köln 1981, S. 244; György Ligeti: Vorwort zur Partitur „Nouvelle Aventures", Edition Peters: Frankfurt, o. J.; **S. 40:** Ella Fitzgerald, zit. n. ellafitzgerald.com; Ekkehard Jost: Zum Sprachcharakter von Musik im allgemeinen und Jazz im speziellen, in: Wolfram Knauer (Hg): Jazz und Sprache, Sprache und Jazz (= Darmstädter Beiträge zur Jazzforschung, Bd. 5), Wolke: Hofheim 1999, S. 87–113, hier: S. 97; **S. 44:** Kurt Tucholsky, zit. n. Mary Gerold-Tucholsky; Fritz J. Raddatz (Hg.): Gesammelte Werke, Bd. 1, Rowohlt: Reinbek bei Hamburg 1960, S. 830; Ankündigung eines Konzerts von Reinhard Mey, zit. n. http://www.riegler.it/musicculturclub/guest/

Reinhard_Mey.htm (20.11.2008); Bernhard Lassahn, zit. n. Matthias Henke: Die großen Chansonniers und Liedermacher, Econ: Düsseldorf 1987, S. 137; **S. 46:** Quentin Crisp, zit. n. http://www.spikemagazine.com/spikejun.php (20.11.2008); **S. 48:** Georges Lappassade; Philippe Rosselot: Le Rap ou la fureur de dire, Loris Talmart 1990, zit. nach David Dufresne: Rap Revolution. Atlantis/Schott: Zürich/Mainz 1997, S. 45; ICE-T, zit. n. Ulf Poschardt: DJ Culture, Rogner & Bernhard: Berlin 1995, S. 188f.; **S. 51:** Bushido, zit. n. Süddeutsche Zeitung, 21.1.2008; **S. 52:** Herbert Grönemeyer, zit. n. Süddeutsche Zeitung, 14.8.2000; **S. 54:** Herbert Grönemeyer, zit. n. STERN, 29.8.2002; Richard Kämmerlings, zit. n. FAZ, 13.3.2008; Andreas Merkel, zit. n. taz, 6.9.2002; Thomas Groß, zit. n. DIE ZEIT, 27.2.2003; **S. 56 u. 57:** Dschalad ad-Din Rumi u. Fahri Özcakil, zit. n. Die tanzenden Derwische, offizielles Programm des Ensembles „Mevader“, hg. vom Frohsinn Bildungszentrum, Augsburg 2007; **S. 58:** Hermann Hesse: Siddhartha, Suhrkamp: Frankfurt a. M. 1994, S. 74; **S. 59:** Herz-Sutra, zit. n. Michael von Brück: Weisheit der Leere. Wichtige Sutra-Texte des Mahayana-Buddhismus, übers. von M. v. Brück, Kösel: München 2000, S. 230f.; **S. 60:** Aurelius Augustinus, zit. n. Heinrich Hüschen: Art. „Augustinus, Aurelius“, in: Die Musik in Geschichte und Gegenwart, Bd. 1 (lateinischer Text) Bärenreiter: Kassel u. a. 1949, Sp. 853f.; deutsche Übersetzung nach: Ulrich Prinz (Hg.): Materialien für den Musikunterricht in der Oberstufe: Vokalmusik, Klett: Stuttgart u. a. 1992, S. 10; **S. 61:** Aurelius Augustinus, zit. n. Peter Gülke: Mönche, Bürger, Minnesänger. Musik in der Gesellschaft des europäischen Mittelalters, Köhler & Amelung: Leipzig 1975, S. 30; **S. 62:** Aurelius Augustinus: Bekenntnisse, dtv: München 2003, S. 284; **S. 64:** Friedrich Blume: Art. „Renaissance“, in: Die Musik in Geschichte und Gegenwart, Sachteil, Bd. 11, Bärenreiter: Kassel u. a. 1989, Sp. 226; **S. 66:** Erasmus von Rotterdam, Bernardino Cirillo u. Martin Luther, zit. n. Sabine Ehrmann-Herfort; Ludwig Finscher; Giselher Schubert (Hg.): Europäische Musikgeschichte, Bärenreiter/Metzler: Kassel 2002, S. 250ff.; **S. 68:** Franz Xaver Niemetschek: Lebensbeschreibung des k. k. Kapellmeisters Wolfgang Amadeus Mozart, Reprint der 2. Aufl., Prag 1808, VEB Deutscher Verlag für Musik: Leipzig 1978, S. 117; zit. n. Otto Erich Deutsch (Hg.): Mozart. Die Dokumente seines Lebens (= Neue Ausgabe sämtlicher Werke, Serie X, Supplement, Werkgruppe 34), Bärenreiter: Kassel 1961, S. 163; **S. 69:** Wolfgang Amadé Mozart, zit. n. Wilhelm A. Bauer; Otto Erich Deutsch; Joseph Heinz Eibl; Ulrich Konrad (Hg.): Mozart: Briefe und Aufzeichnungen, Bd. 1, Bärenreiter: Kassel 1962, S. 532f., Übersetzung: Klaus Mohr; **S. 73:** Gotteslob. Katholisches Gebet- und Gesangbuch. Ausgabe für das Erzbistum München und Freising, Pfeiffer: München 1975, S. 377; **S. 74:** Martin Gregor-Dellin: Heinrich Schütz. Sein Leben, sein Werk, seine Zeit, Piper: München 1984, S. 13ff.; **S. 75:** Altes Testament, zit. n.: Die gantze Heilige Schrift, Bd. 2, dtv: München 1974, S. 1101; **S. 77:** Walter Simon Huber: Motivsymbolik bei Heinrich Schütz, Bärenreiter: Basel 1961, S. 7f.; **S. 78:** Heinrich Schütz: Memorabilia, 1651, zit. n. Hans Heinrich Eggebrecht: Musik im Abendland, Piper: München 1991, S. 392f.; **S. 80:** Albert Schweitzer: J.S. Bach, Breitkopf & Härtel: Leipzig 1947, S. 431; Alfred Dürr: Die Johannespassion von Johann Sebastian Bach, Bärenreiter: Kassel 1988, S. 65; **S. 88:** Arvo Pärt: Auf der Suche nach der heiß ersehnten Zauberinsel. Dankesrede von Arvo Pärt bei der Entgegennahme des Brückpreises in Görlitz, in: Süddeutsche Zeitung, Nr. 259, 10./11.11.2007, S. 17; Neues Testament, zit. n.: Die gantze Heilige Schrift, Bd. 3, dtv: München 1974, S. 1975; **S. 91:** Kardinal Meisner, Skript zur Predigt am 14.9.2007 im Kölner Dom, hg. v. der Pressestelle des Erzbistums Köln, S. 2f., http://www.erzbistum-koeln.de/export/sites/erzbistum/dokumente/erzbischof/predigten/jcm_pr_070914_kolumba.pdf; **S. 94:** Franz Josef Degenhardt: Manchmal sagen die Kumpane, in: Spiel nicht mit den Schmuddelkindern. Balladen, Chansons, Grotesken, Lieder, Rowohlt: Reinbek bei Hamburg 1969; Johann Wolfgang von Goethe: Faust. Der Tragödie erster Teil, in: Uwe Lassen (Hg.): Goethes Werke, Standard-Verlag: Hamburg o. J., Bd. 5, S. 68; Bertolt Brecht: An die Nachgeborenen, in: Elisabeth Hauptmann (Hg.): Gesammelte Werke, Suhrkamp: Frankfurt a. M. 1967, Bd. 9,2, S. 724; **S. 95:** Polizeibericht vom 18.7.1844, zit. n. Wolfgang Steinitz: Der große Steinitz. Deutsche Volkslieder demokratischen Charakters aus sechs Jahrhunderten, Verlag das europäische Buch: Berlin 1979, Sonderausgabe für Zweitausendeins, S. 233; **S. 97:** Heinrich Heine: Die schlesischen Weber, in: Hans Kaufmann (Hg.): Werke und Briefe in 10 Bänden, Aufbau-Verlag: Berlin 1980, Bd. 2, S. 343; **S. 98:** Martin Luther King, zit. n. www.usconstitution.net/dream.html; **S. 99:** New York Times, 29.9. 1961, zit. n. Robert Shelton: No Direction Home, New English Library: London 1987, S. 171, Übersetzung: Bernhard Hofmann; **S. 102:** Pink, zit. n. http://www.mtv.com/news/articles/1519661/01032006/pink.jhtml; **S. 104:** Karl Friedrich Sturm: Deutsche Erziehung im Werden. Osterwieck-Berlin 5/1942, S. 143, zit. n.: Ulrich Günther: Die Schulmusikerziehung von der Kestenberg-Reform bis zum Ende des Dritten Reiches, Neuwied: Luchterhand 1967, S. 37; Ernst Krieck: Vorwort, in: ders.: Musische Erziehung, Armanenverlag: Leipzig 1935, o. S.; E. Ballhaus: Gesunde Familien sind die Schatzkammern des Volkes!, in: Neue Bahnen. Zeitschrift der Reichsfachschaft IV im NSLB. Leipzig, 49/1938, H. 7/8, S. 208; **S. 105:** Vladimir Kabusitzky: Ideologie im Lied, Lied in der Ideologie, Gerig: Köln 1973, S. 46ff.; **S. 106:** Walter Ulbricht, zit. n. Jörn Eckert (Hg.): Die Babelsberger Konferenz vom 2./3. April 1958. Rechtshistorisches Kolloquium 13.–16. Februar 1992, Christian-Albrechts-Universität zu Kiel, Nomos Verlagsgesellschaft: Baden-Baden 1993; Urteil gegen einen Streikführer, zit. n. http://www.volksaufstand-1953.de/urteil (14.1.2008); **S. 108:** Dmitri Schostakowitsch, zit. n. Krzysztof Meyer: Dmitri Schostakowitsch, Gustav Lübbe Verlag: Bergisch Gladbach 1995, S. 414 u. 415; Peter Heyworth, zit. n. New York Times, 5.9.1962; Mstislav Rostropowitsch, zit. n. Krzysztof Meyer: Dmitri Schostakowitsch, Gustav Lübbe Verlag: Bergisch Gladbach 1995, S. 433; **S. 111:** Wladimir Majakowski: Prolog zu: Wladimir Majakowski, eine Tragödie, Verlag Volk und Welt: Berlin 1967, S. 10; Allunionskongress der sowjetischen Schriftsteller, zit. n. http://de.wikipedia.org/wiki/Sozialistischer_Realismus (20.11.2008); **S. 112:** Dmitri Schostakowitsch, zit. n. Prawda, 28.1.1936; Dmitri Schostakowitsch, zit. n. Solomon Volkov: Zeugenaussage, Ullstein: Frankfurt a. M./Berlin/Wien 1981, S. 157f. u. S. 236; Aleksandr Nikolajewitsch Glumov: Nestertye stroki, Moskau 1977, S. 316, zit. n. Krzysztof Meyer: Dmitri Schostakowitsch, Gustav Lübbe Verlag: Bergisch Gladbach 1995, S. 245; **S. 114:** Adolf Hitler, Niederschrift der Rede vom 5. September 1934 auf dem Reichsparteitag in Nürnberg; Der Stürmer, 24.6.1940, zit. n. Fred Prieberg: Musik im NS-Staat, Fischer Taschenbuch: Frankfurt a. M. 1982, S. 78; Zeitschrift „Die Musik“, November 1934, zit. n. Fred Prieberg: Musik im NS-Staat, Fischer Taschenbuch: Frankfurt a. M. 1982, S. 152; **S. 116:** Hans Severus Ziegler, zit. n. Fred Prieberg: Musik im NS-Staat, Fischer Taschenbuch: Frankfurt a. M. 1982, S. 107; **S. 117:** Heinrich Himmler, zit. n. Franz Ritter (Hg.): Heinrich Himmler und die Liebe zum Swing. Erinnerungen und Dokumente, Reclam: Leipzig 1994, S. 184f.; **S. 118:** Joseph Goebbels, zit. n. Gerd Albrecht: Nationalsozialistische Filmpolitik, Enke Verlag: Stuttgart 1969, S. 468f.; **S. 119:** Eckhard John: Es geht alles vorüber, es geht alles vorbei, in: Populäre und traditionelle Lieder. Historisch-kritisches Liederlexikon, 2007, URL: <http://www.liederlexikon.de/lieder/es_geht_alles_vorueber/>; **S. 126:** Hans Heinrich Eggebrecht: Musik im Abendland, Piper: München/Zürich 1991, S. 310ff.; **S. 129:** Wolfgang Amadé Mozart, zit. n. Wilhelm A. Bauer; Otto Erich Deutsch; Joseph Heinz Eibl; Ulrich Konrad (Hg.): Mozart: Briefe und Aufzeichnungen, Bd. 3, Bärenreiter: Kassel 1962, S. 162f.; **S. 130:** Praetorius, Michael: Syntagma musicum, zit. n.: Hans Engel: Das Musikwerk, Arno Volk Verlag: Köln 1962, Heft 23, S. 7; Daily Courant, 19.7.1717, zit. n.: Dieter Schickling (Hg.): Georg Friedrich Händel in Briefen, Selbstzeugnissen und zeitgenössischen Dokumenten, Manesse Verlag: Zürich 1985, S. 76; **S. 134:** David Kellner: Treulicher Unterricht im General=Baß, Hamburg 1737, hg. v. Eitelfriedrich Thom; Kultur- und Forschungsstätte Michaelstein, Reprint der 2. Aufl., Blankenburg 1985, S. 1; **S. 135:** Johann Sebastian Bach, zit. n. Philipp Spitta: Johann Sebastian Bach, Bd. 2, Breitkopf & Härtel: Leipzig 1921, 2. Aufl., S. 915f.; **S. 136:** Ralph-Jürgen Reipsch: Booklet zu Georg Philipp Telemann: Singe-, Spiel- und Generalbass-Übungen, Deutschlandfunk Cpo 777 045–2, 2005; **S. 138:** Christian Friedrich Daniel Schubart, zit. n. Ludwig Finscher (Hg.): Die Mannheimer Hofkapelle im Zeitalter Carl Theodors, Palatium-Verlag: Mannheim 1992, S. 50; Charles Burney: Tagebuch einer musikalischen Reise, Bärenreiter: Kassel u. a. 2004, Bd. 2, S. 73; **S. 139:** Charles Burney: Tagebuch einer musikalischen Reise, Bärenreiter: Kassel u. a. 2004, Bd. 2, S. 74; Allgemeine Musikalische Zeitung, 1799, zit. n. Ludwig Finscher (Hg.): Die Mannheimer Hofkapelle im Zeitalter Carl Theodors, Palatium-Verlag: Mannheim 1992, S. 144; Wolfgang Amadé Mozart, zit. n. Wilhelm A. Bauer; Otto Erich

Deutsch; Joseph Heinz Eibl; Ulrich Konrad (Hg.): Mozart: Briefe und Aufzeichnungen, Bd. 2, Bärenreiter: Kassel 1962, S. 517; **S. 144:** Allgemeine Musikalische Zeitung mit besonderer Rücksicht auf den österreichischen Kaiserstaat, Wien 1818, u. Allgemeine Musikalische Zeitung, 23.3.1814, Sp. 201f., zit. n. Renate Ulm (Hg.): Die 9 Symphonien Beethovens. Entstehung, Deutung, Wirkung, dtv/Bärenreiter: München/Kassel 1994, S. 238f.; **S. 148:** Gotthold Ephraim Lessing, zit. n. Klaus Leo Berghahn (Hg.): Hamburgische Dramaturgie, Reclam: Stuttgart 1981, S. 145f. (27. Stück, 31.7. 1767); **S. 151:** Georg Kreisler, zit. n. Die bösen alten Lieder, CD 90340, Preiserrecords 1997; **S. 152:** Richard Wagner, zit. n. Martin Gregor-Dellin (Hg.): Richard Wagner: Mein Leben, Goldmann Schott Verlag: München 1963, S. 318; **S. 153:** Kurt Overhoff: Die Musikdramen Richard Wagners, Pustet: Salzburg 1984, S. 74; **S. 156:** Cosima Wagner, zit. n. Herbert Barth; Dietrich Mack; Egon Voss (Hg.): Wagner, Universal Edition: Wien 1975, S. 250; **S. 157:** Ludwig II. u. Leipziger Illustrirte Zeitung, April 1876, zit. n. Herbert Barth; Dietrich Mack; Egon Voss (Hg.): Wagner, Universal Edition: Wien 1975, S. 206 u. 230; **S. 158:** Theodor W. Adorno; Hanns Eisler: Kompositionen für den Film, Rogner & Bernhard: München 1969, S. 103f.; **S. 162:** Joseph Bastian, Yi Li, Teja Andresen, Hanno Simons, zit. n. Programmheft zu den Konzerten des Sinfonieorchesters des BR, Saison 2007/2008; **S. 163:** zit. n. Die Welt, 6.4.2008; **S. 164:** Wilhelm Heinrich Wackenroder: Das merkwürdige musikalische Leben des Joseph Berglinger, Wilhelm Gerstung: Offenbach a.M. 1926, S. 9; **S. 168:** Ernest Newman: Offener Brief an einen jungen Musikkritiker, zit. n. Musica, 32. Jg. 1978, Heft 6, Bärenreiter: Kassel, S. 529; Eduard Hanslick: Aus meinem Leben, Bärenreiter: Kassel 1987, S. 399f.; **S. 169:** Joachim Kaiser: Beethovens 32 Klaviersonaten und ihre Interpreten, Fischer: Frankfurt a.M. 1979, S. 396f. u. 400; **S. 172:** Peter Cornelius, zit. n. Claus Obalski (Hg.): Taktlosigkeiten, Obalski & Astor: München 1986, S. 6; Aus einem Urteil des Bundesverfassungsgerichts, zit. n. Neue Juristische Wochenschrift, 1991, S. 95–97; Oliver Hüttman, in: Rolling Stone, dt. Ausgabe, November 1999, S. 101; Kunst- und Ausstellungshalle der Bundesrepublik Deutschland, Bonn, Konzertankündigung v. 2.8.2002, zit. n. http://www.bundeskunsthalle.de/index.htm?veranstaltungen/openair02/konzerte_augsept.htm (20.11. 2008); **S. 174:** Anton Schindler: Ludwig van Beethoven, Reclam: Leipzig 1988, S. 581; **S. 176:** Nikolaus Harnoncourt: Musik als Klangrede, dtv: München 1984, S. 18; **S. 181:** Johann Adolf Scheibe u. Johann Mattheson, zit. n. Hans-Peter Schmitz: Die Kunst der Verzierung im 18. Jahrhundert, Bärenreiter: Kassel 1973, S. 13; **S. 181:** Nikolaus Harnoncourt: Musik als Klangrede, dtv: München 1985, S. 33; **S. 184:** William Christopher Handy, zit. n. http://jass.com/Others/wchandy, © Thomas L. Morgan 1992; **S. 185:** Carl van Vechten, zit. n. Nat Shapiro: Jazz erzählt, dtv: München 1962, S. 153; **S. 188:** New Musical Express, 16.6.2008, Übersetzung: Bernhard Hofmann; **S. 190:** The Last Dance, zit. n. http://www.thelastdance.com/rickbio.html; Hans Jacobshagen: Laudatio zur Verleihung des „Prix Pantheon 2006" an die Global Kryner, Pantheon Theater GmbH; **S. 191:** Max Raabe, zit. n. Süddeutsche Zeitung, 5./6.4.2008; Children of Bodom, zit. n. http://www.cobhc.com/index.php?id=band, Übersetzung: Bernhard Hofmann; **S. 194:** Filippo Tomaso Marinetti, zit. n. Art. „Futurismus", in: WIKIPEDIA, http://de.wikipedia.org/wiki/Futurismus; **S. 195:** Erich Maria Remarque: Station am Horizont, hg. v. Thomas F. Schneider u. Tilman Westphalen, Kiepenheuer & Witsch: Köln 1998, 2000, S. 201 u. 208; **S. 196:** Edgar Varèse, zit. n. Art. „Varèse, Edgar", in: Carl Dahlhaus; Hans Heinrich Eggebrecht (Hg): Riemann Musik Lexikon, Personenteil, Schott: Mainz 1961, S. 838; Georg Heym: Dichtungen und Schriften, Bd. 3 (Tagebücher, Träume, Briefe), hg. v. Karl Ludwig Schneider, Ellermann: Hamburg 1960, S. 138f.; **S. 197:** George Russell u. David Amram, zit. n. Ashley Kahn: Kind of Blue. Die Entstehung eines Meisterwerks, Rogner & Bernhard bei Zweitausendeins: Frankfurt a.M. 2002, S. 75 u. 77ff.; **S. 199:** Jimmy Heath, zit. n. Ashley Kahn: Kind of Blue. Die Entstehung eines Meisterwerks, Rogner & Bernhard bei Zweitausendeins: Frankfurt a.M. 2002, S. 76; **S. 200:** Rückert, Friedrich, zit. n. Muhammad Schams ad-Din Hafis: Ghaselen aus dem „Diwan", übers. v. Fr. Rückert, Goethe & Hafis: Bonn 2008; **S. 201:** John Lennon, zit. n. Lennon Remembers, in: Jann Wenner (Hg.): The Rolling Stone interviews, San Francisco 1971, S. 126; **S. 204:** Peter Altenberg: Ansichtskartentext, zit. n. Universal Edition: Wien 1953, UE 12126 (Klavierauszug); Wiener Zeitung, 31.3.1913, zit. n. Manuel Gervnik: Arnold Schönberg und seine Zeit, Laaber: Laaber 2000, S. 30f.; **S. 206:** Anton Webern: Der Weg zur Komposition in 12 Tönen, Universal Edition: Wien 1960, S. 55; **S. 207:** Anton Webern: Der Weg zur Komposition in 12 Tönen, Universal Edition: Wien 1960, S. 56; **S. 208:** Anton Webern (1. Zitat), zit. n. Hanspeter Krellmann: Anton Webern, Rowohlt: Reinbek bei Hamburg 1975, S. 69; Anton Webern (2. u. 3. Zitat), zit. n. Ursula von Rauchhaupt (Hg.): Schoenberg, Berg, Webern. Die Streichquartette. Eine Dokumentation. Beilage zur CD-Edition „Neue Wiener Schule" (DG 419994-2), Deutsche Grammophon Gesellschaft: Hamburg 1971, Polydor International: Hamburg 1987, S. 182 u. 176; Theodor W. Adorno: Klangfiguren. Musikalische Schriften I, Suhrkamp: Berlin/Frankfurt a.M. 1959, S. 176; **S. 211:** Brian May, zit. n. Roy Thomas Baker; Gary Langan: An Invitation to the Opera. The Making Of Queen's „Bohemian Rhapsody", in: Sounds on Sounds, 10/1995, http://www.soundonsound.com/sos/1995_articles/oct95/queen.html; **S. 212:** Heinrich Heine: Florentinische Nächte, in: Hans Kaufmann (Hg.): Werke und Briefe, Bd. 4, Aufbau Verlag: Berlin 1980, S. 130; **S. 214:** Igor Strawinsky: Mein Leben, Paul List Verlag: München 1958, S. 30; **S. 220:** Guido Adler, zit. n. Vladimir Karbusicky: Gustav Mahler und seine Umwelt, Wissenschaftliche Buchgesellschaft: Darmstadt 1978, S. 22; Gustav Mahler, zit. n. Hans Heinrich Eggebrecht: Die Musik Gustav Mahlers, Florian Noetzel Verlag: Wilhelmshaven 2003, S. 201; **S. 221:** Gustav Mahler (1. u. 3. Zitat), zit. n. Karl-Josef Müller: Mahler. Leben, Werke, Dokumente, Schott: Mainz 1988, S. 123 u. 113; Gustav Mahler (2. Zitat), zit. n. Henry-Lous de La Grange (Hg.): Ein Glück ohne Ruh'. Die Briefe Gustav Mahlers an Alma, Siedler: Berlin 1995, S. 364; **S. 222:** Gustav Mahler, zit. n. Karl-Josef Müller: Mahler. Leben, Werke, Dokumente, Schott: Mainz 1988, S. 499; Achim von Arnim; Clemens Brentano: Des Knaben Wunderhorn, Deutsche Buch-Gemeinschaft: Berlin/Darmstadt/Wien o.J., S. 237; **S. 225:** José Hernández: El Gaucho Martín Fierro, Ediciones Carballeiro Garrido: Buenos Aires 1970, S. 51f., Übersetzung: Wieland Schmid; **S. 230 u. 231:** György Ligeti, zit. n. Constantin Floros: György Ligeti. Jenseits von Avantgarde und Postmoderne, Lafite: Wien 1996, S. 42f. u. 52; **S. 233:** Karlheinz Stockhausen: Texte zu eigenen Werken, zur Kunst Anderer, Aktuelles, Bd. 2, DuMont: Köln 1964, S. 131; **S. 236:** John Cage, zit. n. Richard Kostolanez: John Cage im Gespräch, DuMont: Köln 1991, S. 22; Pierre Boulez: Alea, in: Werkstatt-Texte, Ullstein: Frankfurt a.M./Berlin 1972, S. 100; Karlheinz Stockhausen: Klavierstück 11, für Klavier, Nr. 7, © Copyright 1957 by Universal Edition (London) Ltd., London/UE 12654; **S. 238:** John Miller Chernoff: Rhythmen der Gemeinschaft. Musik und Sensibilität im afrikanischen Leben, Trickster-Verlag: München 1994, S. 117f.; **S. 239:** Steve Reich, zit. n. Ulli Götte: Minimal Music. Geschichte – Ästhetik – Umfeld, Noetzel: Wilhelmshaven 2000, S. 258; **S. 241:** Steve Reich: Musik als gradueller Prozess, zit. n. Beiheft zur CD Steve Reich: Drumming, Music for Mallet Instruments, Voices and Organ, Six Pianos, Deutsche Grammophon © 1968 Steve Reich/© 1974 Monika Lichtenfeld für die dt. Übersetzung; **S. 242:** Abdullah Ibrahim, zit. n. users.stargate.net/~hoon/6dAI_Bio.html; **S. 246:** Algérie Acutalités, 1986, zit. n. Frank Tenaille: Die Musik des Raï, Palmyra: Heidelberg 2003, S. 59; **S. 247:** Cheikha Rimitti, Übersetzung des Liedes Charrag, gattaa, in: Frank Tenaille: Die Musik des Raï, Palmyra: Heidelberg 2003, S. 37; **S. 250:** Hans Keller u. Ulf Poschardt, zit. n. Ulf Poschardt: DJ Culture, Rogner & Bernhard: Hamburg 1995, S. 169f. u. 182; **S. 251:** Reginald C. Dennis: The Source, 11/1993, zit. n. Ulf Poschardt: DJ Culture, Rogner & Bernhard: Hamburg 1995, S. 171; **S. 252:** Der Spiegel, 37/1981; **S. 254 u. 256:** George Martin; William Pearson: Summer of Love. Wie Sgt Pepper entstand, Henschel: Berlin 1997, S. 28, 29 u. 35; **S. 257:** Joseph v. Eichendorff: Frische Fahrt, in: Ausgewählte Werke, Bd. 1, Emil Vollmer Verlag, München o.J., S. 9; **S. 259:** John Cage: Silence (MIT Press), Cambridge Mass. 1966, S. 3f.; **S. 260:** Ulf Poschardt: DJ Culture, Rogner & Bernhard: Hamburg 1995, S. 260f.; **S. 261:** Paul Celan: Fadensonnen, in: Mein blaues Klavier. Deutsche Musikgedichte aus sieben Jahrhunderten, Bärenreiter: Kassel/Basel 1988, S. 225

Nicht in allen Fällen war es uns möglich, den Rechteinhaber ausfindig zu machen. Berechtigte Ansprüche werden selbstverständlich im Rahmen der üblichen Vereinbarungen abgegolten.

CD, Track	Titel des Musikwerks (A = Ausschnitt)	Komponist/Interpret	Buchseite
I, 1	**Dolcissima mia vita**	C. Gesualdo	10
I, 2/3	**What Then Is Love but Mourning** (Countertenor/Tenor)	Ph. Rosseter	17
I, 4	**Der Gutzgauch auf dem Zaune saß**	L. Lemlin	19
I, 5	**Schäfers Klagelied**	F. Schubert	23
I, 6	**Im Walde**	R. Schumann	27
I, 7	**Schöne Fremde**	R. Schumann	29
I, 8	**In der Fremde**	R. Schumann	29
I, 9	**Moses und Aron**, Zwischenspiel, Chor: „Wo ist Moses?“	A. Schönberg	31
I, 10/11	2. Akt, 5. Szene: „Aron, was hast du getan?“ (A)		32/34
I, 12	**Ursonate („Sonate in Urlauten“)**, Scherzo	K. Schwitters	36
I, 13	**Aventures für 3 Sänger und 7 Instrumentalisten** (A)	G. Ligeti	39
I, 14	**How High the Moon**	E. Fitzgerald	40
I, 15	**After the Storm**	Nichols 'n' Nu	41
I, 16	**Four Brothers**	W. Herman	42
I, 17	**Four Brothers**	J. Hendricks	42
I, 18	**Gernegroß**	R. Mey	44/45
I, 19	**Englishman in New York**	Sting	46
I, 20/21	**The Message** (Originalaufnahme/Playback) (A)	Grandmaster Flash & The Furious Five	49
I, 22	**Der Weg**	H. Grönemeyer	52
I, 23–25	**Sema-Ritual** (Hymne/Ney-Improvisation/Drehtanz) (A)		57
I, 26	**Kui Kyon Pan** (Anbetung der Göttin Tara)		59
I, 27	**OM** (A)	M. Vetter	59
I, 28	**Nyen-seng** (The Sound of Delight) (A)		59
I, 29	**Alleluia** (Osternacht) (A)		62
I, 30	**Alleluia** (Jubilus)		62
II, 1	**Missa L'homme armé super voces musicales**, Agnus Dei (A)	J. Desprez	64
II, 2	**Hymnus Pange lingua** (A)		65
II, 3	**Missa Pange lingua**, Kyrie (A)	J. Desprez	65
II, 4	**Messe C-Dur, KV 317**, Kyrie	W. A. Mozart	71
II, 5	Credo (A)		72
II, 6	**Freue dich des Weibes deiner Jugend, SWV 453**	H. Schütz	75
II, 7	**Johannespassion, BWV 245,** Nr. 9, Arie: „Ich folge dir gleichfalls“	J. S. Bach	81
II, 8	Nr. 11, Choral: „Wer hat dich so geschlagen“		84
II, 9	Nr. 12a, Rezitativ: „Und Hannas sandte ihn gebunden“		85/135
II, 10	Nr. 12b, Chor: „Bist du nicht seiner Jünger einer?“		85/135
II, 11	Nr. 12c, Rezitativ: „Er leugnete aber“		87/135
II, 12–14	**Credo für Klavier solo, gemischten Chor und Orchester** (Anfang/Steigerungsteil/Schluss) (A)	A. Pärt	88
II, 15	**Berliner Messe**, Credo	A. Pärt	90

CD, Track	Titel des Musikwerks (A = Ausschnitt)	Komponist/Interpret	Buchseite
II, 16	**Tschüss Bayernland**	Biermösl Blosn	96
II, 17	**Die schlesischen Weber**	K. Ebstein	97
II, 18	**The Times They Are A-Changing**	B. Dylan	100
II, 19	**Dear Mr President**	Pink	103
II, 20	**Lied der Partei**	L. Fürnberg	107
II, 21	**Irgendwo auf der Welt** (A)	Comedian Harmonists	107
II, 22/23	**12. Sinfonie d-Moll, op. 112**, 1. Satz (Thema 1/Thema 2) (A)	D. Schostakowitsch	109
II, 24	**Brüder, zur Sonne, zur Freiheit**		110
II, 25	**12. Sinfonie d-Moll, op. 112**, 1. Satz, Zitat „Brüder, zur Sonne, zur Freiheit" (A)	D. Schostakowitsch	110
II, 26	**5. Sinfonie d-Moll, op. 47**, 4. Satz (A)	D. Schostakowitsch	112
II, 27	**Ein Sommernachtstraum**, Nocturno	F. Mendelssohn Bartholdy	114
II, 28	**Loreley**	F. Silcher	115
II, 29	**Olympische Hymne für gemischten Chor und großes Orchester, op. 119** (A)	R. Strauss	116
II, 30	**Chattanooga Choo Choo**	G. Miller	117
II, 31	**Chattanooga Choo Choo** (A)	Teddy Stauffer und seine Original Teddies	117
II, 32	**Oops! ... I Did It Again** (Playback) (A)	B. Spears	189
III, 1	**Es geht alles vorüber**	F. Raymond	118
III, 2	**Es geht alles vorüber**	L. Mannheim	119
III, 3/4	**Canzon per sonar primi toni à 8**	G. Gabrieli	126
III, 5	**Suite D-Dur („Wassermusik")**, 1. Satz (A)	G. F. Händel	130
III, 6	**Seltenes Glück**	G. Ph. Telemann	137
III, 7	**Sinfonia à 8**, La Melodia Germanica, 1. Satz	J. Stamitz	139
III, 8–10	**8. Sinfonie F-Dur, op. 93**, 1. Satz (Exposition/Durchführung/Übergang zur Reprise) (A)	L. v. Beethoven	146/147/148
III, 11/12	**Tannhäuser**, Ouvertüre (Anfang/Venusberg-Episode) (A)	R. Wagner	153/155
III, 13	**7. Sinfonie E-Dur**, 2. Satz (A)	A. Bruckner	156
III, 14	**Rheingold**, Vorspiel	R. Wagner	156
III, 15	**Soundtrack zu „Close Encounters of the Third Kind"** (A)	J. Williams	159
III, 16	**2. Sinfonie e-Moll, op. 27**, 4. Satz (A)	S. Rachmaninoff	163
III, 17	**Mänadentanz** (A)	H. W. Henze	163
III, 18	**9. Sinfonie e-Moll, op. 95 („Aus der Neuen Welt")**, 2. Satz (A)	A. Dvorák	163
III, 19	**L'estro armonico, op. 3, Concerto Nr. 11**, 5. Satz	A. Vivaldi	165
III, 20	**Violinkonzert D-Dur, op. 35**, 3. Satz (A)	P. I. Tschaikowsky	165
III, 21/22	**Klaviersonate f-Moll, op. 57 („Appassionata")**, 1. Satz (Interpretation von G. Gould/A. Schnabel) (A)	L. v. Beethoven	169
III, 23	**No Ordinary World**	J. Cocker	172
III, 24/25	**Sarabande** (A)	G. F. Händel	175
III, 26/27	**Brandenburgisches Konzert Nr. 1 F-Dur, BWV 1046**, 1. Satz (A)	J. S. Bach	177

CD, Track	Titel des Musikwerks (A = Ausschnitt)	Komponist/Interpret	Buchseite
III, 28/29	**Italienisches Konzert F-Dur, BWV 971**, 2. Satz (Cembalo/Flügel) (A)	J. S. Bach	178
III, 30	**Konzertetüde „Mazeppa“**	F. Liszt	179
IV, 1/2	**Sonata g-Moll, op. 5, Nr. 5**, Adagio	A. Corelli	182
IV, 3	**Careless Love Blues**	B. Smith	185
IV, 4	**Careless Love Blues**	M. Peyroux	185
IV, 5	**Careless Love Blues** (A)	B. Goodman	186
IV, 6	**Careless Love Blues** (A)	B. Johnson	186
IV, 7	**Careless Love Blues** (A)	K. Doldinger	186
IV, 8	**Oops! ... I Did It Again**	B. Spears	189
IV, 9	**Oops! ... I Did It Again** (A)	The Last Dance	191
IV, 10	**Oops! ... I Did It Again** (A)	Global Kryner	191
IV, 11	**Oops! ... I Did It Again** (A)	Max Raabe & Palast Orchester	191
IV, 12	**Oops! ... I Did It Again** (A)	Children of Bodom	191
IV, 13	**Risveglio di una città**	L. Russolo	195
IV, 14	**Amériques** (A)	E. Varèse	196
IV, 15	**Koko** (A)	Ch. Parker	197
IV, 16	**’Round About Midnight** (A)	Th. Monk	197
IV, 17	**So What** (A)	M. Davis	198
IV, 18	**Naima**	J. Coltrane	199
IV, 19	**Norwegian Wood**	The Beatles	202
IV, 20	**Titelmelodie zu „The Simpsons Movie“**	Green Day	203
IV, 21	**Über die Grenzen des All ...**	A. Berg	204
IV, 22	**4. Bagatelle für Streichquartett**	A. Webern	116/206
IV, 23	**Streichquartett op. 28**, 3. Satz	A. Webern	208
IV, 24/25	**Bohemian Rhapsody**	Queen	211
IV, 26	**Caprice a-Moll, op. 1, Nr. 5**	N. Paganini	213
IV, 27	**Blitzkrieg**	Yngwie J. Malmsteen’s Rising Force	213
IV, 28/29	**Petruschka** (A)	I. Strawinsky	215
IV, 30	**Kammerkonzert**, 1. Satz (A)	G. Ligeti	230
IV, 31	4. Satz		231
V, 1–3	**2. Sinfonie c-Moll**, 3. Satz	G. Mahler	221/222
V, 4	**Des Antonius von Padua Fischpredigt**	G. Mahler	222
V, 5	**Malambo, op. 12**	A. Ginastera	227
V, 6	**Estancia, op. 8**, 4. Satz	A. Ginastera	228
V, 7	**Imaginary Landscape No. 4** (A)	J. Cage	235
V, 8–12	**Klavierstück XI** (A)	K. Stockhausen	236
V, 13	**Ssematimba ne Kikwabanga** (A)	Anonym	239
V, 14	**Six Pianos** (A)	S. Reich	239
V, 15/16	**Mannenberg** (Anfang/Schluss) (A)	A. Ibrahim	244

CD, Track	Titel des Musikwerks (A = Ausschnitt)	Komponist/Interpret	Buchseite
V, 17	**Charrag, gattaa**	Ch. Rimitti	247
V, 18	**Aïcha**	Cheb Khaled	249
V, 19	**Monster Jam** (A)	Spoonie Gee Meets the Sequence	251
V, 20	**Rapture** (A)	Blondie	251
V, 21	**Good Times** (A)	Chic	251
V, 22	**Apache** (A)	Michael Viner's Incredible Bongo Band	251
V, 23	**Another One Bites the Dust** (A)	Queen	251
V, 24	**Adventures of Grandmaster Flash on the Wheels of Steel** (A)	Grandmaster Flash & The Furious Five	251
V, 25	**Stars on 45**	J. Eggermont	252
V, 26–28	**Strawberry Fields Forever** (Demoversion/Studioversion vom 24.11.1966/Plattenfassung)	The Beatles	254/256
V, 29/30	**I Just Called To Say I Love You** (Originalaufnahme/Playback)	S. Wonder	259
V, 31	**I Know You Got Soul** (A)	Eric B. & Rakim	260
V, 32	**Funkin' For Jamaica** (A)	T. Browne	260
V, 33	**Im Nin' Alu** (A)	O. Haza	260
V, 34	**Pump Up the Volume**	M|A|R|R|S	260

111: ausführliche Behandlung eines Werkes des genannten Komponisten.
111: Bild des genannten Künstlers.
Namen, die in den Zeitleisten und auf den Analyseseiten erscheinen, wurden nicht in das Verzeichnis aufgenommen.

Auf den angegebenen Seiten finden sich die Begriffe z. T. wörtlich, z. T. dem Sinn nach.
Begriffe, die in den Zeitleisten und auf den Analyseseiten auftauchen, wurden nicht in das Verzeichnis aufgenommen.